SCHÖN. FRISCH. ZART. JUNG.

Gemüse

KOCHEN AUF EINFACHE ART

Christel Rosenfeld

SCHÖN. FRISCH. ZART. JUNG.
Gemüse
Kochen auf einfache Art

DUMONT

Die Deutsche Bibliothek – CIP-Einheitsaufnahme

Gemüse : schön, frisch, zart, jung ; Kochen auf einfache Art /
Christel Rosenfeld. [Texte von Matthias Vogel] . – Köln : DuMont, 1997
ISBN 3-7701-3969-0
NE: Rosenfeld, Christel; Vogel, Matthias

Originalausgabe

Texte von Matthias Vogel
Satz und Layout: Angela Buntenbroich; DuMont Buchverlag, Köln
Druck: Rasch, Bramsche
Buchbinderische Verarbeitung: Bramscher Buchbinder Betriebe
Printed in Germany
ISBN 3-7701-3969-0

INHALT

Die Gemüse in alphabetischer Reihenfolge

Mein bunter Küchengarten

Vorwort von Christel Rosenfeld

Obst und Gemüse aus dem eigenen Garten ist mir von früher Kindheit an vertraut. Meine Eltern und Großeltern hatten einen großen Garten, aus dem sie sich das ganze Jahr über selbst versorgen konnten. Zu meinen schönsten Kindheitserinnerungen zählt die Mithilfe bei der Ernte - vor allem die Zeit, wenn die Frühkartoffeln aus dem Boden geholt wurden, wenn ich frische Erbsen und Möhren direkt aus dem Beet naschen konnte.

In späteren Jahren hatte ich dann meinen eigenen Garten, und das Pflanzen und Ernten im Rhythmus der Jahreszeiten, die Freude an den Farben und Formen der Natur ist bis heute ein wichtiger Teil meines Lebens. Schon während der Studienjahre war ich fasziniert vom Obst und Gemüse und von den Blumen auf den Bildern der großen europäischen Stillebenmaler: Georg Flegel, Rachel Ruysch, Francisco de Zurbarán. Immer wieder inspirierten mich die alten Stilleben bei der Arbeit an den Fotos für das Gemüsebuch und für den DUMONT-Küchenkalender.

Gemüse bedeutet für mich ästhetischen Genuß, aber auch Freude an der Gartenarbeit. Ich liebe den Wechsel der Jahreszeiten, und so freue ich mich im Frühling auf Spargel, im Sommer auf Tomaten und im Herbst auf Rotkohl. Duftendes Gemüse frisch ernten und in der Küche zu köstlichen Gerichten verarbeiten zu können ist ein Privileg, dessen ich mir täglich bewußt bin. Kochen empfinde ich immer wieder als Herausforderung. Ich probiere gerne Neues aus und bin dankbar für jede Anregung. Seit Jahren steht in meiner Küche ein Ordner mit handgeschriebenen Gemüserezepten. Sie sind nach Gemüsearten sortiert, was sich als sehr praktisch erwiesen hat. Denn vor dem Kochen blättere ich meine Rezeptsammlung durch und entscheide dann, je nachdem welches Gemüse gerade geerntet werden muß, was heute auf den Tisch kommt. Daraus hat sich mit der Zeit das vorliegende Gemüsekochbuch entwickelt. Mit dem Sammeln der Rezepte - zunächst aus Zeitschriften, dann auch aus Büchern - habe ich schon vor vielen Jahren begonnen, und bald kamen die Anregungen hinzu, die mir während meiner Reisen begegneten. Auch das Kochen mit Freunden und das Austauschen von Rezepten haben meine Sammlung bestimmt: Rezepte wurden verändert und den eigenen Vorlieben angepaßt, Kochmethoden variiert, um den Eigengeschmack eines Gemüses stärker zu betonen. Insofern läßt sich die Herkunft vieler Rezepte, die ich in dieses Buch aufgenommen habe, gar nicht mehr zurückverfolgen. Oft sind es klassische Arten der Zubereitung, auf die man in zahlreichen Variationen nicht nur in Deutschland, sondern auch in vielen anderen europäischen Ländern stößt. Ich möchte also all jenen danken, die durch Rezepte und Vorschläge zu meiner Sammlung beigetragen haben. Unter den Anregungen in diesem Buch sind viele einfache Rezepte, die keinen großen Zeitaufwand erfordern und die je nach vorhandenen Zutaten leicht variiert werden können. Kochen hat viel mit Experimentierfreude und Phantasie zu tun; Geschmack, Formen, Farben und Konsistenz lassen sich in unendlicher Vielfalt kombinieren und bieten der Kreativität großen Spielraum. Ich selbst bereite aus Gemüse am liebsten eigenständige Gerichte zu, Hauptgerichte oder Vorspeisen, aber ich kombiniere sie auch gerne mit Fisch und Fleisch. Und häufig ist die einfachste Art der Zubereitung auch die beste.

Ich würde mir wünschen, daß dieses Buch zur Rehabilitierung des Gemüses beiträgt. In früheren Jahrhunderten stand es in weit höherem Ansehen; heute hingegen ist es vielfach zur »Beilage« degradiert worden. Und weil Kochrezepte glücklicherweise keine unverrückbaren Gebote sind, denen es penibel zu folgen gilt, würde ich mich freuen, wenn auch Sie meine Anregungen in die Tat umsetzen, kreativ verändern und schließlich etwas Neues daraus machen.

Vom Markt frisch auf den Tisch

Kleines Glossar zu den wichtigsten Garmethoden

Mit Gemüse kreativ arbeiten, neue Entdeckungen machen oder aber ganz einfach leicht und bekömmlich kochen - der Spaß, aus vielen guten Zutaten ein Gericht zusammenzustellen, beginnt schon beim Einkaufen auf einem guten Markt. Dort läßt sich am einfachsten vergleichen, was gerade an frischen Gemüsen angeboten wird. Vielleicht werden Sie sich mit der Zeit sogar „Ihren" Händler aussuchen - denn dann können Sie auch sicher sein, daß er Ihnen das beste verkauft, was die Jahreszeit gerade hervorbringt.
Doch nicht nur der Einkauf entscheidet über das Gelingen eines Rezeptes - jedes Gemüse erfordert seine eigene Zubereitungsmethode. Hier wird Ihnen das kleine Glossar der wichtigsten Garmethoden den Einstieg erleichtern.

Kochen mit viel Wasser

Kochendes Wasser oder eine andere Flüssigkeit wie etwa Brühe ist in den meisten Fällen unerläßlich, um ein Gemüse zu garen. Bei dieser Garmethode, sicherlich der vertrautesten und am häufigsten angewendeten, wird Wasser erhitzt, bis es den Siedepunkt erreicht; das Kochwasser ist zumeist leicht gesalzen. Das Kochgut wird in den Topf gegeben und gart bei geschlossenem Deckel, bis es die gewünschte Konsistenz erreicht hat. Bei ganzen Gemüsen wie Artischocken, Broccoli oder Blumenkohl sollte man auf die richtige Größe des Topfes achten: wenn das Kochgut die Topfwände berührt, werden einzelne Teile schneller gar als andere. Das Kochen in viel Wasser eignet sich für viele Gemüse:
Ins kochende Wasser geben: *Artischocken, Mangoldstiele, Palbohnen, Schwarzwurzeln, Sellerie, Spargel*. Damit grüne Gemüse ihre kräftige Färbung nicht verlieren, sollten sie ohne Deckel gegart werden: *Broccoli, Fenchel, Grüne Bohnen, Rosenkohl, Wachsbohnen*.
In kaltem Wasser ankochen: *getrocknete Hülsenfrüchte, stärkehaltige Gemüse wie Kartoffeln, Steckrüben, Rote Bete, Topinambur.*
Auberginen, Zucchini oder *Tomaten* sollten gar nicht gekocht werden, weil sie an Aroma verlieren und schnell matschig werden.

Blanchieren

Um ein Gemüse schnell bis zu einem gewissen Punkt zu kochen, es aber dann bei diesem Gargrad zu belassen, kann man es blanchieren. Das Kochgut wird dabei wenige Minuten oder sogar nur Sekunden in gesalzenes, kochendes Wasser gegeben, bis es die gewünschte Konsistenz erreicht hat. In diesem Augenblick hebt man es mit einem Schaumlöffel heraus und schreckt es in eiskaltem, vielleicht sogar mit Eiswürfeln versehenem Wasser ab. Durch den Kälteschock wird das Nachgaren verhindert. Um das Kochgut gleichmäßig der Hitze des siedenden Wassers auszusetzen, sollte es in kleinen Portionen nach und nach blanchiert werden.
Dicke Bohnen, Erbsen, grüne Mangoldblätter, kleine Maiskölbchen, Kohlblätter zur Verwendung für Rouladen, Spinat, Zuckerschoten.

Kochen mit wenig Wasser im geschlossenen Topf

Diese Art des Kochens in wenig siedendem Wasser hat den Vorteil, daß gerade bei Blattgemüsen sehr viel weniger Inhaltsstoffe verlorengehen. Zudem läßt sich der restliche Kochsud später gut für eine Suppe verwenden. Beim Zerteilen von Gemüsen gilt es darauf zu achten, daß sie in möglichst gleich große Stücke geschnitten werden.
Kohlrabi, Kürbis, Lauch, Möhren, Rote Bete, Rotkohl, Rübchen, Spinat, Weißkohl, Wirsing.

Garziehen

Diese Form des Garens bietet sich für vorbereitete - zum Beispiel blanchierte - Gemüse an, die nun in einer heißen Sauce oder einem Würzsud durchziehen. Wichtig ist dabei, daß die Temperatur der Kochflüssigkeit unter dem Siedepunkt liegt, damit das in einer Sauce enthaltene Ei oder Joghurt nicht gerinnt.

Dämpfen

Beim Dämpfen kommt das Gemüse gar nicht mit dem kochenden Wasser in Berührung; es gart, indem es in einem Siebeinsatz bei geschlossenem Deckel dem Wasserdampf ausgesetzt wird. Ebensogut eignet sich dazu übrigens ein Aufsatz aus Bambus, wie er in der chinesischen Küche verwendet wird. Wichtig ist auch bei dieser Garmethode, daß die Gemüse in möglichst gleich große Stücke zerteilt werden. Dämpfen lassen sich alle Gemüse außer *Artischokkenherzen, Auberginen, Kardy, Mangoldstiele.*

Glasieren

Um ein bereits gegartes Gemüse geschmacklich und optisch abschließend zu verfeinern, bietet sich das Glasieren an; es ist insofern keine Garmethode im eigentlichen Sinne. Das vorbereitete Gemüse läßt man zusammen mit Honig oder Zucker, etwas Butter und sehr wenig Flüssigkeit bei leicht erhöhter Temperatur solange kochen, bis es eine glänzende Oberfläche hat und die Flüssigkeit fast ganz reduziert ist.
Chicorée, Erbsen, kleine Kartoffeln, Knoblauch, Möhren, Rote Bete, Zwiebeln.

Dünsten

Diese Methode eignet sich gut, um einzelne oder auch mehrere Gemüse zusammen in einem Kochgefäß mit gut schließendem Deckel und bei geringen Temperaturen im eigenen Saft gar werden zu lassen. Etwas Butter und ganz wenig zusätzliche Flüssigkeit genügen dazu völlig. Und weil kein Kochwasser weggeschüttet werden muß, gehen auch keine Inhaltsstoffe verloren.
Bohnen, Chinakohl, Erbsen, Lauch, Möhren, Sellerie, Tomaten, Zwiebeln.

Schmoren

Das Schmoren ähnelt dem Dünsten insofern, als daß auch hier nur etwas Fett und sehr wenig Flüssigkeit benötigt werden. Der Garvorgang beim Schmoren kann aber, gerade wenn der Deckel gegen Ende des Garvorgangs abgenommen wird, zu einer leichten Bräunung führen, so daß die Gemüse eine kräftige Note erhalten. Auch hier kann man gut mehrere Gemüse zusammen schmoren - zum Beispiel für eine Ratatouille. Gefüllte Gemüse, Eintöpfe oder Rouladen lassen sich bei niedrigen Temperaturen auch im Ofen schmoren.
Auberginen, Chicorée, Gurken, Mangoldstiele, Paprika, Pilze, Schalotten, Staudensellerie, Zwiebeln.

Braten

Beim Braten werden Gemüse unter Zugabe von Öl oder Butter und unter ständigem Rühren angebräunt; dabei gart das Gemüse. Hiermit kann man vor allem robusten Gemüsen einen kräftig-deftigen Akzent verleihen.
Auberginen, Kartoffeln, panierte Gemüse wie Sellerie oder Zucchinischeiben, Pilze, Zucchini.

AUBERGINE

Wie so viele andere Genüsse auch, kam die Aubergine im 13. Jahrhundert mit den Arabern nach Spanien. Zu diesem Zeitpunkt hatte sie schon einen weiten Weg zurückgelegt, denn die eigentliche Heimat dieser Frucht ist in Indien zu suchen. Und es sollte weitere 600 Jahre dauern, bis sich dieses Gemüse auch im Norden einen festen Platz erobert hatte: Es ist noch gar nicht so lange her, daß die Aubergine als Exotin galt. Ganz anders sieht das im exotischen Asien aus. Dort gehört die Aubergine zum unverzichtbaren Bestandteil der täglichen Küche, und auf den Märkten trifft man keineswegs nur auf die bei uns bekannten dunkelvioletten, keulenförmigen Sorten, sondern auch auf schlanke, gurkenähnliche und hellviolette Auberginen, auf weiße oder gelbe, ja sogar weißgrün gestreifte Früchte.

Daß sich die Aubergine im Warmen am wohlsten fühlt, wird keinen verwundern. Schließlich hat sie sich bei uns einen Ruf als typisch mediterranes Gemüse erworben. Tatsächlich ist der Freiland-Anbau kleiner Mengen in Deutschland nur in so sonnenverwöhnten Weingegenden wie Südbaden möglich; die Ernte gelangt dann im Spätsommer und im Herbst zum Verkauf. Ansonsten kommen die Importe aus Italien, aus dem Süden Frankreichs oder Spanien. Auch die Kanarischen Inseln und Israel exportieren die Eierfrucht für die europäischen Märkte.

Eine reife Aubergine zeichnet sich durch ihren matten Glanz und das tiefe Dunkelpurpur aus. Die Schale muß straff und unversehrt sein. Auberginen, die zu früh geerntet wurden, glänzen sehr stark; die Haut überreifer Auberginen hat an Spannkraft verloren, ihre Farbe tendiert zu einem helleren Violett. Leider läßt sich dann erst beim Aufschneiden erkennen, ob das Fleisch noch schön fest ist und die Samenkörner noch nicht braun geworden sind.

Auberginen lassen sich besonders gut mit anderen Gemüsen und Kräutern kombinieren und in allen möglichen Varianten füllen, grillen, panieren oder backen; dazu passen viele verschiedene warme und kalte Saucen auf Gemüse- oder Joghurtbasis. Roh eignet sich die Eierfrucht allerdings nicht zum Verzehr. Bei der Vorbereitung des Gemüses fällt denkbar wenig Arbeit an. Nachdem Sie die Aubergine gewaschen haben, sollten Sie darauf achten, ihr einen Bitterstoff zu entziehen, das Solanin, das ansonsten durchaus zu einer Magenverstimmung führen kann. Man bestreut die Auberginenscheiben oder -hälften ganz einfach mit reichlich Salz und läßt sie eine gute Stunde ausweinen. Kurz abspülen - und schon kann es losgehen. Wenn Sie Auberginen füllen wollen, läßt sich das kräftige Fleisch mit ein paar Handgriffen aus den Hälften lösen: Ohne dabei bis zur Schale vorzustoßen, schneiden Sie mit einem scharfen kleinen Messer rautenförmige Würfel in die Frucht, die sich dann leicht herausheben lassen.

Gegrillte Auberginen. Vorspeise

2 große Auberginen
1 großes Bund Basilikum
Salz
Dressing:
Saft von 1/2 Zitrone
2 Knoblauchzehen
8 El Olivenöl
Salz und Pfeffer
1 Messerspitze Honig

Auberginen in 1 cm dicke Scheiben schneiden, salzen, 1 Std. ausweinen lassen. Abspülen, abtrocknen. Zitronensaft, durchgepreßte Knoblauchzehen, Salz, Pfeffer und Honig verrühren, Olivenöl langsam mit dem Schneebesen einarbeiten. Die Auberginenscheiben mit der Hälfte der Vinaigrette einpinseln. Dicht unterm Grill auf beiden Seiten bräunen. Dann Auberginen in die Schüssel mit dem Rest der Vinaigrette geben. Nach dem Abkühlen Basilikum untermischen und mit Weißbrot servieren.

Auberginenpüree mit Joghurt. Vorspeise

3 mittelgroße Auberginen
1 rote Zwiebel, fein gewürfelt
2 Knoblauchzehen, durchgepreßt
1 TL Koriandersamen, im Mörser zerstoßen
2 EL glatte Petersilie
1 Prise Chili
250 ml Joghurt
1 1/2 EL Olivenöl
Zitronensaft
Salz, Zucker

Auberginen der Länge nach halbieren, salzen, 1 Std. ausweinen lassen, abspülen und trockentupfen. Schnittflächen mit etwas Öl bepinseln, im Backofen 20 Min. bei 200 Grad weich backen. Zwiebelwürfel im Öl glasig werden lassen. Knoblauch, Koriander und Chili dazugeben, kurz mitschmoren. Auberginenfleisch aus der Schale kratzen, grob hacken, zur Zwiebel-Gewürzmischung geben, kurz mitdünsten. Alles im Mixer pürieren, Joghurt unterrühren, mit Salz, Zucker und Zitronensaft abschmecken. Mit Petersilie bestreut servieren. Dazu geröstetes Brot.

Auberginen mit Zitronen. Vorspeise

500 g Auberginen
250 g rote Zwiebeln, fein gewürfelt
2 ungespritzte Zitronen
2 rote Paprika
100 ml Olivenöl
50 g brauner Zucker
5 El Weißweinessig
1 EL Rosinen
2 Knoblauchzehen, fein gehackt
Pfeffer, frisch im Mörser zerstoßen
Salz

Auberginen in 1/2 cm dicke Scheiben schneiden, salzen und 30 Min. ausweinen lassen, abspülen und gut trockentupfen. Zucker, Essig, Rosinen, Knoblauch, Salz und Pfeffer mit 150 ml Wasser 5 Min. kochen. Den Essigsirup beiseite stellen. Öl in eine flache Auflaufform gießen, die so groß sein muß, daß alle Auberginenscheiben in einer Lage nebeneinander hineinpassen. Die gewürfelten Zwiebeln auf dem Boden der Form verteilen und mit den Auberginenscheiben bedecken. Zitronen in feine Scheiben schneiden, die Enden wegwerfen. Paprikaschoten in Ringe schneiden und mit den Zitronenscheiben auf den Auberginen verteilen. Essigsirup gleichmäßig über das Gemüse gießen. Form mit Alufolie zudecken. Bei 160 Grad 1 Std. im Backofen backen, bis die Auberginen weich sind. Falls am Ende der Garzeit noch zu viel Flüssigkeit in der Form ist, kurz ohne Folie weiterbacken. Schmeckt am besten lauwarm und zusammen mit einem guten Weißbrot.

Gefüllte Auberginen

2 große Auberginen
6 Anchovis
8 schwarze entkernte Oliven
2 Knoblauchzehen
1 EL Kapern
1 Bund Petersilie
80 g Semmelbrösel
1 EL frischer Thymian
120 ml Olivenöl
Milch
Salz und Pfeffer

Auberginen halbieren, die Hälfte des Fruchtfleisches auskratzen, so daß noch ein Rand stehen bleibt. Anchovis, Oliven, Petersilie, Knoblauch, Kapern, Thymian und das Auberginenfleisch zusammengeben und hacken. Mit Pfeffer würzen. Semmelbrösel mit Milch anfeuchten und mit den anderen Zutaten mischen. Auberginenhälften mit sehr wenig Salz bestreuen. Füllung darin aufteilen. Gemüse in einer Auflaufform nebeneinandersetzen, Olivenöl darübergießen. Bei 180 Grad 45-60 Min. im Backofen backen.

Scharfes Auberginengemüse

2 Auberginen
1 rote Paprika
Olivenöl
2 Möhren
4 Schalotten
3 Fleischtomaten
1 Stück Ingwerwurzel
1 rote Chilischote
1 Zweig Thymian
1 EL Tomatenmark
1 Prise Safranpulver
1 Glas Sherry
1/2 TL Honig
Zitronensaft
Salz

Auberginen in Scheiben schneiden, salzen, 1/2 Std. ausweinen lassen, abspülen, trockentupfen und dann in kleine Würfel schneiden. Paprika und Möhren ebenfalls würfeln. Tomaten überbrühen, häuten, Kerne entfernen, grob hacken. Schalotten und Ingwer in dünne Scheiben schneiden. Etwas Olivenöl erhitzen, Möhrenwürfel 4 Min. andünsten und dann nacheinander Zwiebelringe, Paprika, Auberginen, Tomaten und Ingwer hinzufügen. Mit der entkernten Chilischote, mit Tomatenmark, Safran und Salz würzen. Sherry und eventuell etwas Wasser zugießen, schmoren, bis das Gemüse gar ist. Mit Honig, Zitronensaft und Salz abschmecken. Vor dem Servieren mit den Thymianblättchen bestreuen. Als Beilage eignet sich das Gericht gut zu gegrilltem Fleisch oder Huhn; mit etwas Weißbrot auch als kleines Zwischengericht.

Moussaka

Für 6 Personen

2 Auberginen
2 Zwiebeln, gehackt
500 g Lammhack
Olivenöl
1 TL Zimt
4 Tomaten, enthäutet und gehackt
2 EL Tomatenmark
2 EL glatte Petersilie, gehackt
2 EL Butter
1 Glas Rotwein
1 EL Oregano, gehackt
Zucker
1 EL Essig
Salz und Pfeffer
500 ml Bechamelsauce aus 40 g Butter, 30 g Mehl, 1/2 l Milch
2 große Eier
80 g Schafskäse

Auberginen in Scheiben schneiden, salzen, etwa 1 Std. ausweinen lassen. Abspülen, mit Küchenkrepp gut abtrocknen. Im Olivenöl goldgelb braten. Butter erhitzen, Zwiebeln darin bräunen, Hack dazugeben und unter ständigem Rühren anbraten. Mit Salz, Pfeffer und Zimt würzen. Tomaten, Tomatenmark, Petersilie, Wein, Zucker und Essig hinzufügen, gut verrühren, etwa 15 Min. schmoren. Auflaufform mit Olivenöl einfetten, 1 Schicht Auberginenscheiben auf dem Boden verteilen, dann die Fleischmasse darüberstreichen, Oregano darüberstreuen und mit Auberginenscheiben bedecken. Bechamelsauce erhitzen, aber nicht kochen, die verquirlten Eier unterrühren und gut durchmischen. Die Hälfte des Schafskäses in die Sauce rühren. Sauce abschmecken, über das Gemüse gießen und den Rest Schafskäse darüberkrümeln. Im Backofen bei 180 Grad etwa 45 Min. backen.

Auberginen mit Joghurt

Auberginen in Scheiben schneiden, salzen und 30 Min. ausweinen lassen. Abspülen, abtrocknen. Im Backofen bei 225 Grad backen, bis sie weich sind, und dann grob hacken. Schalotten, Knoblauch und Ingwer fein hacken. Chili, Koriander, Kreuzkümmel und Pfeffer im Mörser zerstoßen. Butterschmalz in einer Pfanne erhitzen, Zwiebel, Knoblauch und Ingwer darin anbraten, Gewürze hinzufügen und alles zusammen braten. Auberginenwürfel dazugeben, mit Salz und Zucker würzen und 5 Min. dünsten. Pfanne vom Herd ziehen, Joghurt einrühren. Auf keinen Fall mehr kochen, Joghurt gerinnt sonst. Zum Servieren mit Koriandergrün bestreuen.

2 Auberginen
4 Schalotten
4 Knoblauchzehen
1 Stück Ingwerwurzel
1 getrocknete rote Chilischote
2 TL Koriandersamen
1 TL Kreuzkümmel
1/2 TL Zucker
3 EL Butterschmalz
150 ml Joghurt
Koriandergrün
Salz und Pfeffer

Auberginengratin

Auberginen in Scheiben schneiden, salzen und 1/2 Std. ausweinen lassen. Abspülen und abtrocknen. Gratinform einölen. Tomaten, Kartoffeln und Zwiebeln in etwa gleich dicke Scheiben schneiden. Knoblauch in dünne Scheiben schneiden. Die Gemüsescheiben abwechselnd und aufrecht in die Gratinform stellen, ab und zu Knoblauchscheiben dazwischenlegen, salzen, pfeffern, Thymian darüberstreuen, Olivenöl tropfenweise über dem Gemüse verteilen. Backofen auf 180 Grad vorheizen. Etwa 1 Std. backen. Mit frischem Olivenöl beträufeln und mit Weißbrot servieren.

4 mittelgroße Auberginen
4 Fleischtomaten
4 Zwiebeln
4 Kartoffeln
6 Knoblauchzehen
120 ml Olivenöl
1 EL frischer Thymian, gehackt
Salz und Pfeffer

Fritierte Auberginenscheiben mit roher Tomatensauce

Tomaten überbrühen, Haut abziehen, Kerne ausdrücken, Tomatenfleisch fein hacken. Tomaten mit Schalotten, Knoblauch, Olivenöl, Zitronensaft, Honig, Basilikum, Salz und Pfeffer mischen. Im Kühlschrank zugedeckt 30 Min. ziehen lassen, dann nochmals mit Zitronensaft, Öl, Salz und Pfeffer abschmecken. Auberginen schälen, in etwa 0,5 cm dicke Scheiben schneiden, mit Salz bestreuen, 1 Std. ausweinen lassen, dann abspülen, trockentupfen und mit Majoran bestreuen. Mehl mit Bier zu einem dünnen Teig schlagen. Öl in einem Topf erhitzen. Auberginenscheiben in den Bierteig tauchen, etwas abtropfen, in heißem Öl etwa 5 Min. fritieren, dabei einmal wenden. Auf Küchenkrepp abtropfen. Erst kurz vor dem Essen salzen, da die Kruste sonst weich wird. Mit der Tomatensauce und geröstetem Weißbrot servieren.

1 kg Auberginen
2 EL frischer Majoran, gehackt
170 g Mehl
300 ml Bier
2 l Öl zum Fritieren
Tomatensauce:
- *4 Schalotten, sehr fein gewürfelt*
- *4 EL Olivenöl*
- *600 g sehr reife Tomaten*
- *2 Knoblauchzehen, gequetscht*
- *1 Zweig Thymian, fein gehackt*
- *2 EL Zitronensaft*
- *1 TL Honig*
- *1/2 Bund Basilikum, kleingezupft*
- *Salz und Pfeffer*

AVOCADO

Wer feine, nussige Aromen und eine weiche, buttrige Konsistenz schätzt, wird von der Avocadofrucht begeistert sein.

Die Avocado gilt als das »grüne Gold« Israels und als wichtiger Wirtschaftsfaktor für dieses Land. Es zählt heute zu den größten Produzenten für den gesamten europäischen Markt und baut so viele verschiedene Sorten an, daß die Ernte und der Export ins Ausland das ganze Jahr über möglich sind.

Die Steinfrucht stammt ursprünglich aus den feuchtwarmen Regionen Mittelamerikas, und von dort kam sie mit den Seefahrern des 15. und 16. Jahrhunderts nach Europa. Vermutlich deckten sich die Schiffsbesatzungen für die Rückfahrt in die Alte Welt mit dieser außerordentlich nahrhaften Frucht ein, und da die Kerne der Avocadobirne bekanntlich gut geeignet sind, sie auch viel später wieder einpflanzen zu können, wird sie auf diesem Wege in Spanien oder Frankreich erstmals Wurzeln geschlagen haben.

Heute werden Avocados nicht nur in Israel, sondern auch in verschiedenen afrikanischen Ländern, in den Vereinigten Staaten, in Spanien und Italien kultiviert, und nicht nur unser Markt für diese Frucht verkraftet eine ganze Reihe von Importen aus den unterschiedlichsten Ländern.

Scheuen Sie sich nicht, beim Gemüsehändler die besten Früchte auszusuchen und zu prüfen, ob sie auch reif sind. Ein leichter Druck auf die Schale wird's Ihnen zeigen.

Dabei können Sie Avocadobirnen auch auf Vorrat kaufen, wenn sie härtere Früchte nehmen und sie in der warmen Küche zwei oder drei Tage liegenlassen. Achten Sie aber stets auf eine makellose Haut ohne verfärbte Stellen, denn dann ist auch das ansonsten feine, grüngelbliche Fleisch vermutlich braun und unansehnlich.

Braun wird das Fleisch auch sehr schnell, nachdem Sie die Avocado in ihre Hälften zerteilt oder für einen Salat geschält und in Würfel geschnitten haben. Aber dem läßt sich begegnen, indem Sie immer etwas Zitronensaft bereithalten und die Avocado damit beträufeln. Zunächst werden Sie allerdings den Kern entfernen müssen, denn der ist ungenießbar. Schneiden Sie vom Stielansatz aus einmal rundherum um den Kern; die beiden Hälften lassen sich nach einer leichten Gegendrehung schnell voneinander lösen.

Für Kinder, die erste Pflanzversuche unternehmen möchten, eignet sich der Kern der Avocado besonders gut zum Experimentieren - ein Blumentopf, etwas Erde und ein Platz auf der Fensterbank genügen schon, um Erfolge zu erzielen.

Avocadocreme mit Kaviar

Vorspeise

4 sehr reife Avocados
50 g Schalotten, fein gehackt
50 g Schnittlauch, fein gehackt
1 Bund Dill, fein gehackt
1 Knoblauchzehe, zerdrückt
1 unbehandelte Zitrone
3 EL Crème fraîche
200 g Lachskaviar
Salz und Pfeffer

Avocados halbieren, Kern entfernen, Fleisch mit einem Löffel auskratzen. Im Mixer mit etwas Zitronensaft und Crème fraîche pürieren. Schalotten, Schnittlauch, Dill, Kaviar und 2 TL abgeriebene Zitronenschale untermischen. Mit Salz und im Mörser zerriebenem Pfeffer abschmecken.

Avocadosalat

1 Avocado
100 g Feldsalat
1 Apfel, 100 g Champignons
1 Zitrone
200 g Parmesankäse am Stück
1 TL Senf
2 EL Weinessig, 2 EL Olivenöl
4 EL Crème fraîche
1 Knoblauchzehe, durchgepreßt
1 Bund Dill
Pfeffer aus dem Mörser, Salz

Feldsalat putzen, waschen und trockenschleudern. Apfel in dünne Streifen, Pilze in Scheiben schneiden. Avocado halbieren, Kern entfernen, in dünne Scheiben schneiden. Apfel, Pilze und Avocado mit Zitronensaft beträufeln. Parmesan in große Stücke brechen. Für die Salatsauce Knoblauch, Senf, Salz und Pfeffer verrühren und dann mit Öl, Essig und Crème fraîche verquirlen. Kurz vor dem Servieren alle Zutaten vorsichtig mischen. Mit Dill bestreut und zusammen mit geröstetem Weißbrot servieren.

Süße Avocadocreme

Nachspeise

3 Avocados
220 ml Schlagsahne, steif geschlagen
1 Zitrone
4 EL Honig
1 kl. ungespritzte Orange
2 große Apfelsinen
50 g grob gehackte Mandeln, geröstet

Avocados halbieren, Kern entfernen, Fruchtfleisch mit einem Löffel auskratzen, zusammen mit Honig und Zitronensaft im Mixer pürieren. Orangen halbieren und pures Fruchtfleisch ohne Haut auslösen. Ungespritzte Orangenschale fein abreiben. Schlagsahne, geröstete Mandeln, abgeriebene Orangenschale und Apfelsinenstücke in die Avocadocreme mischen.
Kurz kühl stellen.

Avocadosuppe

2 Avocados
150 ml Schlagsahne
100 ml Crème fraîche
1 l Hühnerbrühe, Rezept Seite 230
1 Glas trockener Sherry
Zitronensaft
1/2 Bund glatte Petersilie, gehackt
Pfeffer aus dem Mörser
Salz

Avocados halbieren, Kern entfernen, mit einem Löffel das Fruchtfleisch auskratzen und zusammen mit etwas Zitronensaft pürieren. Brühe erhitzen, Sahne und Crème fraîche unterrühren, wieder bis kurz vor dem Kochen erhitzen. Sherry, Petersilie und Avocadopüree hinzufügen. Mit Salz, Pfeffer und Zitronensaft abschmecken.

GURKE

»Gute Antwort kann mancher Magen noch weniger als Gurkensalat vertragen.« Dieser Ausspruch stammt von August Heinrich Hoffmann v. Fallersleben (1798-1874). Nun, im Rezeptteil steht der Gurkensalat gleich an erster Stelle, und was den Dichter betrifft, so bleibt nur zu hoffen, daß er folgende gute Antwort verkraftet. In der grünen Gartenvielfalt gehört die Gurke nämlich zu den gesündesten Gemüsen überhaupt. So ist ihr Gehalt an Vitamin C oder Mineralstoffen wie Kalzium, Eisen oder Phosphor außerordentlich hoch, und Menschen, die wegen ihrer Zuckerkrankheit oder ihres erhöhten Harnsäurespiegels auf eine bestimmte Diät achten müssen, sind mit der Gurke bestens bedient. Ganz zu schweigen von der Naturkosmetik, wo man den Gurkensaft für die Herstellung erfrischender Hautpräparate nutzt.

Kaum vorstellbar, daß dieses so deutsche Gemüse einmal am Fuße des Himalajagebirges beheimatet gewesen sein soll. Wärme benötigt die Gurke allerdings noch immer, um gut gedeihen zu können, und so findet der Anbau in unseren Breiten weitgehend unter Glas statt. Dadurch sind Gurken das ganze Jahr über erhältlich.

Gewächshausgurken kommen aus Baden-Württemberg und Bayern, ansonsten aber zu einem großen Teil aus Holland; Freilandware in geringerem Umfang aus deutschem Anbau, darüber hinaus aus den Ländern, die zuverlässiger von der Sonne verwöhnt werden: Spanien mit den Kanarischen Inseln, Griechenland oder Italien. Schmorgurken stammen zumeist aus dem Freilandanbau.

Eine Gurke muß gleichmäßig gefärbt, ihre Schale glatt und fest sein. Weiche Stellen vor allem am Stielansatz oder hell verfärbte Gurken sind ein Anzeichen für schlechte beziehungsweise zu lange Lagerung. Im Unterschied zu Schmorgurken sollten Salatgurken keine Bitterstoffe beinhalten; die Kerne müssen, wenn sie überhaupt ausgeprägt sind, weich sein.

Je nach Alter der Gurke wird man entscheiden, ob man sie schält oder nicht. Gurken ziehen viel Wasser, so daß man sie ratsamerweise erst zu einem späten Zeitpunkt salzt. Manche Rezepte geben an, die aufgeschnittenen Gurkenscheiben oder -würfel zu entwässern - damit geht zwar ein Teil der Inhaltsstoffe verloren, aber zumindest die Konsistenz des betreffenden Gerichtes ist dann gerettet.

Gurkensalat

1 Salatgurke
1/2 EL Salz
2 EL Estragonessig
1 TL Zucker
1 EL Dill
Pfeffer, im Mörser zerstoßen

Gurke gründlich waschen, eventuell schälen, in dünne Scheiben hobeln, in ein Sieb geben, mit Salz bestreuen. 30 Min. entwässern, den Rest der Feuchtigkeit mit der Hand vorsichtig ausdrücken. Mit Zucker und Essig in einer Schüssel vermischen und durchziehen lassen. Flüssigkeit abgießen. Mit Pfeffer und Dill abschmecken.

Gurkenmus

VORSPEISE FÜR 4 - 6 PERSONEN

1 schlanke, mittelgroße Salatgurke
150 g Sahne
150 g Crème fraîche
200 g Hüttenkäse
200 g Quark
100 g Schafskäse
1 kl. Bund Frühlingszwiebeln
1 Bund Schnittlauch
15 g Gelatine
1 EL Salz
3 EL Estragonessig
6 EL heißes Wasser
2 Knoblauchzehen, zerdrückt
Zitronensaft
Salz und Pfeffer

Gurke schälen, entkernen, in sehr kleine Würfel schneiden, mit Salz und Essig mischen und für mindestens 1 Std. stehen lassen. Saft abgießen, Gurkenwürfel mit einem Küchentuch gut trockenpressen. Gelatine in heißem Wasser auflösen, Sahne und Crème fraîche dazugeben und so lange schlagen, bis die Creme dick, aber nicht steif ist. Hüttenkäse und Quark abtropfen lassen, dann zusammen mit feingekrümeltem Schafskäse in die Creme rühren. Gurkenwürfel hinzufügen und mit Salz, Pfeffer, Knoblauch und etwas Zitronensaft abschmecken. Die fein gehackten Frühlingszwiebeln und Schnittlauch unterrühren. Eine Schüssel einölen oder mit Klarsichtfolie auslegen, Gurkenmus hineingeben und mindestens 6 Std. kühlen. Auf einen Teller gestürzt servieren. Schmeckt gut mit kräftigem Vollkornbrot.

Kalte Gurkensuppe mit Wildkräutern

2 schlanke Salatgurken
1000 ml Dickmilch oder Joghurt
200 g Schafskäse
2 hartgekochte Eier
2 Knoblauchzehen, zerquetscht
1 Bund Dill
1/2 Bund Brunnenkresse
je 1 Handvoll Sauerampfer, Pimpernelle, Wiesenschaumkraut, Gänseblümchen und Gänseblümchenblätter
Salz und Pfeffer

1 Gurke gut waschen, in Stücke schneiden und mit etwas Wasser pürieren. Über Nacht gefrieren lassen. Schafskäse mit der Gabel zerdrücken und mit etwas Dickmilch verrühren. Zweite Gurke gut waschen, sehr fein würfeln, kühl stellen. Dickmilch mit gehackten Eiern und gehacktem Dill mischen, Knoblauch dazugeben, mit Salz und Pfeffer abschmecken. Gurkenwürfel und Schafskäse untermischen. Geeistes Gurkenpüree mit einem Nudelholz in kleine Stücke schlagen und in die Suppe geben. 2 Std. ziehen lassen. Wildkräuter fein hacken und getrennt zur Suppe servieren. Schmeckt gut mit geröstetem Knoblauchbrot.

Kalte Joghurt-Gurkensuppe

1 Salatgurke, grob geraspelt
600 ml Joghurt
100 ml saure Sahne
100 ml Eiswasser
3 EL Rosinen
5 Frühlingszwiebeln, fein gehackt
1 Bund Schnittlauch
1 Bund Dill, fein gehackt
1 Knoblauchzehe, zerquetscht
Salz und Pfeffer

Rosinen kurz in kaltem Wasser einweichen. Joghurt, saure Sahne und Eiswasser kräftig schlagen. Rosinen, Gurke, Schnittlauch, Dill, Knoblauch, Frühlingszwiebeln, Salz und Pfeffer hinzufügen und gut verrühren.

Tzatziki

Vorspeise

2 mittelgroße Salatgurken
3 Becher Joghurt
3 Knoblauchzehen
2 EL frisch gehackte Minze
4 EL Weißweinessig
Salz und Pfeffer

Gurken schälen, fein würfeln, salzen und mit Essig beträufeln. Etwa 1 Std. stehen lassen. Mit Küchenpapier trockentupfen. Joghurt mit Salz, Pfeffer und durchgepreßtem Knoblauch abschmecken. Minze und Gurkenwürfel einrühren. Gut gekühlt servieren, dazu geröstetes Brot.

Heilbutt mit Gurkengemüse

4 Stücke Heilbutt
1 kleine Salatgurke
6 Schalotten
50 g Butter
1 EL Sherryessig
1/2 EL brauner Zucker
1 EL gehackte glatte Petersilie
Salz und Pfeffer

Fisch salzen und pfeffern, kühl stellen. Gurke in Würfel schneiden, mit 1 TL Salz bestreuen, 30 Min. entwässern. Abspülen und trockentupfen. Butter in einer großen Pfanne aufschäumen, Schalotten in dünne Scheiben schneiden und einrühren, bei niedriger Temperatur zugedeckt 20 Min. schmoren. Ab und zu umrühren. Gurkenstücke, Essig, Zucker und etwas Pfeffer hinzufügen, umrühren, ohne Deckel weitere 20 Min. sanft kochen. Eventuell etwas Wasser nachgießen. Fischstücke auf das Gemüse legen, bei geringer Temperatur zugedeckt 12 - 15 Min. ziehen lassen, bis der Fisch knapp gar ist. Mit Petersilie bestreut servieren.

Gurkengemüse

2 Gurken
20 Schalotten oder kleine weiße Zwiebeln
3 EL Butter
1 Bund Schnittlauch
1 EL Zucker
Salz und Pfeffer

Gurken schälen, auskernen und in Scheibchen schneiden. Schalotten häuten, eventuell halbieren und auf der Wurzelseite kreuzweise einschneiden. 3 EL Butter in einem großen Topf erhitzen, Gemüse hineingeben und andünsten. Etwas Wasser angießen, salzen und pfeffern. Ohne Deckel garen, bis die Flüssigkeit sirupartig eingekocht ist, und von Zeit zu Zeit durchschütteln. Dann Zucker hinzufügen und das Gemüse leicht karamelisieren lassen. Mit sehr fein gehacktem Schnittlauch als Beilage zu Fisch oder Geflügel servieren.

Gefüllte Gurken

4 mittelgroße Schmorgurken
300 ml Weißwein
1 Zitrone
5 EL Olivenöl
1 EL Tomatenmark
1 EL Honig oder Zucker
1 TL Koriandersamen
Pfeffer und Salz
Füllung:
300 g Champignons
100 g Reis
50 g Butter
1 Zwiebel
100 g durchwachsener Speck
4 EL Weißwein
150 ml kochendes Wasser
1 Bund glatte Petersilie

Speck in feine Streifen schneiden, in Butter glasig werden lassen. Fein gehackte Zwiebel dazugeben und goldgelb werden lassen. Champignons fein hacken und zusammen mit Zwiebeln und Speck fast gar dünsten. Reis hinzufügen, gut umrühren, 4 EL Weißwein und dann 150 ml kochendes Wasser in den Topf geben, vorsichtig salzen und zugedeckt ca. 15 Min. sanft kochen. 300 ml Weißwein, Saft einer Zitrone, Tomatenmark, Olivenöl, 1 EL Honig, 1 TL zerstoßener Koriander, Salz, Pfeffer und 100 ml Wasser in einer Pfanne zum Kochen bringen und ca. 10 Min. kochen. Inzwischen Gurken schälen, der Länge nach halbieren, Kerne mit einem Teelöffel auskratzen und etwa 15 Min. in der etwas eingekochten Flüssigkeit schmoren. Abgetropft nebeneinander in eine Auflaufform legen. Füllung mit gehackter Petersilie mischen, abschmecken und auf die Gurkenhälften verteilen. Kochflüssigkeit in der Pfanne bei starker Hitze um die Hälfte reduzieren und über die gefüllten Gurken gießen. Im Backofen bei 200 Grad 10 - 20 Min. erhitzen. Eventuell mit Alufolie abdecken.

Gurkengemüse mit Schnittlauch

2 Salatgurken
2 Bund Schnittlauch
60 ml Crème fraîche oder dicke Sahne (Crème double)
1 EL Senf
3 EL Butter
Salz und Pfeffer

Gurken schälen, der Länge nach halbieren, Kerne mit einem Löffel auskratzen, in feine längliche Stücke schneiden. Butter in einem großen Topf zerlassen, Gurkenstreifen dazugeben, Hitze erhöhen, Gurken salzen und 2 Min. schmoren, dabei ständig rühren. Crème fraîche hinzufügen. Das Ganze zum Kochen bringen, dann vom Herd nehmen und mit Senf, Schnittlauch, Salz und Pfeffer abschmecken. In einer vorgewärmten Schüssel servieren.

Kürbis

Er ist ganz gewiß noch immer ein Exot, der Kürbis, und als herbstlich-ländliche Tischdekoration oder gar schauerlich-schöne Halloween-Fratze viel eher akzeptiert denn als Grundlage für ein Gericht. Dabei gehören vor allem Riesenkürbisse durchaus zum Angebot eines guten Wochenmarktes. Dieser Elefant unter den Gemüsen zählt zu den Winterkürbissen. Seine harte Schale schützt das innenliegende zarte und saftige Fleisch vor dem Austrocknen, und so lassen sich Riesenkürbisse bis weit in den Winter hinein lagern. Zumeist werden sie von Gartenbesitzern aus der Umgebung selbst gezogen und nun zum Kauf angeboten.
Apropos exotisch: Ein versierter Gärtner wird Ihnen erklären können, daß der Riesenkürbis, aber auch andere Sorten wie Patisson, Rondini oder Squash so exotisch gar nicht sind: sie bilden ein und dieselbe Familie mit den Zucchini, den Melonen, ja sogar mit der guten alten Salatgurke. Dabei stammt die große Familie der Cucurbitaceae keineswegs von einer einzigen Urform ab, und erstaunlicherweise kommen die einzelnen Familienmitglieder sogar aus verschiedenen Kontinenten. Der Riesenkürbis etwa ist in Südamerika heimisch, Gurken stammen aus dem Norden Indiens, Melone und Patisson wiederum aus Afrika. Heute werden Kürbisse fast überall auf der Welt angebaut.
In Deutschland ist die Nachfrage relativ gering, so daß Kürbisse bislang kaum erwerbsmäßig kultiviert werden. Um so beliebter sind die großen »Beeren« - denn um solche handelt es sich botanisch gesehen - bei Kleingärtnern, die den Kürbis als schnellwachsenden Begrüner schätzen. Von September bis in den November hinein decken sie den größten Teil des inländischen Bedarfes an Riesenkürbissen.
Rondini, eine neue, etwa tennisballgroße Sommerkürbissorte, werden erst seit kurzem angebaut und ähneln runden Zucchini sehr. Besonders in Amerika beliebt sind die verschiedenen »Squash«-Sorten; diese Sommerkürbisse gelangen bei uns auch unter dem Namen Patisson in den Handel.
Einen Riesenkürbis von 75 Kilogramm verkraftet keine normale Küche auf einmal. Wenn Ihr Gemüsehändler also keinen passenden Kürbis für Sie hat, wird er aus einem großen gerne die Menge herausschneiden, die Sie benötigen. Bei der Gelegenheit können Sie einen Blick auf die Farbe des Fleisches werfen: je intensiver das Orange oder Rot ist, desto größer auch der Gehalt an Vitaminen. Bei ganzen Kürbissen muß die Schale Druck standhalten können und glatt und sauber sein.
Die Schale des Riesenkürbis ist zum Verzehr nicht geeignet; das Fleisch wird von Kernen und weichen Fasern befreit, um es nun, ähnlich wie bei einer Melone, aus den einzelnen Achteln oder noch kleineren Seg-

menten herauszuschneiden. Rondini sollten ebenfalls geschält werden; ungeschälte Hälften lassen sich aber ebensogut in wenig Wasser garen, um das Fleisch dann aus der Schale zu löffeln. Bei den Sommersorten Patisson und Squash können Sie aufs Schälen (aber nicht aufs Waschen) verzichten; die gelben und grünen Mini-Squashs, die manchmal angeboten werden, können sogar im ganzen gedünstet werden.

Kürbissuppe mit Ingwer

1 kg Kürbis
1 l Hühner- oder Gemüsebrühe, Rezept Seite 230
1 Stück frische Ingwerwurzel, gerieben
200 ml Sahne
trockener Sherry
Salz und Pfeffer

Kürbis schälen. Weiches, faseriges Fleisch auskratzen. Festes Kürbisfleisch würfeln und in einem Topf mit Brühe und Sahne zum Kochen bringen. Frisch geriebenen Ingwer und Salz dazugeben. 30 - 40 Min. gar ziehen lassen, gelegentlich umrühren. Sobald der Kürbis weich ist, mit dem Pürierstab pürieren. Mit Sherry, Salz und Pfeffer abschmecken.

Kürbissuppe im Kürbis

1 Kürbis, 2 - 2 1/2 kg
4 Schalotten
80 g Langkornreis
20 g Butter
3 Knoblauchzehen
1 l Milch
1 unbehandelte Zitrone
1 kl. Zweig Rosmarin
3 Zweige Zitronenthymian
1/2 Bund glatte Petersilie, fein gehackt
30 g frisch geriebener Parmesankäse
Salz und Pfeffer

Vom Kürbis einen Deckel abschneiden. Kerne und faseriges Kürbisfleisch mit einem Löffel auskratzen, wegwerfen. Innenseite des Kürbisses mit Butter ausstreichen, mit Salz und frisch im Mörser zerstoßenem Pfeffer würzen. Schalotten und Knoblauch fein würfeln, zusammen mit Zitronenschale, Kräutern und Reis in den Kürbis geben. Milch aufkochen, den Kürbis damit fast füllen. Deckel aufsetzen. Kürbis in eine runde, flache Gratinform setzen, damit er nach dem Garen besser zu handhaben ist. Im Backofen bei 180 Grad 2 - 2 1/2 Std. garen. Vorsichtig aus dem Backofen heben, Kräuterzweige herausfischen, Parmesankäse einrühren, nochmals abschmecken. Weiches Kürbisfleisch loskratzen und mit der Suppe in die Teller füllen.

Gebackener Kürbis

1 1/2 kg Kürbis
175 ml Sonnenblumen- oder Traubenkernöl
2 EL brauner Zucker
1/2 TL Koriandersamen, im Mörser zerstoßen
1 TL Zimtpulver
Salz und Pfeffer

Kürbis schälen und in 2 -3 cm große Würfel schneiden. Backofen auf 250 Grad vorheizen. Öl in eine Bratform gießen und im Backofen sehr heiß werden lassen. Kürbiswürfel vorsichtig ins heiße Fett legen und im Ofen in 30 - 40 Min. goldbraun werden lassen, gelegentlich umrühren. Zucker, Salz, Pfeffer, Zimt und Koriander mischen. Kürbis aus dem Ofen nehmen und mit der Gewürzmischung von allen Seiten bestreuen. Wieder in den Ofen schieben, bis der Zucker karamelisiert. Kürbiswürfel kurz in ein Sieb geben, damit das Fett abtropft. Mit frischem Pfeffer bestreut und zusammen mit etwas Brot servieren. Als Beilage verträgt sich der gebackene Kürbis gut mit gebratenem Schweine- oder Lammfleisch.

Kürbisbrei mit Äpfeln

1 kg Kürbis
400 g Äpfel, z. B. Boskop
1 unbehandelte Zitrone
100 g geräucherter durchwachsener Speck
40 g Butter
300 g Zwiebeln, gewürfelt
2 EL Zucker
1 Stange Zimt
1 Prise Salz

Kürbis schälen, Kerne und faseriges Fleisch wegwerfen, Kürbisfleisch würfeln. Speck in schmale Streifen schneiden und in Butter glasig werden lassen. Zwiebelwürfel dazugeben und goldbraun braten. Zimt und Kürbis hinzufügen, umrühren, etwas Wasser zugießen, bei schwacher Hitze zugedeckt 15 - 20 Min. kochen. Äpfel schälen, würfeln und zusammen mit abgeriebener Zitronenschale und Zitronensaft zum Kürbis geben. Mit wenig Salz und Zucker abschmecken. Gut umrühren, ohne Deckel köcheln, bis die Apfelstücke sehr weich, aber noch nicht völlig zerfallen sind. Nochmals mit Zitronensaft und Zucker abschmecken. Paßt gut zu kurzgebratenem Fleisch.

Süßsaures Kürbis-Zucchinigemüse

500 g Kürbis, fein gewürfelt
500 g Zucchini, fein gewürfelt
200 g Schalotten, fein gewürfelt
60 g frischer Ingwer, geraffelt
2 Zitronen
200 ml Weißwein
1 EL Zucker
3 Gewürznelken
2 Zweige Thymian
1/2 EL frisch gehackter Thymian
Pfeffer, im Mörser zerstoßen
Salz

Zitronen schälen, dabei auch die innere, weiße Haut entfernen, dann in Scheiben schneiden, entkernen, vierteln. Kürbis, Zucchini, Schalotten, Ingwer, Zitronenviertel, Weißwein, Zucker, Nelken, Thymian, Pfeffer und Salz in einen Topf geben und 1 1/2 Std. bei geringer Hitze zugedeckt köcheln. Von Zeit zu Zeit umrühren, bis eine dickliche Masse entstanden ist; eventuell mehr Wein angießen. Nelken und Thymianzweige herausfischen. Mit frischem Thymian bestreut servieren. Schmeckt warm und auch kalt als Beilage zu gebratenem Geflügel oder zu Innereien.

Sommerkürbis mit Wacholderbeeren und Speck

1 1/2 kg Sommerkürbis
(Squash, Rondini oder Patisson)
2 EL Butter
150 g geräucherter Speck, gewürfelt
10 Wacholderbeeren
300 ml trockener Weißwein
3 EL Zitronen- oder Himbeeressig
Salz und Pfeffer

Kürbis zerteilen, Kerne auskratzen. 20 Min. in gesalzenem Wasser kochen. Kürbis abtropfen, Fleisch von der Schale kratzen, grob hacken. Butter erhitzen, Speck darin goldgelb braten. Kürbisfleisch, zerquetschte Wacholderbeeren, Wein und Pfeffer hinzufügen und bei niedriger Temperatur 20 Min. kochen. Mit Salz, Pfeffer und Essig abschmecken und als Beilage zu gebratenem Geflügel oder zu Innereien servieren.

Kandierter Kürbis mit saurer Sahne

Nachspeise für 4 - 6 Personen

1 kg Kürbis
250 g Honig
100 ml trockener Sherry
300 ml saure Sahne
125 g gehackte Mandeln

Kürbis schälen und entkernen, in 1 cm große Würfel schneiden. Honig und Sherry in einem emaillierten Topf etwa 10 Min. einkochen, bis die Masse dickflüssig ist. Kürbisstücke einrühren, bis sie ganz mit Honig überzogen sind. Mandeln dazugeben, bei schwacher Hitze köcheln, bis die Flüssigkeit nach 15 - 20 Min. zu einer marmeladeartigen Sauce eingekocht ist. Warm oder kalt zusammen mit saurer Sahne servieren.

Gefüllter Kürbis

FÜR 6 PERSONEN

1 ganzer Kürbis, 5 - 6 kg
250 g Zwiebeln, fein gewürfelt
6 EL Olivenöl
200 g Langkornreis
750 g Lammhack oder gemischtes Rinder- und Schweinehack
6 Knoblauchzehen
200 g getrocknete Aprikosen, gewürfelt
6 Scheiben Weißbrot ohne Rinde, gewürfelt
9 Eier
300 ml Sahne
1 Bund Thymian, fein gehackt
Salz und Pfeffer

Vom Kürbis einen Deckel abschneiden. Kerne und faseriges Kürbisfleisch auskratzen, wegwerfen. Festes Kürbisfleisch ausschaben, bis die Kürbiswand noch 1 1/2 cm dick ist. Kürbis von innen mit Salz einreiben, mit der Öffnung nach unten abtropfen lassen. Festes Kürbisfleisch für die Füllung fein hacken. Öl erhitzen, Zwiebeln darin glasig dünsten. Zuerst Reis, dann Hack und zuletzt Kürbiswürfel dazugeben und anschmoren. Salzen und pfeffern. Vom Herd nehmen. Knoblauch durchpressen und zusammen mit Weißbrot, Thymian und Aprikosen untermischen. Mit reichlich Pfeffer nochmals abschmecken. Kürbis von innen trockentupfen und in einen passenden Topf setzen. Füllung in den Kürbis geben. Eier und Sahne verquirlen und über die Füllung gießen. Topf in den Backofen schieben, bei 190 Grad 1 1/2 Std. backen, dann mit Alufolie abdecken und 1 weitere Std. garen. Im ausgeschalteten Backofen noch 10 Min. durchziehen lassen.

Kürbiskuchen

NACHSPEISE FÜR 6 - 8 PERSONEN

400 g Kürbispüree, Zubereitung siehe Rezept Kürbispüree
3 Eier
100 g gemahlene Mandeln
Saft von 1/2 Zitrone
1 TL Zimtpulver
1 TL frisch geriebener Ingwer
250 ml dicke Sahne (Crème double) oder Crème fraîche
100 g Honig
1/4 TL Salz
1 Becher Schlagsahne
Für Mürbeteig:
200 g Mehl
100 g Butter, gut gekühlt
3 EL Zucker
1 Ei

Mürbeteig: Mehl auf eine kühle Arbeitsfläche häufen, Butter in feine Scheiben schneiden, Ei in die Mitte schlagen, Zucker darüberstreuen. Alles mit einem Kochmesser zusammenhacken und mit kühlen Händen rasch zu einem Teig verarbeiten. 1 Std. ruhen lassen, aber nicht im Kühlschrank, Teig läßt sich sonst schlecht ausrollen. Teig auf einer bemehlten Fläche ausrollen, Boden einer 23-cm-Springform auslegen und den Rest des ausgerollten Teigs für den Rand aufheben. Mit einer Gabel einige Male in den Boden einstechen, im Backofen bei 200 Grad 8 - 10 Min. vorbacken, dann abkühlen lassen. Teigrand in die abgekühlte Springform setzen und am vorgebackenen Teigboden vorsichtig andrücken. Füllung: Eier cremig schlagen, Kürbispüree und Mandeln hineinrühren, Gewürze und Salz dazugeben, gut verrühren, dann die Sahne einrühren, zuletzt den Honig untermischen, mit Zitronensaft abschmecken. Füllung eingießen. Bei 190 Grad etwa 40 - 50 Min. backen. Warm oder kalt mit Schlagsahne servieren.

Kürbispüree

FÜR SUPPEN ODER KUCHEN

2 kg Kürbis, je nach Bedarf auch mehr

Kürbis ungeschält in große Stücke teilen, Samenkerne und faseriges Fleisch auskratzen. Kürbisstücke auf ein geöltes Backblech legen, mit Alufolie bedecken und bei 200 Grad je nach Kürbisart 60 - 150 Min. backen. Abkühlen lassen, Fleisch auskratzen, sehr fein pürieren. Sieb mit einem Tuch auslegen, Püree hineingeben und über Nacht das Wasser abtropfen lassen. Kann gut eingefroren werden.

Paprika

Als sich die spanischen »Conquistadores« des 16. Jahrhunderts auf den Rückweg nach Europa machten, hatten sie auch die Paprika im Gepäck - für die Alte Welt eine Bereicherung, die zunächst nur als Zierpflanze genutzt wurde. Erstaunlich ist das eigentlich nicht, wenn man sich das dichte Laub der Pflanze und ihre roten, grünen und gelben, ja sogar orangefarbenen und schwarzen Früchte einmal ansieht. Wie reichhaltig das Angebot der Paprika an Nährstoffen ist, fand man erst in unserem Jahrhundert heraus. Der Biologe und Nobelpreisträger, der 1932 das Vitamin C entdeckte, beschäftigte sich auch ausgiebig mit der Paprika und wies nach, daß dieses Gemüse nicht nur ein Vielfaches mehr an Ascorbinsäure als Zitrusfrüchte und jedes andere Obst enthält, sondern isolierte auch das »Paprika-Vitamin«, Vitamin P, das Störungen des Blutkreislaufs vorbeugt.
Süd- und Mittelamerika ist die eigentliche Heimat der Paprika, aber ihre Beliebtheit als vielseitig verwendbares Gemüse hat sie zu einem nicht mehr wegzudenkenden Bestandteil gerade der mediterranen Küche gemacht. Die Paprika, aufgrund ihrer Herkunft an Wärme und Sonne gewöhnt, hat ihre Ansprüche in dieser Hinsicht nicht heruntergesetzt, und so kommt die Freilandernte in den Sommermonaten vor allem aus Spanien und Italien, aus den Balkanländern und der Türkei. Die Niederlande kultivieren Paprika in Gewächshäusern und haben auf diese Weise ihren Anteil an den umfangreichen Importen für den deutschen Markt.
Die Qualität einer Paprikaschote (die eigentlich gar nicht so heißen dürfte, weil es sich botanisch um eine Beere handelt) läßt sich schnell erkennen. Ihre Haut muß glänzend, fest und glatt sein; anderenfalls ist sie nicht frisch, was auf Kosten des Aromas, aber vor allem des Gehaltes an Vitaminen geht. In Supermärkten ist das leider des öfteren der Fall. Übrigens sind grüne Paprika unausgereifte und früh geerntete Früchte, die sich bei längerem Aufbewahren leicht rot verfärben - auch das ist also ein Anzeichen dafür, daß die Frucht nicht erst seit gestern beim Händler liegt ...
Das Putzen und Vorbereiten erfordert keine große Anstrengung. Die Schoten werden gut gewaschen und in Hälften oder Viertel geteilt. Dann lassen sich Stielansatz, Scheidewände und Kerne schnell und leicht entfernen. Für gefüllte Paprika schneidet man nur einen Deckel ab, aber auch dann lassen sich die »Innereien« der Paprika mit einem scharfen Löffel leicht wegkratzen bzw. herausspülen.

Paprika-Ingwersuppe mit Krabbenfleisch

4 rote Paprikaschoten
2 Lauchstangen
50 g frische Ingwerwurzel
750 ml Hühnerbrühe, Rezept Seite 230
250 ml Sahne
4 EL Olivenöl
300 g frisches Krabbenfleisch
1/2 Bund Dill, gehackt
Zitronensaft
Salz und Pfeffer

Paprikaschoten halbieren, Kerne und weiße Rippen entfernen, in feine Streifen schneiden. Ingwer schälen, sehr fein hacken. Weißen und hellgrünen Teil des Lauchs in feine Ringe schneiden. Paprika, Lauch und Ingwer in Olivenöl anschwitzen, mit heißer Brühe und Sahne auffüllen, 15 Min. kochen, mit Salz und Pfeffer würzen. 1/3 des Gemüses aus dem Topf nehmen, Rest mit dem Pürierstab pürieren. Gemüse wieder in den Topf füllen, Krabbenfleisch zerteilen und in die Suppe geben. Nochmals mit Zitronensaft und Salz abschmecken. Vor dem Servieren Dill über die Suppe streuen.

Paprika-Lauchvinaigrette

VORSPEISE

4 gelbe Paprikaschoten
4 mittelgroße Lauchstangen
1 EL Zitronensaft
5 EL Olivenöl
1 Knoblauchzehe, durchgepreßt
2 Zweige Estragon
Salz und Pfeffer

Paprika halbieren, Kerne und weiße Rippen entfernen. Paprikahälften flach auf einen Grillrost legen, grillen, bis die Haut Blasen wirft und schwarz wird. In einem Gefrierbeutel abkühlen. Haut abziehen und Paprika in feine Streifen schneiden. Lauch gründlich waschen, dunkelgrüne Teile entfernen, die helleren Teile in 5 cm lange Stücke schneiden. In wenig Wasser zugedeckt garen oder dämpfen. Gut abtropfen. Vinaigrette aus Öl, Zitronensaft, Knoblauch, Salz und im Mörser zerstoßenem Pfeffer bereiten. Paprikastreifen, Lauch und Vinaigrette mischen. Abkühlen. Mit kleingezupften Estragonblättern bestreut servieren. Dazu Brot.

Marinierte rote Paprika mit Anchovis

VORSPEISE

4 rote Paprikaschoten
4 Knoblauchzehen
4 EL Olivenöl
8 in Öl eingelegte Anchovis
20 entkernte schwarze Oliven
2 EL Oregano
Pfeffer
frisches Brot

Paprika halbieren, Kerne und weiße Rippen entfernen. Flach auf einen Grillrost legen und grillen, bis die Haut Blasen wirft und schwarz wird. In einem Gefrierbeutel abkühlen. Haut abziehen und Paprika in Streifen schneiden. Auflaufform mit etwas Olivenöl einfetten, Paprikastreifen auf dem Boden verteilen. Oregano und Knoblauch zusammen fein hacken und über die Paprikaschicht streuen. Oliven halbieren und zusammen mit Anchovis auf den Kräutern verteilen. Mit den restlichen Paprikastreifen bedecken. Pfeffer im Mörser zerstoßen, darüberstreuen. Rest des Olivenöls darüberträufeln. 10 Min. im Backofen erhitzen. Mit frischem Brot servieren.

Rote oder gelbe Paprikacreme

500 g rote oder gelbe Paprika
3 Knoblauchzehen
4 EL kaltgeschlagenes Olivenöl
Salz und Pfeffer

Paprika vierteln, Kerne und weiße Rippen entfernen. Auf einen Rost mit der Hautseite nach oben dicht unter den Grill legen und grillen, bis die Haut Blasen wirft und schwarz wird. In einem Gefrierbeutel abkühlen. Haut abziehen. Knoblauchzehen durchpressen und zusammen mit den Paprikastücken und Olivenöl pürieren. Mit Salz und Pfeffer aus dem Mörser abschmecken. Schmeckt gut als Dip zu rohem Gemüse, zu Fisch und Hühnerfleisch, aber auch als Aufstrich auf geröstetem Brot.

Rotbarschfilet mit Paprika

1 kg Rotbarschfilet
4 Schalotten
2 rote, 1 gelbe, 1 grüne Paprika
500 ml Fischbrühe, Rezept Seite 230
1/4 TL Safran
3 Knoblauchzehen, fein gehackt
150 ml Sahne
2 EL Madeira
100 g Butter
30 g Mehl
Zitronensaft
Salz und Pfeffer

40 g Butter in einem Topf erhitzen, mit Mehl bestäuben, nach und nach 400 ml heiße Fischbrühe angießen, dabei ständig rühren. Salz und Safran hinzufügen, 20 Min. köcheln. 100 ml Fischbrühe erhitzen, Fischstücke in große Würfel schneiden und zusammen mit Schalotten, Salz und etwas Zitronensaft hineingeben. 10 - 15 Min. bei schwacher Hitze gar ziehen lassen. In der Zwischenzeit Paprika in breite Streifen schneiden, mit Knoblauch in 60 g Butter gar dünsten und mit dem Kochsaft in die Sauce geben. Kurz köcheln, Sahne angießen, mit Zitronensaft und Madeira abschmecken. Den Fisch, sobald er gar ist, in einer Schüssel warm stellen, Kochsud um die Hälfte einkochen, dann durch ein Sieb in die Sauce geben. Nochmals abschmecken. Paprikasauce über die Fischstücke gießen. Sofort servieren.

Paprikatorte

VORSPEISE ODER ZWISCHENGERICHT

Füllung:
- *5 rote Paprika*
- *2 Eier*
- *1 Eigelb*
- *1 Fleischtomate*
- *100 g Schafskäse*
- *250 ml Sahne*
- *3 EL Basilikum, kleingezupft*
- *10 schwarze Oliven, ohne Kerne*
- *Salz und Pfeffer*

Mürbeteig:
- *200 g Mehl*
- *100 g kalte Butter*
- *1 Ei*
- *Salz*

Für das Vorbereiten und Vorbacken des Mürbeteigs siehe Rezept Kürbiskuchen auf Seite 33. Paprika aufschneiden, Kerne und weiße Rippen entfernen. Flach auf einen Grillrost legen, Hautseite nach oben. Dicht unter den Grill schieben, grillen, bis die Haut Blasen wirft und schwarz wird. In einem Gefrierbeutel abkühlen. Haut abziehen, Paprika in kleine Rechtecke schneiden. Tomate überbrühen, Haut abziehen, Saft und Kerne rausdrücken, Tomatenfleisch grob hacken. Schafskäse zerkrümeln. Eier mit Sahne verquirlen, Schafskäse, Tomate, Paprika, Basilikum, Oliven dazugeben, mit Salz und Pfeffer würzen und in die Springform gießen. Form im Backofen auf ein heißes Blech setzen, damit der Boden nicht weich wird. Hitze auf 180 Grad reduzieren, 45 Min. backen.

Gefüllte Paprika

8 rote Paprikaschoten
400 g Langkornreis
3 Fleischtomaten
4 Schalotten, fein gewürfelt
3 Knoblauchzehen, durchgepreßt
30 g Rosinen
30 g Pinienkerne
2 TL Koriandersamen, im Mörser zerstoßen
2 EL Zitronenthymian, gehackt
1/4 TL Safran
4 EL Olivenöl
Salz und Pfeffer

Olivenöl erhitzen, Schalotten darin andünsten, nicht bräunen. Reis, Pinienkerne, Rosinen, Koriander, 1 EL Thymian, Knoblauch, Salz, Pfeffer und Safran dazugeben, rühren und anschwitzen, bis der Reis glasig wird. Heißes Wasser bis 1 cm über den Reis aufgießen, aufkochen, dann zugedeckt bei geringer Hitze 40 Min. ziehen lassen. Tomaten überbrühen, Haut abziehen, Saft und Kerne ausdrücken, grob hacken und unter den gekochten Reis mischen. Nochmals abschmecken. Von den Paprikaschoten einen Deckel abschneiden, Kerne und weiße Rippen entfernen. Reis hineinfüllen. Paprikaschoten in eine Auflaufform stellen, Wasser 1 cm hoch in die Form gießen, Gemüse mit Alufolie abdecken. Im Backofen bei 220 Grad 40 Min. backen. Mit dem Rest Thymian bestreut servieren.

Baskische Paprikapfanne

2 rote Paprika
2 grüne Paprika
1 gelbe Paprika
500 g Tomaten
1 Bund Frühlingszwiebeln
2 Knoblauchzehen, durchgepreßt
1 Bund Basilikum
5 EL Olivenöl
4 Eier
Salz und Pfeffer

Paprikaschoten halbieren, weiße Rippen und Kerne entfernen, in kurze Streifen schneiden. Tomaten überbrühen, Haut abziehen, halbieren, Saft und Kerne ausdrücken, Tomatenfleisch grob hacken. Zwiebeln in feine Ringe schneiden, zusammen mit Knoblauch in einer Pfanne 5 Min. in heißem Olivenöl andünsten, aber nicht bräunen. Paprikastücke dazugeben, weiterdünsten, bis sie fast gar sind. Tomaten, Salz und Pfeffer hinzufügen und zugedeckt auf kleiner Flamme 10 - 15 Min. garen, bis die Tomatenstücke zerfallen. Alles in eine Auflaufform geben, darüber Eier brechen, im Backofen 10 Min. backen, bis das Eiweiß gestockt ist. Mit Basilikum bestreuen, mit frischem Brot servieren.

Rohes Paprika-Korianderpüree

FÜR 4 - 6 PERSONEN

2 rote Paprika
1 grüne Chili
1 kl. rote Zwiebel
6 EL Zitronensaft
2 Fleischtomaten
2 Knoblauchzehen
1 Bund Koriandergrün
Salz und Pfeffer

Chili und Paprika halbieren, Stengel, weiße Rippen und Kerne entfernen. Tomaten überbrühen, Haut abziehen, Kerne ausdrücken. Zwiebel schälen, vierteln. Knoblauch schälen. Bis auf den Koriander alle Zutaten im Mixer nicht zu fein pürieren. Koriander fein hacken. Püree mit Salz, Pfeffer und Zitronensaft abschmecken. Koriander unterrühren. Kühlen. Die Sauce schmeckt gut zu rohem Gemüse, zu Fisch oder Geflügel.

Ratatouille

2 rote, 1 gelbe, 1 grüne Paprika
2 rote Zwiebeln, gewürfelt
3 kl. Zucchini
1 kl. Aubergine
2 Fleischtomaten
6 EL Olivenöl
4 Knoblauchzehen, fein gewürfelt
2 Zweige Thymian
1 Lorbeerblatt,
1 Bund Basilikum, Zitronensaft
Salz und Pfeffer
kaltgeschlagenes Olivenöl

Aubergine würfeln, salzen, 1 Std. ausweinen lassen, abspülen, abtrocknen. Paprika und Zucchini in Würfel schneiden. Tomaten überbrühen, Haut abziehen, Kerne ausdrücken, Tomatenfleisch grob hacken. Zwiebelwürfel und Knoblauch in Öl dünsten, bis sie weich sind, aber nicht bräunen. Aubergine, Lorbeer und Thymian dazugeben, Aubergine leicht bräunen. Zucchini und Paprika hinzufügen und unter häufigem Wenden mitbraten. Tomaten dazugeben. Kurz durchmischen, nicht mehr rühren, weitere 5 Min. dünsten. Mit Salz, Pfeffer und Zitronensaft abschmecken. Mit reichlich Basilikum bestreuen und einen Schuß Olivenöl darübergießen. Schmeckt sowohl warm als auch kalt.

TOMATE

Das Geschäft mit den Tomaten läuft überall in Europa auf Hochtouren. Aber das ist noch gar nicht lange der Fall, denn in Deutschland gewann dieses Gemüse, das bis ins 18. Jahrhundert hinein als giftig galt und nur als Zierpflanze angebaut wurde, erst nach 1910 den Grad an Popularität, den es heute innehat - noch später also als die Kartoffel, die aus unseren Küchen ebenfalls nicht mehr wegzudenken ist. Die Tomate ist ursprünglich eine tropische Pflanze, und im Gegensatz zur Kartoffel, deren Weg nach Europa wir nicht ganz genau nachvollziehen können, war es im Falle der roten Beere tatsächlich Christoph Kolumbus, der sie aus Mittelamerika in die Alte Welt mitbrachte.

Doch die rote Pracht in der Sonne ausgereifter Tomaten, Kiste an Kiste gereiht, wird man so vermutlich nur auf den Märkten von Neapel oder Catanzaro, Valencia oder Las Palmas bewundern können. Italien und Spanien zählen in Europa zu den Hauptproduzenten von Tomaten, aber nur dort kommen die reifen Früchte auch sofort in den Handel. Für den Export nach Deutschland müssen sie hingegen unreif geerntet werden. Erst während des Transportes können sie dann nachreifen. Das hat seinen Grund, denn nur so kommen die roten Beeren ohne Schäden davonzutragen in die heimischen Geschäfte.

Neben den Niederlanden und Belgien, die mit dem Anbau unter Glas die Belieferung des deutschen Marktes auch in den Wintermonaten sicherstellen, gelangen Tomatenimporte das ganze Jahr über aus fast zwanzig Ländern zu uns! Damit kommt man zwar noch lange nicht in den (optischen) Genuß eines südländischen Marktes, aber neben den gewöhnlich runden Tomaten können auch wir mittlerweile zwischen kanarischen Sommertomaten, italienischen Eiertomaten oder marokkanischen Strauchtomaten wählen, die in der Regel allesamt von hoher Qualität sind. Wer die Wahl zwischen Freilandtomaten und solchen aus dem Treibhaus hat, wird sich sicherlich zu entscheiden wissen; trotzdem gilt grundsätzlich, daß die Tomate ein gesundes, erfrischendes und kalorienarmes Gemüse ist, das viele Mineralstoffe, Fruchtsäuren und verschiedene Vitamine enthält.

Es lohnt sich beim Einkauf zu überlegen, wann und für welches Gericht man Tomaten verwenden möchte: dann kann man nämlich entscheiden, ob man, für einen Salat etwa, feste und aromatische Ware benötigt, oder ob man für eine Sauce oder ein Ragout eher weichere und ganz reife Tomaten nimmt. Daß die Früchte unverletzt sein und eine glatte, gesunde Haut haben müssen, versteht sich dabei von selbst. Grüne oder gelbliche Verfärbungen am Stielansatz sind ein Qualitätsmangel. Tomaten lassen sich aber durchaus auch auf Vorrat kaufen. Dann sucht man sich halb ausgereifte Früchte aus und läßt sie an einem mäßig warmen Ort liegen, bis sie eine schöne Farbe angenommen haben. Im Kühlschrank wird, wenn man einmal zuviel eingekauft hat, der Reifeprozeß zwar verzögert, so daß Tomaten auch einmal zwei Wochen dort warten können, allerdings geht das ganz entschieden auf Kosten des Geschmacks, denn das Fleisch und die Haut werden irgendwann glasig und verlieren an Aroma.

Kalte Tomatensuppe

1 kg reife Sommertomaten, grob geschnitten
Saft von 2 Zitronen
2 Eier
4 Knoblauchzehen
1 rote Zwiebel, fein gewürfelt
1 Salatgurke, fein gehackt
knapp 1/4 TL Chilipulver
5 EL Olivenöl
2 Scheiben Weißbrot
1 gelbe Paprikaschote, fein gewürfelt
3 Zweige Minze, gehackt
Zucker
Salz

2 EL Öl in einem großen Topf erhitzen, 2 Knoblauchzehen in Scheiben schneiden und darin ein paar Min. dünsten, Tomaten hinzufügen und bei schwacher Hitze 30 Min. kochen. Tomaten durch ein Sieb streichen. Eier hartkochen. Hartgekochtes Eigelb mit 1 EL Olivenöl zu einer Paste verrühren, Zitronensaft, Tomatenpüree, etwas Zucker und 2 durchgepreßte Knoblauchzehen dazugeben und einrühren. Zwiebel, Gurke und Chili mit Salz und Minze abschmecken und in die Tomatenmischung rühren. 4 Std. im Kühlschrank durchziehen lassen. Paprika und gewürfeltes Eiweiß mischen und getrennt zur Suppe servieren. Weißbrot würfeln, in 2 EL Olivenöl goldgelb rösten, warm halten und ebenfalls getrennt zur Suppe servieren.

Tomatensuppe aus Sommertomaten

2 kg reife Tomaten
4 Knoblauchzehen
80 ml Olivenöl
500 ml Hühner- oder Gemüsebrühe, Rezept Seite 230
2 flache italienische Brote vom Vortag, z. B. Ciabatte
1 Bund Basilikum
100 ml extra kaltgeschlagenes Olivenöl
Zucker
Salz und Pfeffer

Tomaten überbrühen, Haut abziehen, grob hacken. Knoblauch fein würfeln, in Olivenöl ein paar Min. dünsten, Tomaten dazugeben und etwa 30 Min. bei schwacher Hitze ohne Deckel kochen. Von Zeit zu Zeit umrühren. Mit Salz, Zucker und im Mörser zerstossenem Pfeffer würzen. Brühe erhitzen und in den Topf mit den Tomaten füllen, aufkochen. Brot entrinden, in Stücke brechen und in die Suppe geben und umrühren, bis das Brot die Suppe aufgesogen hat. Eventuell mehr heiße Brühe zugießen. Topf vom Herd ziehen, Basilikumblätter kleinzupfen und mit dem Olivenöl in die Suppe geben. Kurz durchziehen lassen.

Tomatensuppe mit Orangen

1 kg Tomaten
2 kl. Zwiebeln
2 kl. Möhren
1 unbehandelte Zitrone
1 Lorbeerblatt
1 TL Pfefferkörner
1 TL Koriandersamen
1 l Hühnerbrühe, Rezept Seite 230
40 g Butter, 30 g Mehl
250 ml Sahne
1 - 2 unbehandelte Orangen
1/2 Bund Koriandergrün
Honig, Salz, Pfeffer

Schale einer Orange sehr dünn abschälen, kurz blanchieren und in sehr schmale Streifen schneiden. Beiseite stellen. Zitrone dünn abschälen. Tomaten grob zerschneiden. Zwiebeln und Möhren grob würfeln. Tomaten, Zwiebeln, Möhren, Lorbeer, Zitronenschale, Pfeffer und Koriander in der Brühe etwa 30 Min. kochen. Zitronenschale und Lorbeer aus dem Topf nehmen. Alles durch ein Sieb passieren. Butter und Mehl in einem größeren Topf anschwitzen, ständig rühren, mit Tomatenflüssigkeit aufgießen, weiter rühren und 20 Min. köcheln. Abschmecken mit Orangensaft, Orangenschale, Honig, Salz und Pfeffer aus dem Mörser, Sahne hinzufügen. Mit Korianderblättchen bestreut servieren.

Gefüllte Tomaten mit Käse und Kräutern

6 Fleischtomaten
2 EL Olivenöl
200 g Schafskäse
4 EL trockener Weißwein
Paniermehl
2 EL frische Kräuter: Basilikum, Thymian, Kerbel, Petersilie, Koriander
1 Knoblauchzehe, zerquetscht
2 EL Butter
2 Basilikumblätter, zerzupft
Salz und Pfeffer

Tomaten überbrühen, Haut abziehen, Deckel abschneiden, Kerne mit einem Teelöffel auskratzen. 2 Tomaten hacken und in eine Schüssel geben. 4 Tomaten in eine eingeölte Gratinform stellen, mit Salz und Pfeffer würzen, mit Öl einpinseln. Schafskäse zerkleinern. Schafskäse, Tomatenfleisch, Knoblauch, Weißwein, gehackte Kräuter und eventuell Paniermehl mit einer Gabel zu einer Paste zerdrücken und mit Salz und Pfeffer würzen. Füllung in die Tomaten geben, Deckel draufsetzen. Im Backofen bei 180 Grad 30 Min. backen. Kochsaft in einen Topf gießen, aufkochen, mit 2 EL Butter verquirlen, abschmecken und über die Tomaten gießen. Mit frischen Basilikumblättern bestreuen und mit Brot als Vorspeise oder kleines Zwischengericht servieren.

Tomatensalat mit Couscous

VORSPEISE

600 g Tomaten
250 g Couscous, vorgekocht
4 Zitronen
1 Salatgurke
1 rote Zwiebel, fein gewürfelt
5 Knoblauchzehen
1 rote Chilischote
1 Bund frischer Koriander, grob gehackt
1 EL frische Minze, gehackt
6 EL Olivenöl
150 g schwarze Oliven
Salz und Pfeffer

Vorgekochten Couscous mit dem Saft von 3 Zitronen über Nacht im Kühlschrank ziehen lassen. Tomaten überbrühen, Haut abziehen, Saft und Kerne zum Couscous in die Schüssel geben. Tomatenfleisch grob hacken. Gurke in dünne Scheiben hobeln, Knoblauch mit der Presse zerquetschen, Chili sehr fein würfeln. Tomaten, Gurke, Zwiebel, Knoblauch und Chili mischen, mit Salz und Pfeffer aus dem Mörser kräftig würzen. Zitrone schälen, auch die weiße Haut, Segmente auslösen, halbieren und zusammen mit Oliven, Olivenöl und Kräutern zum Salat geben. Gut durchmischen, 1 Std. ziehen lassen, ab und zu umwenden.

Toskanischer Tomatensalat

800 g Tomaten
4 Knoblauchzehen
200 ml Olivenöl
2 flache italienische Brote vom Vortag (z. B. Ciabatte)
4 El Zitronensaft
2 rote Paprika
2 gelbe Paprika
1 frische rote Chilischote
2 EL Kapern
8 Anchovis, in Salz eingelegt
20 schwarze Oliven
1 großes Bund Basilikum
Salz und Pfeffer

Tomaten überbrühen, Haut abziehen, halbieren, Saft und Kerne in eine Schüssel ausdrücken. Knoblauch in die Schüssel pressen und mit 4 EL Zitronensaft, Olivenöl, etwas Salz und im Mörser zerstoßenem Pfeffer mischen. Brot in dicke Scheiben schneiden und in der Sauce wenden, bis alles aufgesogen ist, eventuell Olivenöl nachfüllen. Chili und Paprika halbieren, flach auf einen Grillrost legen, dicht unter den Grill schieben und grillen, bis die Haut Blasen wirft und schwarz wird. Haut abziehen und Paprika in Streifen schneiden, Chili fein würfeln. Kapern unter dem Wasserhahn abspülen und zum Brot in die Schüssel geben. Anchovis abspülen, eventuell halbieren. Tomaten in Stücke schneiden. Basilikumblätter zerzupfen. Alle Zutaten in einer großen Schüssel arrangieren. 1 Std. durchziehen lassen. Mit Olivenöl servieren.

Tomatensalat mit Mozzarella und Basilikum

1 kg Tomaten
250 g Mozzarella (Büffelmilchmozzarella)
1 Bund Basilikum
Saft von 1/2 Zitrone
5 EL Olivenöl
1 Knoblauchzehe, durchgepreßt
Honig
Salz und Pfeffer

Tomaten überbrühen, Haut abziehen, in Scheiben schneiden und auf 4 Tellern verteilen. Käse in Scheiben schneiden, auf die Tomaten legen und mit Basilikumblättern garnieren. Zitronensaft, Knoblauch, Salz, etwas Honig, Olivenöl und Pfeffer aus dem Mörser verquirlen und kurz vor dem Servieren über den Salat träufeln.

Fischfilet mit Tomatensauce, Erbsen und Estragon

1 1/2 kg Fischfilet, Rotbarsch oder Kabeljau
1 kg reife Sommertomaten
250 g ausgepalte frische Erbsen
150 g frische Champignons
4 EL Butter
100 ml Hühnerbrühe, Rezept Seite 230
200 ml Sahne
Zitronensaft von 1 1/2 Zitronen
2 Lorbeerblätter
1 EL frischer Estragon, gehackt
Zucker
Salz und Pfeffer

Fischfilets in große Würfel schneiden und mit Zitronensaft beträufeln. Tomaten überbrühen, Haut abziehen, Kerne und Saft ausdrücken, grob hacken, 10 - 15 Min. in Butter dünsten, mit Salz und Zucker würzen. Erbsen in Butter 5 Min. dünsten, mit Estragon, Salz und Zucker würzen. Champignons abreiben, nicht waschen, würfeln, in Butter anbraten, salzen, mit Zitronensaft beträufeln und mit Hühnerbrühe ablöschen. 2 Lorbeerblätter, Sahne und Salz dazugeben, bei starker Hitze einkochen, bis die Sauce dicklich wird. Tomaten und Erbsen hinzufügen, kurz aufkochen, mit Pfeffer und Salz abschmecken. Fischfilets in einer eingeölten Auflaufform verteilen, Gemüse und Sauce darübergießen. Im Backofen bei 200 Grad 10 - 15 Min. backen.

Tomatentorte

Teig:
250 g Mehl
200 g Butter
1 Ei
Salz
Belag:
2 kg Tomaten
300 g Zucker
1 Glas trockener Weißwein
Saft einer Zitrone

Teig: Butter erhitzen, aber nicht kochen. Mehl in eine Schüssel sieben, Ei in die Mitte schlagen, etwas Salz hineingeben und die geklärte Butter ohne Bodensatz dazugießen. Die Zutaten kräftig durcharbeiten, eventuell 1 EL Wasser einarbeiten, wenn der Teig zu fest ist. Eine Kugel formen und 1 Std. ruhen lassen. Belag: Tomaten überbrühen, häuten, Kerne und Saft ausdrücken, Tomatenfleisch in kleine Stücke hacken. Tomaten mit Zucker, Weißwein und Zitronensaft in einem schweren Topf ohne Deckel mindestens 1 Std. sanft kochen, bis eine sirupartige Masse entstanden ist, dabei öfter umrühren. Etwas abkühlen lassen. Backblech in den Ofen schieben, Ofen auf 230 Grad vorheizen. Flache Quicheform mit dem Teig auslegen, Tomatenmasse auf dem Teig verteilen, Quicheform auf das heiße Backblech setzen, etwa 15-30 Min. backen.

Marmelade von grünen Tomaten

2 kg grüne Tomaten
3 ungespritzte Zitronen
1 kg Zucker

Tomaten waschen und in Scheiben schneiden. Tomaten und Zucker in einer Schüssel gut mischen, 20 - 24 Std. im Kühlschrank Saft ziehen lassen, dabei 3 - 4mal umrühren. Danach Tomaten in einem Stahltopf bei starker Hitze kurz aufkochen, dann bei sehr schwacher Hitze 1 Std. kochen. Zitronen gut abwaschen, in sehr dünne Scheiben schneiden und zu den Tomaten in den Topf geben, eine weitere Std. bei schwacher Hitze kochen. Heiß in sterilisierte Gläser mit Schraubdeckel gießen.

Zucchini

Wollte man den Zucchini einen deutschen Namen verpassen, so könnte er »Minikürbis« lauten. Zucchini kommt aus dem Italienischen und ist die Verkleinerungsform von »Zucca«, Kürbis, dessen großer Familie das grüne Gemüse angehört. Man spricht seinen Namen übrigens »Zukkini« aus - nicht »Zutschini«...

Ihrer familiären Nähe zum Kürbis entsprechend, liegt die Heimat der Zucchini in Süd- und Mittelamerika. Ganz so warm müssen es die grünen oder auch gelben Beeren (denn um solche handelt es sich botanisch gesehen) in Europa nicht mehr haben. Zwar kommt ein großer Teil unserer Importe aus Spanien, Italien oder Frankreich, aber auch in Deutschland ist der Anbau im Freiland möglich. Auch Kleingärtner haben die Zucchini als relativ anspruchsloses und schnell wachsendes Gemüse entdeckt - und messen sich, wer die größten Exemplare erntet.

Beim täglichen Einkauf für die eigene Küche scheinen eher die kleinen Zucchini beliebt zu sein. Tatsächlich ist das Fleisch größerer Stücke meist weniger fest, es neigt dazu schwammig zu werden, und auch die Kerne werden größer (man kann sie trotzdem problemlos mitessen). Ganz gleich welcher Größe, Zucchini müssen insbesondere an der Spitze und am Stielansatz fest sein; ihre Haut sollte Spannkraft besitzen und von einer gleichmäßigen, kräftigen Farbe sein.

Da kleine Zucchini keine eigene Sorte bilden, sondern ganz einfach früh und noch nicht ganz ausgereift geerntet werden, kann man sie meist eine gute Woche im Kühlschrank aufbewahren. Aber da sie das ganze Jahr über erhältlich sind, kauft man sie vielleicht doch besser dann ganz frisch ein, wenn man sie benötigt.

Zucchini sind ein dankbares Gemüse insofern, als daß sie einfach und ohne großen Zeitaufwand zubereitet werden können. Die Frucht wird gut gewaschen, was angesichts ihrer glatten Haut nicht schwierig ist. Nach dem Entfernen des Stielansatzes werden Zucchini je nach Erfordernissen in Scheiben oder Würfel geschnitten. Rohe, gestiftelte Zucchini eignen sich ausgezeichnet, um mit ihrem nussigen Aroma Rohkostplatten oder Salaten eine interessante Note zu verleihen. Zucchini lassen sich überdies gut und sehr variantenreich mit allerlei Fleisch oder Gemüsefülseln versehen. Man kann sie dazu längs in zwei gleiche Hälften teilen und beide füllen, nachdem man einen Teil des Fleisches ausgekratzt hat. Versuchen Sie doch einmal, nur das obere Viertel einer Frucht abzuschneiden, und dieses als Deckel zu verwenden, nachdem der größere Teil gefüllt wurde. So können Sie ganze Zucchini servieren und die Optik ihrer schönen dunkelgrünen Schalen betonen.

Zucchiniblütensuppe

1 kl. Zucchini
10 Zucchiniblüten
1 Zwiebel
50 g Butter
1,2 l Hühnerbrühe, Rezept Seite 230
100 ml Sahne
1 Bund Basilikum, kleingezupft
Salz und Pfeffer

Zucchini und Zwiebel in feine Würfel schneiden, 10 Min. in Butter dünsten, heiße Brühe angießen und aufkochen lassen. Zucchiniblüten und die Hälfte des Basilikums hinzufügen, salzen und pfeffern. Zugedeckt 5 Min. sanft köcheln. Mit dem Pürierstab pürieren, Sahne dazugeben, vorsichtig erhitzen, mit Salz und Pfeffer abschmecken, mit Basilikum bestreut servieren.

Zucchini-Fischsuppe

6 Zucchini
1 1/2 kg Fischfilet, z. B. Rotbarsch, Kabeljau, Seeteufel
1 l Fischbrühe, Rezept Seite 230
1 Zwiebel
4 Möhren
1 Staude Stangensellerie
2 Fleischtomaten
2 Kartoffeln
Saft von 2 Zitronen
1 Stange Zimt
1/4 TL. Safranfäden
2 Eier
1/2 Tasse Olivenöl extra
Salz und Pfeffer

Fisch in große Würfel schneiden, mit etwas Zitronensaft beträufeln. Zucchini, Möhren, Zwiebel, Sellerie, Kartoffeln in große Stücke schneiden. Tomaten überbrühen, Haut abziehen, Kerne ausdrücken. Tomatenfleisch in große Stücke schneiden. Fischbrühe erhitzen, Safran, Zimt und Gemüse darin 15 - 20 Min. kochen. Hitze reduzieren, Fischstücke in die Suppe geben, 10 Min. ziehen lassen. Fisch und 2/3 des Gemüses mit einem Schaumlöffel herausnehmen und warm stellen. Rest des Gemüses grob stampfen. Eier mit reichlich Zitronensaft verquirlen. Einen Teil der nicht mehr kochenden Suppe kellenweise in die Eimischung einrühren, damit die Eimischung nicht gerinnt, dann alles in den Topf zurückgießen. Zimt aus der Suppe fischen. Gemüse und Fisch wieder in den Topf geben, nochmals mit Salz und Pfeffer aus dem Mörser abschmecken. Vorsichtig erhitzen, aber nicht mehr kochen, sonst gerinnt die Eimischung. Vor dem Servieren Olivenöl dazugeben und verrühren.

Süßsaure Zucchini

1 kg Zucchini
2 Knoblauchzehen, zerquetscht
2 EL Olivenöl
2 EL Zitronensaft
30 g Pinienkerne
30 g Rosinen
8 Anchovisfilets, fein gehackt
1 EL Oregano, gehackt
Salz und Pfeffer

Zucchini in 1/2 cm dicke Scheiben schneiden, salzen, 1 Std. ausweinen lassen. Abspülen, auf Küchenpapier abtrocknen. Öl in einem Topf erhitzen, Knoblauch darin vorsichtig anbraten, Zucchinischeiben hinzufügen, mit Öl und Knoblauch verrühren, bis die Zucchini mit Öl überzogen sind. Zitronensaft und 2 EL Wasser dazugeben, zugedeckt 10 Min. weiterkochen. Deckel abnehmen, Anchovis, Pinienkerne und Rosinen zum Gemüse geben. Hitze erhöhen, Sud einkochen, bis noch etwa 3 EL Flüssigkeit im Topf sind, dabei ständig rühren. Abschmecken. Mit Pfeffer und Oregano bestreut servieren - als Vorspeise mit etwas Brot, als Beilage zu Fischgerichten.

1 kg Zucchini
3 Eier
200 g Gruyère, frisch gerieben
200 g gekochter Schinken, gewürfelt
300 ml Sahne
4 EL Crème fraîche
30 g Butter
Muskat, frisch gerieben
Salz und Pfeffer

Zucchinigratin mit Käse und Schinken

Backofen auf 180 Grad vorheizen. Eier, Sahne und Crème fraîche verquirlen, mit Salz, Muskat und frisch im Mörser zerstoßenem Pfeffer würzen. Zucchini mit einem Gurkenhobel in dünne Scheiben hobeln und in die Eiersahne geben, gut durchmischen. Gratinform ausbuttern. Die Hälfte der Zucchinischeiben in der Form auslegen, Schinkenwürfel darauf verteilen und mit dem Rest Zucchinischeiben bedecken. Rest Eiersahne darübergießen, erst den Käse und dann die Butterflocken darauf verteilen. Im Backofen 60 - 90 Min. backen. Eventuell nach 50 Min. mit Alufolie abdecken, damit der Käse nicht zu braun wird.

500 g Zucchini
500 g reife Tomaten
200 ml Olivenöl, extra fruchtig
200 g Schafskäse
100 g Frischkäse
4 Zweige Thymian, gehackt
1 Bund Basilikum
Salz und Pfeffer

Gratin aus Zucchini- und Tomatenscheiben

Backofen auf 200 Grad vorheizen. Gratinform einölen. Zucchini und Tomaten in etwa 1 cm dicke Scheiben schneiden, leicht salzen, abwechselnd und aufrecht in eine Gratinform schichten, dazwischen Thymian einstreuen. Pfeffer im Mörser zerstoßen und großzügig über das Gemüse verteilen. Schafskäse und Frischkäse zerkrümeln, mischen und über das Gemüse geben. Mit Olivenöl beträufeln. Im Backofen bei 200 Grad 45 - 60 Min. backen. Kurz vor dem Servieren mit zerzupften Basilikumblättern bestreuen und mit Olivenöl begießen.

1 kg Zucchini
300 g Zuckermais, tiefgekühlt
2 Eier
2 EL Sahne
200 g Gruyère, gerieben
30 g Butter
1 EL Estragon, frisch gehackt
Salz und Pfeffer

Zucchini mit Zuckermaisfüllung

Zucchini längs halbieren, mit einem Löffel aushöhlen, 1 cm Wand stehen lassen. Zucchinihälften salzen, umdrehen und ausweinen lassen, dann abspülen, trocken tupfen.
Mais auftauen. 150 g Mais mit Eiern, Sahne, Pfeffer und etwas Salz im Mixer pürieren. Käse, Estragon und restlichen Mais mit dem Püree mischen. Zucchinihälften in eine geölte Auflaufform setzen und Füllung gleichmäßig darauf verteilen, mit Butterflöckchen besetzen. Im Backofen bei 180 Grad etwa 30 Min. backen, dann Folie abnehmen und weitere 15 Min. backen. Heiß servieren, zum Beispiel mit einer Tomatensauce.

1 kg Zucchini
1 Stück frischer Ingwer, ca. 6 cm lang
60 g Butter
300 ml Joghurt
1 TL Koriandersamen, im Mörser zerstoßen
2 EL Zitronensaft
1/2 EL frische Korianderblätter, gehackt
Salz und Pfeffer

Zucchini mit frischem Ingwer

Zucchini in Scheiben schneiden, mit Koriandersamen und Pfeffer in Butter leicht anbraten. Salzen. Ingwer schälen, reiben und zum Gemüse geben, alles gut verrühren, Zitronensaft dazugießen und umrühren. 15 Min. garen, Flüssigkeit einkochen. Topf vom Herd nehmen, nicht mehr kochen, Joghurt einrühren, nochmals abschmecken, mit Korianderblättern bestreut als Beilage etwa zu Huhn servieren.

Zucchini und Schalotten

VORSPEISE

- 10 *kleine Zucchini*
- 200 *g Schalotten*
- 200 *ml Weißwein*
- 2 EL *Olivenöl*
- 1 TL *Koriandersamen, zerstoßen*
- 2 *Lorbeerblätter*
- 150 *g getrocknete Feigen, fein gewürfelt*
- 2 TL *Tomatenmark*
- 2 *Zitronen*
- 2 EL *Minze, frisch gehackt*
- 2 EL *Petersilie, frisch gehackt*
- 2 EL *kaltgeschlagenes Olivenöl*
- *Salz, Pfeffer*

Zucchini waschen und in dicke Scheiben schneiden. Schalotten vierteln, mit 2 EL Olivenöl, Lorbeerblättern, Koriander und Weißwein zum Kochen bringen, salzen, pfeffern und zugedeckt bei starker Hitze 10 Min. kochen. Feigen in lauwarmem Wasser kurz einweichen, gut abtropfen lassen. Zucchini und Tomatenmark zu den Schalotten in den Topf geben, eventuell Weißwein nachgießen, zugedeckt 5 Min. bei starker Hitze kochen. Zitronen abschälen, auch die innere weiße Haut, dann das Zitronenfleisch würfeln, Haut und Kerne entfernen. 2 EL kaltgeschlagenes Olivenöl in den Gemüsetopf geben, nochmals kräftig aufkochen, damit sich das Öl mit dem Kochsud verbindet. Topf vom Herd nehmen, Zitronenstücke und Feigenwürfel unter das Gemüse mischen. Lorbeer entfernen, Minze und Petersilie kurz vor dem Servieren hinzufügen. Nochmals abschmecken. Warm servieren, dazu frisches Röstbrot. Geht auch gut als kleines Zwischengericht.

Zucchinikuchen mit Pinienkernen

FÜR 6-8 PERSONEN

- 300 *g Zucchini*
- 160 *g Butter*
- 4 *Eier*
- 250 *g Zucker*
- 1 *Vanilleschote*
- 400 *g Mehl*
- 1 1/2 TL *Backpulver*
- 100 *g Pinienkerne*
- 1 *Prise Muskat*
- 1 EL *Semmelbrösel*
- 1 *unbehandelte Zitrone*
- *Salz*

Backofen auf 220 Grad vorheizen. Zitronenschale abreiben. Zucchini raspeln, Saft ausdrücken. Butter schmelzen, mit Eiern, Zucker und ausgekratztem Vanillemark gut durchschlagen. Mehl, Salz, Muskat, Backpulver in die Eiermischung sieben und alles verrühren, bis ein weicher Teig entstanden ist. Zucchini, Zitronenschale und Pinienkerne hinzufügen, verrühren. Springform buttern und mit Semmelbröseln ausstreuen, Teig einfüllen. Im Backofen bei 220 Grad 10 Min. backen, dann Hitze reduzieren und bei 180 Grad 1 Std. backen.

Blumenkohl

Wenn Sie an Blumenkohl denken, erinnert Sie das an Ihre letzte Mahlzeit in der Kantine? Hoffentlich nicht, denn die nachfolgende Rezeptauswahl zeigt, daß es auch anders geht als zerkocht und fade. Der Blumenkohl ist ein feines und - trotz aller Vorurteile gegen den Kohl - sehr bekömmliches Gemüse auch für empfindliche Mägen. Um diesen Genuß nicht zu schmälern, sollten Sie vor allem den Freiland-Blumenkohl, der in den Sommermonaten auf den Markt kommt, für eine knappe halbe Stunde in kaltes Salz- oder Essigwasser legen - dann machen sich nämlich die Käfer und Insekten, die sich vielleicht noch zwischen den Röschen versteckt halten, aus dem Staube. Bei uns kommt vor allem der weiße Blumenkohl auf den Tisch, und der bleibt auch schön weiß, wenn Sie ein wenig Zitronensaft in das Kochwasser geben. Aber wenn Sie einmal einen violetten Blumenkohl finden - einige süditalienische Sorten sind so gefärbt -, dann kombinieren Sie ihn doch mit weißem Blumenkohl. Gerade bei einem Salat, für den die Röschen nur kurz blanchiert werden müssen, lassen sich schöne Farbkombinationen herstellen. Alle Kohlsorten - vom Blumenkohl bis zum Weißkohl - haben einen gemeinsamen Vorfahren, die Wildform brassica oleracea, die sich einst im maritimen Klima der europäischen Atlantik- und Mittelmeerküsten ansiedelte und von dort aus in alle Welt verbreitete. Und so gehören die europäischen Ländern nicht einmal zu den größten Konsumenten des Blumenkohls: In China und Indien werden Mengen an Blumenkohl angebaut und verzehrt, die weit über den unseren liegen. Unseren Bedarf decken zu einem guten Teil Frankreich, Italien und (aus dem Gewächshaus) die Niederlande, aber vom Frühsommer an spielt die deutsche Freilandernte eine ebenso große Rolle. Anbauzentren befinden sich in der zwischen Köln und Bonn gelegenen Kölner Bucht, im nördlichen Rheinland sowie in der Hamburger Region. Die Mischung aus Eigenanbau und Importen stellt die ganzjährige Belieferung mit Blumenkohl sicher. Beim Einkauf läßt sich schnell erkennen, auf welchen Blumenkohl Sie sich verlassen können: Die Blume ist gleichmäßig gewölbt und weist keine braun verfärbten Druckstellen auf; ihre Oberfläche fühlt sich feinkörnig an und wird nicht von kleinen Blättchen durchbrochen. Und wenn Sie ganz sichergehen wollen, riechen Sie an der Schnittfläche des Strunkes. Sollte Ihnen da ein fauliger Geruch in die Nase stoßen, lassen Sie den Blumenkohl besser liegen.

Blumenkohl mit Kräutern und Vinaigrette

VORSPEISE

1 Blumenkohl
2 Frühlingszwiebeln, fein gewürfelt
1 EL glatte, gehackte Petersilie
1 EL gehackter Schnittlauch
1/2 EL gehackter Dill
1 Knoblauchzehe, durchgepreßt
Saft von 1 1/2 Zitronen
4 EL Olivenöl
Honig
Pfeffer, frisch aus dem Mörser
Salz

Blumenkohl in kleine Röschen brechen, in kochendem Salzwasser mit dem Saft von 1 Zitrone 5-6 Min. blanchieren, bis sie fast gar sind. Gut abtropfen lassen. Vinaigrette herstellen aus 1/2 Zitrone, Knoblauch, Salz, Pfeffer, 1 Messerspitze Honig und Olivenöl, Kräuter und Frühlingszwiebeln unterrühren, und alles mit dem noch warmen Blumenkohl mischen. Schmeckt sowohl warm als auch kalt.

Blumenkohlauflauf

1 Blumenkohl
250 ml Sahne
1 Zitrone
4 Eigelb
3/4 Tasse Gruyère, gerieben
Butter
Salz und Pfeffer

Blumenkohl in kleine Röschen zerteilen, in Zitronenwasser fast gar kochen, abgießen. Auflaufform buttern, Röschen hineinlegen, Eigelb mit der Sahne verquirlen, Käse einrühren, mit Salz und Pfeffer abschmecken und in die Auflaufform gießen. Im Ofen bei 200 Grad backen, bis die Eiersahne stockt und der Auflauf goldgelb geworden ist.

Blumenkohl-Fenchelgratin

1 mittelgroßer Blumenkohl
4 mittelgroße Fenchelknollen
100 g magerer Schinkenspeck in Scheiben
250 ml Sahne
200 ml Milch
2 EL Crème fraîche
6 EL frisch geriebener Parmesan
3 Eigelb
1 Zitrone
Butter
Muskat
Salz und Pfeffer

Fenchelknollen putzen, vierteln und Strunk entfernen. Wasser, Salz und Saft einer halben Zitrone zum Kochen bringen, Fenchel darin ca. 20 Min. kochen. Abtropfen lassen, Fenchelwasser nicht weggießen. Blumenkohl in kleine Röschen zerteilen und im gleichen Wasser 10 Min. kochen. Abtropfen lassen. Gratinform ausbuttern, Fenchel in mundgerechte Stücke schneiden und nebeneinander in die Form legen, darauf den Schinkenspeck verteilen, mit Parmesan bestreuen und darüber eine Schicht Blumenkohlröschen auslegen. Pfeffer im Mörser zerstoßen und darüberstreuen. Sahne, Milch, Crème fraîche und Eigelb verquirlen, mit Salz, Zitronensaft und Muskat abschmecken und über das Gemüse gießen, Butterflocken darüber verteilen. Im vorgeheizten Backofen bei 180 Grad etwa 40 Min. backen.

Überbackener Blumenkohl mit Tomaten

1 Blumenkohl
4 Fleischtomaten
1/2 Zitrone
50 g Mehl
50 g Paniermehl
50 g Haferflocken
50 g Schweizer Käse, gerieben
125 g Butter
1 TL Thymian, frisch gehackt
Salz und Pfeffer

Blumenkohl in kleine Röschen brechen, in Zitronen-Salzwasser fast gar kochen. Auflaufform buttern, Blumenkohl dicht nebeneinander in die Form legen, mit Tomatenscheiben bedecken. Mit Thymian, Salz und Pfeffer bestreuen. Mehl, Paniermehl, Haferflocken, Käse, Pfeffer und Salz in einer Schüssel mischen. 100 g Butter schmelzen und in die Schüssel hineinrühren, so daß eine krümelige Masse entsteht. Masse über dem Gemüse verteilen. Im Backofen bei 200 Grad 30 Min. überbacken.

Broccoli

Der Broccoli gehört zu den nächsten Verwandten des Blumenkohls. Tatsächlich scheinen manche Sorten des einen und des anderen Gemüses sehr ähnlich zu sein: Der Broccoli wird auch Grüner Blumenkohl genannt, und in Italien und England wiederum werden grüne Blumenkohlsorten unter dem Namen Kopfbroccoli verkauft. Da sich der Broccoli aber sehr gut von seinem Vetter abgrenzen kann, hat er sich noch einen weiteren Namen zugelegt: Spargelkohl. In seinem kräftigen Geschmack erinnert der Broccoli nämlich eher an den Grünen Spargel, ist dabei aber ebenso bekömmlich wie sein weißköpfiger Verwandter und kann überdies einen hohen Gehalt an Vitaminen, Eiweißen, Kohlenhydraten und Mineralstoffen aufweisen. Was seinen Eisengehalt angeht, so kann er dem Spinat, der angeblich so viel von diesem Mineralstoff enthält, mühelos den Rang ablaufen.

Die Ursprünge des Broccoli sind dort zu suchen, wo die gesamte Kohlfamilie ihre Wurzeln hatte, nämlich in Kleinasien. Heute kommt unser Broccoli zum größten Teil aus Italien (insbesondere aus der italienischen Provinz Apulien); da er in anderen milden Klimazonen ebenso gut gedeiht, wird er zunehmend auch in Frankreich oder England angebaut. Deutscher Broccoli wird in den Monaten August bis Oktober geerntet.

Ob Broccoli frisch auf den Ladentisch kommt, hängt nicht zuletzt vom Erntezeitpunkt ab, den es exakt zu bestimmen gilt. Jedenfalls müssen die Blumen von einem kräftigen Dunkelgrün, die Blütenknospen selbst noch geschlossen sein. Anzeichen für eine späte Ernte oder zu lange Lagerung ist die sogenannte Überständigkeit: die Blütenknospen sind bereits aufgebrochen, die Blume hat eine gelbliche Färbung angenommen.

Wie der Blumenkohl sollte der Broccoli vor der Zubereitung eine halbe Stunde in kaltem Salzwasser ziehen, um kleine Insekten zu vertreiben. Vom Broccoli muß nichts weggeworfen werden: die Stiele und Blätter eignen sich ebenso zur Zubereitung wie die Blütenköpfe. Gerade die Stiele sind für die Geschmacksanleihen beim grünen Spargel verantwortlich, und aus den feingeschnittenen Blättern läßt sich eine kräftig schmeckende Beigabe zu den Röschen gewinnen.

Wenn Sie den Broccoli ganz zubereiten, stellen Sie ihn nach Möglichkeit aufrecht in einen Topf und geben soviel gesalzenes Wasser dazu, daß die Stiele gekocht, die Röschen aber gedämpft werden. Die Stiele werden zuvor von den holzigen Enden befreit und je nach Qualität abgeschält. Nehmen Sie den Broccoli aus dem Wasser, sobald die Röschen »al dente« sind; je weicher und matschiger sie werden, desto mehr verlieren Sie ihren feinen Geschmack und die frische Farbe.

Wenn Sie Stiele, Blätter und Röschen getrennt zubereiten wollen, so geben Sie zunächst die geschälten und in Stücke geschnittenen Stiele in kochendes Salzwasser. Etwa 2 bis 3 Minuten später folgen dann die Röschen und, je nach Geschmack, die fein geschnittenen Blätter. Nach weiteren 4 oder 5 Minuten sollte das Gemüse gar sein.

Broccolisuppe

500 g Broccoli
1 kl. Lauchstange
3 mehlige Kartoffeln, gewürfelt
1 l Gemüse- oder Hühnerbrühe, Rezept Seite 230
150 ml Crème fraîche
1 EL Kerbel, gehackt
40 g Butter
Zitronensaft
Salz und Pfeffer

Broccoli in kleine Röschen schneiden, Stiele eventuell schälen und halbieren. In Butter andünsten, Lauch in Stücke schneiden und dazugeben, die Kartoffelwürfel kurz mitdünsten, Brühe aufgießen, würzen und etwa 15 - 20 Min. köcheln lassen, bis das Gemüse weich ist. 2/3 des Gemüses mit dem Pürierstab oder im Mixer pürieren. Alles zusammen wieder erhitzen, aber nicht mehr kochen lassen, nochmals mit Zitronensaft, Salz und Pfeffer abschmecken, Crème fraîche unterrühren. Mit Kerbel bestreut servieren.

Broccoli mit Nudeln

600 g Broccoli, geputzt
75 ml Olivenöl
1 Prise Safran
3 Schalotten, in feine Ringe geschnitten
6 in Öl eingelegte Sardellenfilets
150 g eingeweichte Rosinen
60 g Pinienkerne
600 g Nudeln
80 g frisch geriebener Parmesankäse
Basilikum
Saft von 1/2 Zitrone

Broccoli in Röschen zerteilen, weiche Stengelstücke durchschneiden. In reichlich Zitronen-Salzwasser fast gar kochen. Kochwasser aufheben. Schalotten in 45 ml Olivenöl bei milder Hitze in einer Pfanne glasig werden lassen. Safran in wenig heißem Wasser auflösen und hinzufügen. Broccoli dazugeben, zudecken. Sardellen in dem restlichen Olivenöl so lange garen, bis sie zerfallen, und dann zusammen mit den abgetropften Rosinen und den Pinienkernen zum Gemüse geben. Unter Rühren 5 Min. schmoren. Währenddessen die Nudeln im Gemüsewasser 10 Min. kochen, abtropfen lassen, zum Gemüse geben, alles gut vermischen und etwas durchziehen lassen. Mit frisch geriebenem Parmesankäse und Basilikum bestreut servieren.

Broccoli-Süßkartoffelpasteten

Für 10 Pasteten

Teig:
350 g durchgesiebtes Mehl
125 g geschmolzene, lauwarme Butter
Salz

Füllung:
250 g Broccoli
250 g Süßkartoffeln
1 Zwiebel, fein gewürfelt
30 g Butter,
2 Eier
1 Eigelb zum Einpinseln
Salz und Pfeffer

Für den Teig: Mehl und Salz in eine Schüssel geben. Geschmolzene Butter und so viel lauwarmes Wasser einrühren, bis ein weicher, öliger Teig entsteht. Gut durchkneten, eine Kugel formen, zugedeckt 30 Min. ruhen lassen. Füllung: Süßkartoffeln kochen, pellen und hacken. Broccoli in Salzwasser fast gar kochen, dann hacken. Zwiebel in Butter anbraten. Eier schlagen und mit den Süßkartoffeln mischen, Zwiebel einrühren, mit Salz und Pfeffer abschmecken, Broccoli zum Schluß untermischen. Den Teig in 10 Kugeln teilen, jeweils kreisrund ausrollen, die Ränder anfeuchten, je 1/10 der Füllung auf den Teig setzen, Teig so umklappen, daß ein Halbmond entsteht, und die Ränder fest aufeinander pressen. Auf ein gefettetes Backblech setzen, mit Eigelb bestreichen. Im Backofen bei 190 Grad 35 - 40 Min. backen, bis sie goldbraun sind. Die Pasteten lassen sich als Vorspeise oder kleines Zwischengericht servieren; in einer kräftigen Gemüse- oder Fleischbrühe eignen sie sich aber auch für ein Hauptgericht.

Chinakohl

Der Chinakohl hält, was sein Name verspricht: er kommt aus China. Dort spielt der »Zahn vom weißen Drachen« seit 1500 Jahren eine wichtige Rolle als außerordentlich geschätzter Vitaminlieferant. In Deutschland hingegen hat dieses mit den europäischen Kohlsorten nur sehr entfernt verwandte Gemüse erst seit wenigen Jahren seine Anhänger gefunden - aber es werden immer mehr. Der Grund dafür ist sicherlich in der zunehmenden Beliebtheit der asiatischen und insbesondere der chinesischen Küche zu suchen, und die Chinarestaurants, die mittlerweile zur gewohnten Vielfalt internationaler Speiselokale gehören, haben ihren Teil dazu beigetragen.
Neue Chinakohlsorten wurden vor allem in Japan gezüchtet, so daß dieses Gemüse auch unter dem Namen Japankohl verkauft wird. Hierzulande ist der Absatz von Chinakohl noch nicht besonders hoch, und so kann der Bedarf fast ganz durch die Anbauflächen in Deutschland gedeckt werden. Hier gibt es regelrechte Produktionszentren: das zwischen Köln und Bonn gelegene Vorgebirge, die hamburgischen Vierlande oder etwa Schifferstadt in Rheinland-Pfalz. Kleinere Mengen werden auch aus Italien, Spanien und den Niederlanden importiert. Das leicht verdauliche und für empfindliche Mägen besonders gut geeignete Gemüse ist fast das ganze Jahr über erhältlich. Ab März wird es zunächst in Gewächshäusern und dann aus dem Freiland geerntet, und zwar bis in den Dezember hinein, denn der Chinakohl verträgt sogar ein bißchen Frost. Aufgrund seiner Lagerfähigkeit in speziellen Kohlscheunen oder Kühlhäusern kann sogar die letzte kleine Lücke bis zum nächsten Frühjahr geschlossen werden.
Ein Indiz für zu lange Lagerung oder rauhe Behandlung während des Transportes liefert die Schnittstelle am Boden eines Chinakohls. Ist sie schwarz verfärbt, so ist Vorsicht geboten. Außerdem müssen die Köpfe fest geschlossen sein, und auch die Spitzen der äußeren Blätter dürfen nicht angewelkt aussehen.
Nach dem Entfernen von ein oder zwei äußeren Blättern gibt es beim Chinakohl kaum Abfall. Zum Waschen zerteilt man ihn längs in zwei Hälften; dann wird er - als knackiger Bestandteil eines bunten Salates beispielsweise - quer in feine Streifen geschnitten. Bei warmen Gerichten kann Chinakohl auch mit kurzen Garzeiten auskommen. So bewahrt er seine frische Farbe und die bißfeste Konsistenz, die ihn für die pfannengerührten Gerichte der asiatischen Küche so interessant machen.

Chinakohlrouladen mit Geflügelfüllung

Für 8 - 10 Personen

750 g Chinakohl
1 mittelgroßes Huhn mit Leber, Magen und Herz
1 altes Brötchen
150 ml Milch
50 g Butter
50 g Speck, fein gewürfelt
1 Glas Weißwein
3 Eigelb
4 EL saure Sahne
1 Bund Frühlingszwiebeln, fein gehackt
1 Stück frischer Ingwer, fein gehackt
120 ml Hühnerbrühe, Rezept Seite 230
Salz und Pfeffer

Brötchen in Milch einweichen, gut ausdrükken. Dicke Mittelrippen der Chinakohlblätter entfernen oder flachschneiden. Blätter 2 Min. blanchieren. 500 g Hühnerfleisch ohne Haut, aber mit Innereien durch den Fleischwolf drehen. Rest des Huhns für die Brühe verwenden. Speck in Butter glasig werden lassen, Frühlingszwiebeln darin weich dünsten und mit 1 Glas Weißwein ablöschen. Ingwer einrühren und die Flüssigkeit einkochen. Zwiebeln, Brötchen, 3 Eigelb, saure Sahne, Salz und Pfeffer mit dem Hühnerfleisch mischen. Zum Abschmecken eine kleine Menge kurz braten, um die gesamte Fleischfüllung eventuell nachwürzen zu können. Pro Krautwickel je nach Größe 1 oder 2 Kohlblätter an der Stielseite mit Füllung bedecken, Blatt von beiden Seiten darüberschlagen und einrollen. Mit Garn umwickeln oder mit Hölzchen feststecken. Krautwickel dicht nebeneinander in eine Auflaufform legen und mit kochender Brühe eben bedecken. Im Backofen bei 180 Grad 20 - 30 Min. garen.

Chinakohlgratin

500 g Chinakohl
2 rote Zwiebeln, fein gewürfelt
2 Knoblauchzehen, durchgepreßt
2 Eier, geschlagen
150 ml Sahne
100 g Gorgonzola
1 Bund glatte Petersilie, fein gehackt
2 EL Distelöl
Salz und Pfeffer

Zwiebeln und Knoblauch in Öl weich dünsten. Kohl in feine Streifen schneiden, 1 Min. in Salzwasser blanchieren, in Eiswasser abschrecken, gut abtropfen lassen. Chinakohl mit den Zwiebeln kurz andünsten, bis er fast gar ist. Eier mit der Sahne durchschlagen, Käse in kleinen Stücken einrühren, salzen und pfeffern. Mischung mit der Petersilie zum Gemüse geben und alles sorgfältig verrühren. Auflaufform einfetten, Gemüsemischung einfüllen. Im Backofen bei 180 Grad ca. 45 Min. goldbraun backen.

Chinakohl mit Aprikosen

800 g Chinakohl, fein geschnitten
100 g getrocknete Aprikosen
30 g Rosinen
1 Stück Ingwer, fein gewürfelt
2 Zwiebeln, fein gewürfelt
1 Zwiebel
40 g Butter
250 ml Weißwein
2 Lorbeerblätter, 6 Gewürznelken
Zitronensaft
Salz und frisch im Mörser zerstoßener Pfeffer

Butter in einem großen Topf schmelzen, Zwiebelwürfel darin glasig werden lassen. Kohl, fein gewürfelte Aprikosen, Rosinen und Ingwer einrühren, 2 Min. dünsten, Weißwein angießen, mit Salz und Pfeffer abschmecken. Zwiebel mit Nelken spicken und mit Lorbeerblättern zum Gemüse geben. Bei schwacher Hitze ohne Deckel 25 Min. garen. Von Zeit zu Zeit umrühren. Die Flüssigkeit soll fast ganz einkochen. Nochmals mit Salz, Pfeffer und Zitronensaft abschmecken. Dazu paßt Reis gut.

Chinakohl mit schwarzen Oliven und Kapern

1 kg Chinakohl
1 Zwiebel, fein gewürfelt
2 Knoblauchzehen, durchgepreßt
1 rote Chilischote, entkernt und fein gehackt
15 schwarze Oliven, entkernt und grob gehackt
2 EL Kapern, 3 EL Olivenöl
Zitronensaft, Salz

Chinakohl waschen, abtropfen, in schmale Streifen schneiden. Olivenöl in einem großen Topf erhitzen, Zwiebeln, Knoblauch und Chili dazugeben. Ca. 3 Min. dünsten, bis die Zwiebelwürfel weich sind. Chinakohl, Oliven und Kapern hinzufügen, alles umrühren und bei schwacher Hitze zugedeckt etwa 10 Min. köcheln, bis der Kohl gar ist. Mit Salz und Zitronensaft abschmecken. Eventuell zusammen mit Reis oder Nudeln servieren.

GRÜNKOHL

Was den Grünkohl betrifft, haben die Norddeutschen einen gewissen Heimvorteil. Die Gegend um Bremen und Oldenburg gilt den Anhängern dieses Gemüses als wahre Hochburg - »Kohl und Pinkel« lautet das Stichwort. Vom etwas merkwürdig anmutenden Namen dieses deftigen und überaus schmackhaften Gerichtes sollte sich der Rest der Bevölkerung nicht irritieren lassen - einfach mal probieren. Grünkohl, ein ernährungsphysiologisch sehr wertvolles Gemüse, läßt sich überdies durchaus variantenreich verarbeiten, wie die Rezepte für Grünkohlpastete oder Grünkohl mit Bandnudeln anschaulich unter Beweis stellen. Grünkohl ist ein würziges, vitamin- und mineralstoffreiches Gemüse, das die ersten Fröste nicht nur verträgt, sondern geradezu schätzt. Dann nämlich wird Blattstärke in Zucker umgewandelt, so daß der Kohl eine angenehm süßliche Note erhält.

Als mediterranes Gemüse ist der Grünkohl nicht gerade bekannt, auch wenn er eigentlich aus dem östlichen Mittelmeerraum stammt. Heute erfolgt der Anbau für den deutschen Bedarf an Ort und Stelle, nämlich in Deutschland. Ostfriesland, die Gegenden um Hamburg, Bremen und Braunschweig sind Grünkohlzentren, aber auch am Niederrhein und im Kölner Vorgebirge werden die krausen Blätter geerntet. Der inländische Ertrag reicht aus, um die Nachfrage zu decken; auf Importe ist der Markt also nicht angewiesen.

In den Wintermonaten kann Grünkohl je nach Bedarf täglich frisch geerntet werden. Er ist aus diesem Grunde kein Lagergemüse (auch wenn man ihn durchaus ein paar Tage im Kühlschrank aufbewahren kann), und Ihr Gemüsehändler sollte sich danach richten. Neuer Grünkohl wird schon Anfang Oktober geerntet, doch es lohnt sich sicherlich, auf wirklich kaltes Winterwetter zu warten, damit der Grünkohl seine ganze Geschmacksvielfalt zur Geltung bringen kann. Seine gekräuselten Blätter müssen das charakteristische, satte Dunkelgrün aufweisen und dürfen nicht welk und gelb herunterhängen. Grünkohl muß gut gewaschen werden, um Insekten aus den Blättern zu vertreiben; niedrig wachsende Sorten weisen natürlich auch Erdreste auf. Die Blattstiele werden heraus- oder zumindest flachgeschnitten. Eine ganz andere Art der Zubereitung empfehlen wir für Ihren Balkon: dort läßt sich Grünkohl nämlich in Töpfen ziehen. Abgesehen davon, daß die krause Pflanze eine hübsche Dekoration während der Wintermonate ist, kann man hin und wieder mit der Schere ein, zwei Blätter abschneiden und klein hacken, um einer Suppe zusätzlichen Pfiff zu verleihen.

Grünkohl mit glasierten Kartoffeln

Grünkohlstiele entfernen, Blätter grob zerschneiden, gründlich waschen und abtropfen lassen. Schmalz in einem großen Topf erhitzen, Zwiebeln darin etwa 3 Min. glasig werden lassen. Kohl hineingeben und unter Rühren 3 Min. anschwitzen. Speck, Kasseler, 1/2 l Wasser und 1 TL Salz hinzufügen und bei kleiner Hitze zugedeckt etwa 1 Std. dünsten. Von Zeit zu Zeit umrühren. Mettwürste dazugeben und weitere 30 Min. ohne Deckel sanft köcheln. Kartoffeln pellen. 15 Min. bevor der Kohl fertig ist, 50 g Schmalz in einer Pfanne erhitzen, Kartoffeln darin braten, mit Salz und Puderzucker bestreuen, dann nur noch kurz weiterbraten. Kohl mit Salz und Pfeffer abschmecken.

1,5 kg Grünkohl
2 Zwiebeln, fein gewürfelt
100 g Schmalz
400 g Kasseler
250 g geräucherter Bauchspeck
4 geräucherte Mettwürste
600 g kleine gekochte Pellkartoffeln
50 g Schmalz
1 EL Puderzucker
Pfeffer, frisch im Mörser zerstoßen
Salz

Grünkohl mit Bandnudeln

Harte Mittelrippen der Grünkohlblätter entfernen, Blätter grob schneiden, in gesalzenem Wasser wenige Min. blanchieren und abtropfen lassen. 4 Knoblauchzehen in der Sahne weich kochen und pürieren. Olivenöl in einem Topf erhitzen und darin Schalotten, Chilischoten und eine in feine Scheiben geschnittene Zehe Knoblauch anschmoren, bis die Schalotten goldgelb sind. Grünkohl einrühren, salzen, pfeffern, das Sahne-Knoblauchpüree dazugeben und gut durchmischen. Bei milder Hitze 5 - 10 Min. kochen, bis der Grünkohl von dicklicher Soße überzogen ist. Parmesankäse hinzufügen, nochmals abschmecken. In der Zwischenzeit Nudeln in Salzwasser kochen, gut abtropfen, mit Grünkohl mischen, etwas durchziehen lassen.

600 g Grünkohl
200 ml dicke Sahne (Crème double)
5 Knoblauchzehen
4 Schalotten
2 getrocknete Chilis
120 g frisch geriebener Parmesan
200 g Bandnudeln
3 EL Olivenöl
Salz

Grünkohleintopf mit weißen Bohnen

Vorkochen der Bohnen: Bohnen abspülen, in einem Topf mit kaltem Wasser aufsetzen und zum Kochen bringen. Topf vom Herd nehmen und die Bohnen 6 - 8 Std. einweichen. Dann Möhre, Lauch, Zwiebel, Fenchel, Lorbeerblatt, Thymian, Salz dazugeben und zusammen mit den Bohnen 1 Std. kochen. Bohnenbrühe aufheben. 4 EL Olivenöl in einen großen, schweren Topf geben und darin Sellerie, Knoblauch, Petersilie, Möhren und Schalotten etwa 30 Min. schmoren. Tomaten abtropfen, grob hacken und mit etwas Fleischbrühe dazugeben, weitere 20 Min. bei milder Hitze kochen. Grünkohl in Streifen schneiden und zusammen mit der Hälfte der Bohnen in den Topf geben, Bohnenbrühe zugießen, so daß das Gemüse eben bedeckt ist. Weitere 30 Min. kochen. Die andere Hälfte der Bohnen pürieren und dann in die Suppe rühren, heiße Fleischbrühe angießen, mit Salz und Pfeffer würzen. Das Brot in großen Stücken in die Suppe legen, kaltgeschlagenes Olivenöl darübergießen, sofort servieren.

600 g geputzter Grünkohl
250 g große getrocknete weiße Bohnen
1 Möhre, 1 Stange Lauch
1 Zwiebel, 1 Zweig Fenchelkraut
1 Lorbeerblatt, 2 Zweige Thymian
1 Bund glatte Petersilie, grob gehackt
8 Knoblauchzehen, gehackt
300 g Staudensellerie, in kleinen Stücken
250 g Möhren, gewürfelt
8 Schalotten, gewürfelt
1 Dose geschälte Tomaten, 400 g
500 ml Fleischbrühe, Rezept Seite 230
4 EL Olivenöl
kaltgeschlagenes Olivenöl
Salz und Pfeffer
1 italienisches Ciabatta-Brot

Kohlrabi

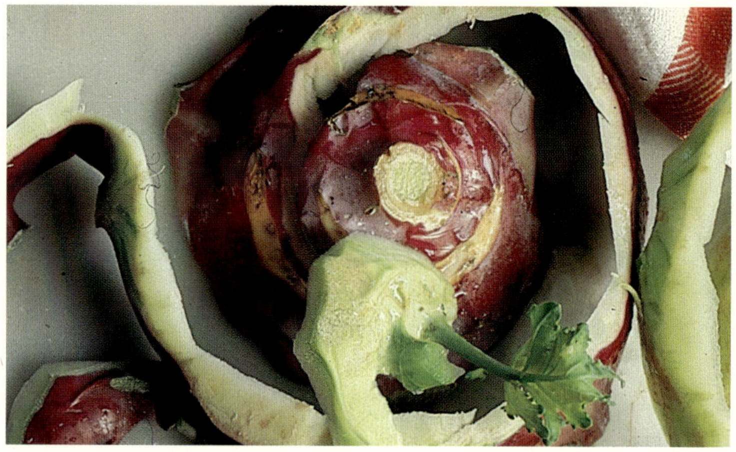

Kohlrabi, ein »typisch deutsches« Gemüse? Schütteln Sie nicht den Kopf - es stimmt wirklich. Von allen 46 Gemüsen, die in diesem Band versammelt sind, haben Kohlrabi die magerste Historie vorzuweisen. Die grünen Knollen wuchsen im deutschsprachigen Raum schon immer besonders gut, und hier sind sie als Gemüse auch recht beliebt. Außerhalb dieser Grenzen werden Kohlrabi kaum angebaut (und wenn, dann nur um sie nach Deutschland zu exportieren) und schon gar nicht gegessen. Kohlrabi, ein »typisch deutsches« Gemüse? Daran läßt sich also nicht rütteln, wobei es sich nach wie vor lohnt, auch dieses Mitglied der großen Kohlfamilie von seinem muffig-verkochten Ruf zu befreien.

Die Herkunft des Kohlrabi liegt ein bißchen im dunkeln. Wer bis zu den alten Römern zurückgehen will, bewegt sich auf sehr spekulativem Boden; sicher ist erst, daß die Knollen im Deutschland des 16. Jahrhunderts angebaut wurden. Heute zählen Bayern, Baden und Württemberg, das Vorgebirge zwischen Köln und Bonn sowie der Niederrhein zu den Regionen, in denen Kohlrabi schwerpunktmäßig angebaut werden. Ein Teil dieser Produktion wird unter Glas erzeugt, so daß Kohlrabi im Grunde das ganze Jahr über erhältlich sind. Wer hingegen die Ernte aus dem Freiland bevorzugt, wird vor allem im April, im Mai und im Juni fündig. Dabei haben übrigens beide Anbaumethoden ihre Vorteile: Das Fleisch der Knollen aus dem Treibhaus ist meist zarter und auch im Aroma milder; Freilandkohlrabi sind kräftiger im Geschmack, aber wenn sie zu viel Sonne abbekommen haben oder spät geerntet werden, sind sie manchmal schon holzig.

Ganz gleich ob aus dem Treibhaus oder vom Feld, Kohlrabi müssen frisch und sauber sein, entlang des unregelmäßigen Bandes, das sich kringelförmig um die ganze Knolle zieht, dürfen sie nicht aufgeplatzt sein. Vor allem die grünen Blätter des Kohlrabi sind ein untrügliches Anzeichen für seinen Frischegrad, und da man sie tunlichst mitverwenden sollte, dürfen sie keinesfalls welk und gelb sein. Auch die Stiele sollen nicht abgeknickt, sondern elastisch und frisch aussehen.

Nur bei längerer Lagerung - Kohlrabi kann man im Kühlschrank durchaus eine Woche lang aufheben - sollten Sie die Blätter entfernen. Sie entziehen der Knolle sonst Feuchtigkeit. Wenn Sie Kohlrabi hingegen frisch eingekauft haben und gleich verwenden, werfen Sie das Laub auf keinen Fall weg. Vor allem die inneren, kleineren und zarten Blätter, die einen erheblichen Teil der Vitamine und Mineralstoffe enthalten, kann man zusammen mit einem Teil der Stiele waschen, kleinschneiden und mitkochen.

An Vorbereitungen fällt ansonsten nur das Schälen der Knolle an - je nach Frischegrad fällt der Abfall dann mehr oder weniger groß aus.

Kohlrabilasagne

800 g junge Kohlrabi
400 g festkochende Kartoffeln
200 g Gorgonzola
60 g Butter
30 g Mehl
250 ml Milch
180 g Lasagneblätter, in Salzwasser kurz blanchiert
1 Bund glatte Petersilie
50 g Parmesan, frisch gerieben
Salz und Pfeffer

Kohlrabi schälen, halbieren, in sehr dünne Scheiben hobeln. In Salzwasser 5 - 6 Min. blanchieren, Wasser aufheben. Kohlrabi abschrecken, abtropfen. Kartoffeln schälen, in dünne Scheiben hobeln, 5 Min. blanchieren, abtropfen lassen. Gorgonzola in große Würfel schneiden. Aus 40 g Butter, 30 g Mehl, Milch und etwas Kohlrabiwasser eine Bechamelsauce herstellen, 20 Min. köcheln, dabei öfter umrühren. Gorgonzola in die Sauce rühren, bis er geschmolzen ist. Mit Salz und Pfeffer abschmecken. Eine eckige Auflaufform fetten, mit einer Schicht Nudelblätter auslegen, 1/3 der Kohlrabi- und Kartoffelscheiben darauf verteilen, mit Petersilie bestreuen und 1/3 der Sauce darübergießen. In gleicher Weise wiederholen, bis alle Zutaten verbraucht sind. Letzte Schicht mit Parmesankäse bestreuen, Butterflökkchen draufsetzen. Bei 200 Grad 35 - 45 Min. garen.

Karamelisierter Kohlrabi

4 junge Kohlrabi
30 g Butter
2 EL Distelöl
1 EL Puderzucker
1 knapper EL Mehl
200 ml Wasser oder Gemüsebrühe, Rezept Seite 230
1/2 Bund glatte Petersilie, gehackt
Salz und Pfeffer

Kohlrabi schälen. Zarte Blätter 3 Min. in Salzwasser blanchieren, abschrecken, in feine Streifen schneiden. Kohlrabi in halbmondförmige, dünne Scheiben schneiden. In einer schweren Pfanne Butter und Öl erhitzen, Kohlrabischeiben und Blätter hineingeben, mit Puderzucker bestäuben und bei recht hoher Hitze ständig rühren, bis das Gemüse mit einer goldbraunen Karamelschicht überzogen ist. Etwas Brühe angießen und zugedeckt bei milder Hitze 10 - 15 Min. dünsten. Mit Mehl bestäuben und weitere Brühe zugießen, damit eine dickliche Sauce entsteht. Aufkochen und weitere 2 - 3 Min. kochen. Mit Salz und Pfeffer abschmecken. Petersilie darüberstreuen und als Beilage zu gebratener Leber oder etwa zu Bratwürsten servieren.

Gefüllte Kohlrabi

Für 4 - 6 Personen

8 - 10 junge Kohlrabi, geschält
1 Handvoll zarte Kohlrabiblätter
30 g Schmalz
2 Zwiebeln, fein gewürfelt
1 Knoblauchzehe, fein gewürfelt
500 g Lammhack
2 EL Reis, fertig gekocht
2 EL edelsüßes Paprikapulver
1/2 Bund glatte Petersilie, gehackt
1 EL Majoran, frisch gehackt
2 Eier
Salz und Pfeffer
1 l Hühner- oder Gemüsebrühe, Rezept Seite 230
Sauce:
40 g Butter
30 g Mehl
250 ml Sahne
1/2 Bund glatte Petersilie

Von der Stengelseite der Kohlrabi eine 1 cm dicke Scheibe abschneiden. Kohlrabi bis auf eine 1/2 cm dicke Schale aushöhlen. Kohlrabifleisch grob hacken, aufheben. Kohlrabiblätter 3 Min. in Salzwasser blanchieren, abschrecken, abtropfen, sehr fein hacken, zum Kohlrabifleisch geben. Schmalz in einer Pfanne erhitzen, Zwiebeln und Knoblauch etwa 10 Min. goldgelb anbraten. In eine Schüssel geben und zusammen mit Hack, Reis, Petersilie, Paprika, Majoran, Eiern, Salz und frisch zerstoßenem Pfeffer gut vermengen und die ausgehöhlten Kohlrabis damit reichlich füllen. Kohlrabi nebeneinander in einen Topf setzen, gehacktes Kohlrabifleisch und Blätter drumherum verteilen, Hühnerbrühe angießen, nochmals mit Salz und Pfeffer würzen. Kurz aufkochen, dann bei sehr kleiner Hitze 30 - 45 Min. dünsten. Sobald die Kohlrabi weich sind, auf eine vorgewärmte Servierplatte setzen und warm halten. Brühe aufheben. Währenddessen eine Bechamelsauce zubereiten aus Butter, Mehl und Sahne, 20 Minuten köcheln, ständig umrühren. Wenn die gefüllten Kohlrabi beiseite gestellt sind, Bechamelsauce in den Topf mit der Brühe geben und 5 - 10 Min. köcheln. Sauce durch ein feines Sieb rühren, abschmecken und über die gefüllten Kohlrabi gießen. Mit Petersilie bestreuen. Ein paar Salzkartoffeln dazu - und das Essen ist komplett.

ROSENKOHL

Zweifellos hat auch die kalte Jahreszeit ihre vielen guten Seiten, und eine davon ist der Rosenkohl. Wo die ersten Nachtfröste für viele andere Gemüse das Aus bedeuten, da läuft der Rosenkohl erst zu seiner ganzen Größe auf: sein Zuckergehalt nimmt zu, im Geschmack wird er intensiver und feiner, und da der Frost die Zellstruktur der Röschen verändert, sind sie auch leichter verdaulich (all dies erklärt übrigens auch, warum Rosenkohl bestens eingefroren werden kann). Es gibt also gute Gründe, sich auf die deftig-winterliche Küche zu freuen, und der Rosenkohl mit seinem hohen Gehalt an Vitamin C und wichtigen Mineralstoffen ist in dieser Hinsicht eine vielseitige Bereicherung. Es genügt schon, den in Salzwasser gekochten Rosenkohl mit etwas Muskat zu würzen; deftige Speck- oder sanfte Sahnesaucen verträgt dieses Feingemüse aber ebensogut.

Die Geschichte des Rosenkohl ist nicht lückenlos zu rekonstruieren. Im 17. Jahrhundert will man ihn bereits gekannt haben, manche Spuren führen sogar ins Mittelalter, doch gewiß ist erst, daß man vor etwas mehr als hundert Jahren in Belgien begonnen hat, Rosenkohl systematisch anzubauen. Auch heute zählen die Küstengebiete Hollands, Belgiens, Frankreichs und Englands zu den Hauptanbauregionen dieses kleinsten Vertreters der großen Kohlfamilie, was mit dem Atlantikklima und seinen milden Wintern zu erklären ist. Die Importe zwischen Oktober und März stammen zumeist aus diesen Ländern; der Anteil der deutschen Erträge liegt bei etwa 15 Prozent.

Was eine Faustregel für alle Gemüse ist, gilt für den Rosenkohl in besonderem Maße: Kaufen Sie die Mengen, die Sie für Ihr Rezept benötigen, frisch und bereiten Sie den Rosenkohl möglichst am selben Tag zu.

Sind die kleinen Kohlköpfchen erst einmal geerntet, verlieren sie schnell an Frische. Untrügliches Anzeichen in dieser Richtung sind die gelblich verfärbten, angewelkten äußeren Blättchen. Abgesehen davon, daß überlagerte Köpfchen viel von ihrem Vitamingehalt verlieren, schmecken Sie meist auch leicht muffig.

Für das Putzen größerer Mengen sollten Sie ein halbes Stündchen einrechnen: Der Stengelansatz wird so abgeschnitten, daß 3 oder 4 der äußeren Blättchen gleich mit abfallen, danach werden die Röschen unter fließendem Wasser gewaschen. Über die Länge der Kochzeit gehen die Meinungen etwas auseinander. Extremisten behaupten, alles, was über 3 Minuten hinausgehe, sei eine Sünde; andere sagen, der Rosenkohl habe sogar nach 15 bis 18 Minuten noch Biß und sei nicht zerkocht (was auf keinen Fall passieren sollte). Die Wahrheit liegt vermutlich irgendwo dazwischen und wird je nach Geschmack auch ganz persönlich ausfallen.

Rosenkohl mit Eßkastanien

500 g Rosenkohl
250 g Eßkastanien
5 EL Butter
125 ml Hühnerbrühe, Rezept Seite 230
1 TL Zucker
Salz und Pfeffer

Backofen auf 250 Grad vorheizen. Eßkastanien an der flachen Seite einschneiden, auf ein Backblech legen, 15 Min. im Ofen backen. Ein dickes Küchentuch mit sehr kaltem Wasser anfeuchten, schnell auswringen und auf die heißen Eßkastanien legen. Dadurch lassen sich die Kastanienschalen und die innere Haut leicht abschälen. Die geschälten Eßkastanien mit 1 1/2 EL Butter, Zucker und Salz etwa 10 Min. ohne Deckel in der Brühe kochen. Warm stellen; Brühe aufheben. Geputzten Rosenkohl in sprudelndem, gesalzenem Wasser ohne Deckel 15 Min. kochen. In einem Sieb abtropfen lassen, warm halten, Brühe aufheben. 3 1/2 EL Butter in einem Topf schmelzen, Rosenkohl und Brühe hinzufügen, 10 Min. bei mittlerer Hitze kochen. Mit Salz und Pfeffer abschmecken. Zusammen mit den Eßkastanien als Beilage zu Rindfleisch oder Geflügel servieren.

Rosenkohlpüree

500 g Rosenkohl
2 EL Butter
2 Knoblauchzehen, fein gehackt
150 ml Crème fraîche
Muskat, frisch gerieben
Zitronensaft
Salz und frisch im Mörser zerstoßener Pfeffer

Rosenkohl waschen, putzen und mit dem Küchenmesser fein hacken. Butter in einem großen schweren Topf erhitzen. Knoblauch und Rosenkohl anschmoren, Crème fraîche, Salz, Pfeffer, Muskat und Zitronensaft hinzufügen, ohne Deckel kochen, bis Rosenkohl gar ist. Nochmals abschmecken. Eine Beilage, die gut zu Fleisch paßt.

Rosenkohl mit magerem Speck und Mandeln

600 g kl. Rosenkohlköpfchen
100 g durchwachsener geräucherter Speck
20 g Mandelblätter
150 ml dicke Sahne (Crème double) oder Crème fraîche
1 EL Öl
15 g Butter
abgeriebene Schale einer 1/2 Zitrone
Zitronensaft
Salz und im Mörser zerstoßener Pfeffer

Rosenkohl putzen, in kochendem, gesalzenem Wasser fast gar kochen. Wasser abgießen, Rosenkohl trockentupfen. Öl und Butter in einer Pfanne erhitzen, gewürfelten Speck und Mandeln darin leicht bräunen, Rosenkohl dazugeben, 2 Min. rührend schmoren. Hitze verringern, etwas abkühlen lassen. Sahne und Zitronenschale einrühren. Flüssigkeit reduzieren, bis eine cremige Sauce entsteht. Mit Salz, Pfeffer und Zitronensaft abschmecken. Als eigenständiges Gericht zum Beispiel mit Kartoffelpüree servieren, als Beilage zu Gans oder Ente.

Rosenkohl in Apfelwein

600 g Rosenkohl
1 großer Kochapfel
5 Schalotten, fein gehackt
400 ml Apfelwein
60 ml Balsamessig
2 EL Butter
2 EL Olivenöl
2 Sternanis
Salz und 1/2 TL frisch gemahlener Pfeffer

Rosenkohl waschen, putzen und der Länge nach halbieren. Apfel schälen, Kerngehäuse entfernen und in große Stücke schneiden. Butter und Öl in einem schweren Topf erhitzen, Schalotten und Apfelstücke darin 3 - 5 Min. dünsten, bis Schalotten glasig sind. Rosenkohl dazugeben, ca. 5 Min. mitschmoren. Apfelwein, Salz, Pfeffer, Sternanis dazugeben und bei niedriger Hitze zugedeckt 10 - 15 Min. kochen, bis Rosenkohl gar ist. Gemüse aus dem Topf nehmen und warm stellen, Anis entfernen. Hitze erhöhen und die Flüssigkeit auf die Hälfte reduzieren. Essig dazugeben, weitere 3 Min. kochen, dabei rühren und Festgesetztes vom Topfboden abschaben. Soße abschmecken und über das Gemüse gießen. Paßt gut zu gebratener Leber, zu Nierchen oder kurzgebratenem Fleisch.

Rotkohl

»Blaukraut bleibt Blaukraut« - erstaunlicherweise bereitet der altbewährte Zungenbrecher nicht nur beim Sprechen Schwierigkeiten, sondern auch beim Schreiben... Daß Blaukraut tatsächlich Blaukraut bleibt, stimmt übrigens. Gute zwei Stunden darf ein deftiges Rotkohlgericht für sich schon in Anspruch nehmen, um langsam vor sich hin köcheln zu können. Wenn man dann den Deckel hebt, haben die rötlich-violetten Blätter des Kohlkopfes eine bläuliche Tönung angenommen. Und dabei bleibt's dann auch.

Der Rotkohl, dessen Heimat wie die vieler Kohlsorten im östlichen Mittelmeerraum und in Vorderasien zu suchen ist, gilt bei uns als Wintergemüse: Wer an Rotkohl denkt, hat meist einen Gänsebraten im Sinn, Knödel dazu, und draußen ist es recht kalt. Daß diese Vorstellung ihre Berechtigung hat, zeigt der hohe Gehalt an Vitamin C, den der Rotkohl in die eher angebotsarme Winterzeit mit einbringen kann. Aber die schön gefärbten Kohlköpfe gibt es eigentlich das ganze Jahr über: im Frühsommer kommt die neue Ernte auf den Markt, und die Belieferung mit jungen Kohlköpfen zieht sich dann bis in den September hinein. Grund genug, den Rotkohl einmal für eine Rohkostplatte oder kurz gedünstet für einen kräftigen, warmen Salat zuzubereiten. Anfang November werden die Sorten geerntet, die sich für eine längere Lagerung eignen. Den sogenannten Dauerrotkohl kann der Erzeuger, optimale Bedingungen vorausgesetzt, fast ein halbes Jahr lang aufbewahren.

Was Lagerung und Transport betrifft, so ist auch beim Rotkohl ein wenig Vorsicht geboten. Sind die Außenblätter erst einmal beschädigt, besteht schnell die Gefahr, daß der ganze Kopf in Mitleidenschaft gezogen wird und zu faulen beginnt. Darauf gilt es also beim Einkauf zu achten.

Bei der Vorbereitung eines Rotkohlkopfes muß kräftig geschnipselt werden, damit man ihn in die feinen Streifen zerteilen kann, die zumeist Ausgangspunkt eines Rotkohlrezeptes sind. Gute Küchenmaschinen verfügen in der Regel über entsprechende Schneideeinsätze, und damit ist die Arbeit im Handumdrehen getan. Zuvor wird der Kopf geviertelt und der Strunk weggeschnitten. Am besten wäscht man die Blätter, nachdem sie zerteilt sind, und schüttelt sie in einem Sieb trocken. Aluminiumtöpfe, und das gilt übrigens nicht nur für dieses Gemüse, eignen sich nicht zum Kochen von Rotkohl: Er nimmt einen metallischen Geschmack an und verfärbt sich unansehnlich. Und noch ein Tip: Die Zugabe von etwas Essig oder Zitronensaft beim Kochen läßt den Rotkohl nicht ganz so blau werden, wie eingangs beschrieben. »Rotkraut bleibt Rotkraut« - versuchen Sie's doch einmal damit...

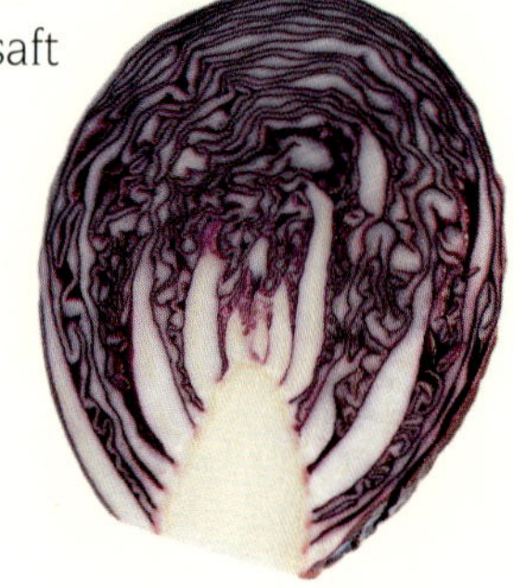

Warmer Rotkohlsalat

Vorspeise

1 kl. Rotkohl, ca. 500 g
50 g Walnußhälften
2 EL Olivenöl
2 EL Walnußöl
2 EL Sherryessig
1 EL Madeira
1 säuerlicher Apfel
1 EL frischer Majoran
1/2 TL Zimt
Salz und Pfeffer

Ofen auf 180 Grad vorheizen. Walnüsse in Walnußöl wälzen, 5 - 8 Min. im Backofen anrösten, abkühlen. Rotkohl vierteln, Strunk rausschneiden. Rotkohlviertel in sehr feine Streifen hobeln. Essig, Olivenöl, Madeira, Zimt erhitzen und Rotkohl darin etwa 3 Min. bei ständigem Rühren dünsten, bis er gerade welk wird. Mit Salz und Pfeffer würzen. Apfel in sehr feine Scheiben schneiden, zum Rotkohl geben, einmal gut verrühren, in einer Schüssel mit Walnüssen und Majoran mischen und sofort servieren.

Rotkohl mit Äpfeln

1 kg Rotkohl
4 EL Essig
250 ml Rotwein
2 EL Schmalz
4 EL Preiselbeermarmelade
1 Zwiebel, gewürfelt
1 Zwiebel, 5 Nelken
2 Äpfel
100 ml Apfelsaft
1/2 Stange Zimt
2 Lorbeerblätter
Salz und Pfeffer

Rotkohl vierteln, vom Strunk befreien und sehr fein hobeln. Äpfel schälen und würfeln. Schmalz erhitzen, Zwiebelwürfel und Äpfel darin anschwitzen, Rotkohl dazugeben, 3 Min. unter ständigem Rühren anschmoren. Mit Apfelsaft, Wein und Essig ablöschen. Preiselbeermarmelade, Zimt, Lorbeer, Pfeffer und eine mit Nelken gespickte Zwiebel dazugeben. Noch nicht salzen. 30 Min. bei mittlerer Hitze dünsten. Öfter umrühren. Dann 1 1/2 Std. bei sehr schwacher Hitze zugedeckt garen. Gelegentlich umrühren. Lorbeer und Nelkenzwiebel herausnehmen. Mit Salz und Pfeffer abschmekken. Ein klassische Beilage zu Ente oder Gans, paßt aber auch zu Rindfleisch.

Rotkohl mit Eßkastanien

1 kl. Rotkohl
150 g geräucherter durchwachsener Speck
15 Eßkastanien
1 Zwiebel
3 Nelken
1 Petersilienwurzel
1 Lorbeerblatt
1 Zweig Thymian
80 ml Fleischbrühe, Rezept Seite 230
2 EL Rotweinessig
2 EL Gänseschmalz
Salz und Pfeffer

Rotkohl vierteln, vom Strunk befreien, sehr fein hobeln. 6 Min. in kochendem Salzwasser blanchieren und abtropfen lassen. Speck würfeln. Kastanien kreuzweise einschneiden, auf einem Backblech 5 - 6 Min. in den auf 250 Grad vorgeheizten Backofen schieben. Schälen, Haut abziehen. 1/3 des Rotkohls in einen schweren Topf füllen und mit der Hälfte der Kastanien und der Hälfte des Specks bedecken. Weiter auffüllen mit 1/3 Rotkohl, Rest Speck, Rest Kastanien, Kräuter, mit Nelken gespickte Zwiebel. Zuletzt den restlichen Rotkohl verteilen. Salzen, pfeffern. Essig und Brühe darübergießen, Schmalzflocken drauf verteilen. Kurz aufkochen. Im Backofen bei 180 Grad zugedeckt 2 - 3 Std. garen. Das Gemüse mit einem Schaumlöffel aus dem Topf heben und in eine vorgewärmte Schüssel geben; dabei Zwiebel und Kräuter entfernen. Fond eventuell einkochen und vor dem Servieren über das Gemüse gießen. Paßt gut zu gebratenem Geflügel.

Süßsaurer Rotkohl

1 Kopf Rotkohl, ca. 500 g
1 Bund Frühlingszwiebeln
2 Knoblauchzehen,
1 Stück frischer Ingwer
1 rote Chilischote, gewürfelt
1 EL Rosinen
5 EL Rotweinessig
6 El Olivenöl
1 1/2 EL Honig
Salz und Pfeffer

Rotkohl vierteln, vom Strunk befreien und in feine Streifen schneiden. Frühlingszwiebeln in sehr feine Ringe schneiden, Ingwer raspeln, Knoblauch fein würfeln. Olivenöl in einem schweren Topf erhitzen. Zwiebeln, Knoblauch, Ingwer, Chili darin ein paar Min. dünsten, Rotkohl dazugeben, alles gut verrühren. Essig, Rosinen, Honig, Salz, Pfeffer hinzufügen, gut mischen und zugedeckt bei geringer Hitze 2 - 3 Std. kochen. Ein schöne Beilage zu Braten oder Geflügel.

Weißkohl und Sauerkraut

Wenn im April der erste Spitzkohl angeboten wird, braucht es eigentlich kein besonderes Rezept, um aus den jungen Köpfen ein köstliches Gemüse zuzubereiten. Da genügt es schon, die hellgelben oder zartgrünen Blätter kurz in etwas Wasser und Butter zu dünsten. Vor dem Servieren läßt man noch einmal die Pfeffermühle kreisen - und der Genuß ist perfekt.
Spitzkohl nennt man die frühen Sorten des Weißkohls, und er unterscheidet sich von seinem großköpfigen Nachfolger durch seine luftiger angeordneten Blätter und nach oben hin spitz zulaufende Form des Kopfes. Die Sommersorten des »klassischen«, kugelrunden Weißkohls kommen vom Juni an auf den Markt. Sie zeichnen sich durch die Grünfärbung ihrer Blätter aus, und ihre Köpfe sind noch etwas lockerer als die der Herbstsorten. Der Herbst- und Dauerweißkohl schließlich gibt sich unnahbar und dicht geschlossen, aber das macht auch seine Eignung als winterhartes Gemüse aus, das sich ausgezeichnet lagern läßt.
Weißkohl ist also das ganze Jahr über erhältlich, aber wer sich vom Tagesangebot ganz unabhängig machen und vitaminreiche Reserven anlegen möchte, kann sich darüber hinaus sein eigenes Sauerkraut herstellen - vom hohen Nährwert und gesundheitlichen Nutzen dieser Art der Weißkohlzubereitung wußten schon die großen Seefahrer des 17. Jahrhunderts, und tatsächlich bewahrt eingelegter Weißkohl im Gegensatz zum gekochten seinen gesamten Vitamin-C-Anteil und sorgt für eine gute Verdauung.
Gerade die dichtgeschlossenen Herbst- und Dauersorten sind relativ unempfindlich. Gleichwohl muß man beim Einkauf darauf achten, daß der Kopf keine matschigen oder angefressenen Stellen aufweist. Die mit einer feinen Wachsschicht überzogenen Blätter müssen frisch und kräftig sein, vor allem die des Spitzkohls, der schneller an Feuchtigkeit und damit an Spannkraft verliert. Die Schnittstelle darf keinen üblen Geruch ausströmen.
Ein Weißkohlkopf wird, bevor man ihn zubereitet, von den äußeren Blättern befreit und geviertelt (es sei denn, man benötigt ganze Blätter etwa für Krautwickel). Mit einem schweren Messer läßt sich dann auch der Strunk gut herausschneiden. Das schwere Messer erleichtert Ihnen überdies das Kleinschnipseln der Kohlviertel in feine Streifen.

Weißkohlsalat mit Krabben

600 g Weißkohl
2 Kartoffeln
300 ml Distelöl
Saft von 1/2 Zitrone
2 Eigelb
etwas warme Milch
1 Stange Staudensellerie
200 g frische Krabben oder Scampi, ausgepalt
1/2 Bund Dill, gehackt
Salz und Pfeffer

Weißkohl putzen, Strunk entfernen, Blätter in feine Streifen schneiden, 1 Min. blanchieren, abtropfen lassen, fein hacken und warm halten. Bleichsellerie hacken. Mayonnaise herstellen: Eigelb, Zitronensaft, Salz und Pfeffer in einen Mixer füllen, verquirlen und dabei tropfenweise Öl hinzufügen. Kartoffeln kochen, heiß pürieren, mit Mayonnaise und Milch vermischen, kräftig mit Salz und Pfeffer aus dem Mörser abschmecken. Mit dem warmen Kohl mischen. Krabben und Sellerie darübergeben, mit Dill bestreut servieren.

Kleine Weißkohlrouladen mit Eßkastanienfüllung

36 Weißkohlblätter
900 g Eßkastanien
12 Scheiben geräucherter, durchwachsener Speck
130 g Butter
Pfeffer

Die dicken Strünke der Kohlblätter entfernen, Kohlblätter 2 Min. in kochendem Salzwasser blanchieren, abtropfen lassen und auf einem Tuch ausbreiten. Eßkastanien anschneiden, auf einem Backblech ausbreiten und im Backofen bei 180 Grad 15 Min. backen. Kastanien schälen und grob hakken. Speck in 36 Stücke teilen. Kastanien auf die 36 Kohlblätter verteilen, je ein Speckstück drauflegen und pfeffern. Blätter aufrollen und dicht nebeneinander in einen weiten Topf legen, etwas Wasser angießen, mit Butterflöckchen von 65 g Butter belegen, zugedeckt 25 Min. schmoren, danach ohne Deckel 10 Min. weiterkochen, bis nur noch sehr wenig Kochsud im Topf ist. Rouladen aus dem Topf nehmen und warm stellen. Rest Butter mit einem Schneebesen in den Kochsud schlagen, Sauce über die Rouladen gießen und servieren. Schmeckt gut als Vorspeise oder zu gebratenem Geflügel.

Weißkohl mit Reis und Hack

1 kg Weißkohl
2 rote Zwiebeln, fein gewürfelt
500 g Rinder- oder Lammhack
6 EL Öl
1 TL *Safranfäden*
1 EL *Tomatenmark*
1 TL *Kümmel*
1 - 2 EL *Zitronensaft*
400 g Reis
Salz und Pfeffer

Kohl putzen, in kurze Streifen schneiden, in Salzwasser portionsweise 3 - 5 Min. blanchieren, abschrecken und abtropfen lassen. Zwiebeln in 2 EL Öl goldbraun braten, Hack dazugeben, mit den Zwiebeln anbraten, salzen, pfeffern. 200 ml Wasser aufkochen, Safran hineingeben, 5 Min. ziehen lassen. Tomatenmark und Safranwasser zum Hack in die Pfanne geben, gut verrühren, alles etwa 15 Min. garen, bis das Wasser absorbiert ist. Mit Salz, Pfeffer und Zitronensaft abschmecken. Zwischendurch Reis in Salzwasser kochen, warm halten. 4 El Öl in einem großen Topf erhitzen, Kümmel kurz anbraten, Weißkohl dazugeben und ebenfalls anbraten, dann zugedeckt bei milder Hitze 10 Min. dünsten. Ofenfeste Form mit Deckel einölen, Reis, Hackfleisch, Kohl nacheinander einschichten, mit Reis abschließen. Zugedeckt im Backofen bei 180 Grad 20 - 30 Min. garen.

Irish Stew

1200 g Lammschulter ohne Knochen
1 kg Weißkohl
4 große Kartoffeln
2 Stangen Lauch
2 große Zwiebeln
4 Knoblauchzehen
1 Möhre
1 l Lamm- oder Rinderbrühe, Rezept Seite 230
80 g Butter
3 Thymianzweige
1 TL Kümmel
Salz und Pfeffer

Lammfleisch von Fett und Häuten befreien und in mundgerechte Würfel schneiden. Möhre, Knoblauch, Zwiebeln und Lauch in kleine Würfel schneiden. Die harten, äußeren Kohlblätter entfernen. Kohl vierteln, von den Strünken befreien und in feine Streifen hobeln. In mehreren Partien in Salzwasser 1 Min. blanchieren. In einem großen schweren Topf eine Schicht Kohl verteilen, salzen, Kümmel und im Mörser zerstoßenen Pfeffer darüberstreuen. Eine zweite Schicht mit Fleisch und einem Teil Zwiebeln, Lauch, Möhre, Knoblauch auslegen, wieder salzen, pfeffern und einen Thymianzweig darauflegen. Abwechselnd weiterschichten, bis alle Zutaten aufgebraucht sind. Heiße Brühe zugießen, bis das Stew fast bedeckt ist. Auf dem Herd zum Kochen bringen. Dann im Backofen bei 180 Grad zugedeckt 1 Std. garen. Kartoffeln schälen, in Scheiben schneiden und nach 1 Std. Garzeit in die Oberfläche des Stews drücken. Weitere 30 - 40 Min. garen, bis die Kartoffeln weich sind. Abschmecken, Butterstücke in den Topf geben. Mit Thymianblättchen bestreut servieren.

Weißkohl mit Huhn

1 1/2 kg Weißkohl
1 Suppenhuhn
1 Bund Suppengrün
50 g Butter
2 Glas Sherry
2 getrocknete Chilischoten
2 EL Koriandersamen
4 EL Crème fraîche
1 TL Zucker
Salz

Suppenhuhn und Suppengrün etwa 2 Std. kochen. Haut abziehen und das Fleisch in mundgerechte Stücke schneiden. Brühe entfetten, auf 400 ml einkochen. Weißkohl vierteln, von den harten Außenblättern und Strünken befreien und in feine Streifen hobeln. Butter in einem großen Topf schmelzen, Kohl kurz andünsten, Sherry und heiße Brühe angießen, Kohl bei starker Hitze zusammenfallen lassen. Chili und Koriander im Mörser zerstoßen, mit Salz und Zucker unter den Kohl rühren. 5 - 10 Min. ohne Deckel dünsten, bis die Flüssigkeit fast verdunstet ist. Hühnerfleisch und Crème fraîche unterrühren. Nochmals erhitzen, sofort servieren.

Apfelweißkohl

1 kg Weißkohl
2 Zwiebeln
500 g säuerliche Äpfel
100 g durchwachsener Räucherspeck
40 g Schweineschmalz
200 ml Apfelsaft
1 EL Zucker
1 TL Kümmel
2 EL Weißweinessig
Salz und Pfeffer

Weißkohl vierteln, von den harten Außenblättern und Strünken befreien und in feine Streifen hobeln. Zwiebeln in Ringe schneiden. Äpfel waschen, Gehäuse entfernen, in Scheiben schneiden. Speck in schmale Streifen schneiden. Schmalz im Topf erhitzen, Speck darin goldgelb braten und dann aus dem Topf nehmen, Zucker einstreuen und leicht karamelisieren lassen, Hitze reduzieren, Zwiebel und Äpfel 3 - 4 Min. schmoren, dann Weißkohl hinzufügen, gut verrühren und zugedeckt 5 Min. dünsten. Apfelsaft, Salz, im Mörser zerstoßenen Pfeffer, Essig, Kümmel und Speck unterrühren und zusammen 15 - 20 Min. zugedeckt garen. Von Zeit zu Zeit umrühren. Vor dem Servieren nochmals abschmecken. Eignet sich gut zu gebratenem Lamm oder zu Schweinefleisch.

Sauerkrautsuppe

450 g Sauerkraut, 3 EL Butter
2 rote Zwiebeln, gewürfelt
2 Lorbeerblätter, 1 TL Zucker
2 Knoblauchzehen, zerdrückt
3 Zweige Thymian, 1/4 TL Kümmel
2 rohe Kartoffeln, geraspelt
1 Rote Bete, geraspelt
1 l Rinderbrühe, Rezept Seite 230
250 ml saure Sahne
Salz und Pfeffer

Butter im Topf zerlassen, Zwiebeln und Knoblauch anschwitzen, Rote Bete, Kartoffeln und Sauerkraut dazugeben und ebenfalls andünsten. 2 Zweige Thymian, Lorbeer, Kümmel, Pfeffer, Salz, Zucker dazugeben, mit Brühe ablöschen und zugedeckt 20 Min. kochen. Sahne unterrühren, nochmals abschmecken. Mit frischem Thymian bestreut servieren.

Sauerkraut mit Fisch

1,2 kg Süßwasserfischfilets wie Hecht, Lachs, Karpfen, Waller
750 g frisches Sauerkraut
5 Schalotten
1 EL Butter
1 Knoblauchzehe, fein gehackt
2 rote Paprikaschoten
1 EL Rosenpaprikapulver
100 ml saure Sahne
100 ml süße Sahne
Zitronensaft
Salz und Pfeffer

Backofen auf 200 Grad vorheizen. Fisch mit Zitronensaft beträufeln. Sauerkraut leicht ausdrücken und kurz abspülen, falls es sehr sauer ist. Schalotten fein würfeln, in Butter vorsichtig glasig werden lassen, aber nicht bräunen. Paprika halbieren, Kerne und weiße Rippen entfernen, Hälften in schmale Streifen schneiden. Paprika und Sauerkraut in den Topf geben, süße und saure Sahne zugießen, mit Knoblauch, Salz, Paprikapulver, Pfeffer und Zitronensaft würzen, alles gut verrühren und bei milder Hitze garen. Die Hälfte des heißen Sauerkrauts in eine gebutterte Auflaufform geben, Fischfilets drauflegen, leicht salzen, Fisch bedekken mit dem Rest des Sauerkrauts. Im Backofen, auf 200 Grad vorgeheizt, 10 - 15 Min. garen.

Sauerkrautsalat

600 g Sauerkraut
2 säuerliche Äpfel
25 g Rosinen
3 EL Zitronensaft
1 1/2 TL Honig
3 EL Öl
150 ml Joghurt
Salz und Pfeffer

Rosinen 30 Min. einweichen. Sauerkraut leicht ausdrücken. Äpfel waschen, Gehäuse entfernen, raspeln, unter das Sauerkraut mischen und dabei mit der Gabel etwas auflockern. Abgetropfte Rosinen untermischen. Zitronensaft, Honig, Öl, wenig Salz und Joghurt zu einer Sauce verquirlen, mit reichlich im Mörser zerstoßenem Pfeffer würzen und unter das Sauerkraut rühren.

Sauerkraut mit Äpfeln

750 g Sauerkraut
2 säuerliche Äpfel
1 kl. Zwiebel, fein gewürfelt
1 Lorbeerblatt
15 Wacholderbeeren
300 ml Weißwein
40 g Butter
1 TL Koriandersamen
Zucker
Salz und Pfeffer

Äpfel schälen und in Scheiben schneiden. Mit der Zwiebel in Butter kurz andünsten. Salz, Lorbeer, Wacholderbeeren und 500 g Sauerkraut hinzufügen, verrühren und mit Weißwein angießen. Sanft schmoren, bis die Äpfel verkocht sind. 250 g Sauerkraut dazugeben, Koriander im Mörser zerstoßen und dann unterrühren. Mit Salz, Zucker und Pfeffer abschmecken. Zusammen mit Kartoffelpüree servieren.

Wirsing

Wenn man sich mit dem Wirsing abgibt, muß man keineswegs nur auf die Rezepte deutschen Ursprungs zurückgreifen. Die Idee der Wirsingsuppe im Ofen beispielsweise basiert auf einem norditalienischen Rezept aus der Gegend von Verona, und wer Lust auf Experimente auch außerhalb dieses Buches hat, könnte die fein geschnittenen Blätter einmal mit Nüssen und einer scharfen, asiatischen Sauce im Wok zubereiten.

Wirsing ist ein würziges, kräftiges Gemüse, und die Namen, die man ihm in den verschiedenen Regionen des deutschsprachigen Raumes gegeben hat, drücken dies auf lautmalerische Weise auch sehr schön aus: Wirsching, Wirz, Wersich, Pörschkohl... Wie der Weißkohl und der Grünkohl schmeckt auch der Wirsing eindeutig »nach Kohl« - aber solange er frisch zubereitet (und nicht wieder aufgewärmt) wird, dürfte sich derjenige daran nicht stören, der deftige Gerichte schätzt.

Weil Wirsing Frost verträgt und ein Lagergemüse ist, bekommt man ihn das ganze Jahr über, und zwar fast ausschließlich aus deutschem Anbau. Die Reihenfolge der verschiedenen Sorten dabei lautet etwa so: Der sogenannte Adventswirsing wird zwar nicht im Dezember geerntet, dafür aber ausgesät. Er kommt Ende April, Anfang Mai auf den Markt. Frühwirsing bestimmt den Markt im Juni und im Juli, dicht gefolgt vom Sommerwirsing. Beide Sorten sind feinblättriger und auch dezenter im Geschmack als die Herbst- und Wintersorten; man erkennt sie an ihren weniger dicht geschlossenen Köpfen und den helleren Innenblättern. Solange die Böden frostfrei sind, wird schließlich der Herbstwirsing - auch Dauerwirsing genannt - geerntet. Er läßt sich lagern (wegen seiner weniger dicht geschlossenen Blätter allerdings nicht ganz so gut wie Weiß- und Rotkohl), so daß das Angebot noch bis in das nächste Frühjahr hinein reichen kann.

Bei einem frischen Wirsingkopf ist sorgfältiges Waschen unerläßlich, um Erdreste und das Kleingetier zu beseitigen, das sich zwischen den Blättern versteckt halten kann. Man befreit ihn von den äußeren groben Blättern, um ihn sodann zu vierteln und in feine Streifen zu schneiden. Für Krautwickel beläßt man die Blätter in ihrer ganzen Größe.

Apropos Wickel: Die großen Blätter benötigt man auch für ein ganz anderes Hausrezept, das mit Kochen einmal gar nichts zu tun hat. Wirsing kann gegen Rheuma, aber auch gegen äußere Verletzungen der Haut helfen, indem man seine Blätter am Morgen auf die betroffene Stelle legt und mit einem leichten Mullverband fixiert. Am Abend wird die Hautstelle kurz abgewaschen, um sodann für die Nacht einen neuen Wickel anzulegen.

Im Ofen gebackene Wirsingsuppe mit Käse

FÜR 8 PERSONEN

2 große Wirsingkohlköpfe
2 italienische Ciabatta-Brote
2 Knoblauchzehen, durchgepreßt
200 g Gruyère
2 l Hühnerbrühe, Rezept Seite 230
250 g in Salz eingelegte Anchovis
100 g Parmesankäse, frisch gerieben
Salz und Pfeffer

Backofen auf 200 Grad vorheizen. Die dunkelgrünen und hellgrünen Blätter des Kohlkopfs einzeln abtrennen, dicke Strünke rausschneiden. Blätter in kochendem Salzwasser in mehreren Partien 1 Min. blanchieren, dann gut abtropfen lassen. Harte Rinde der Brote abschneiden, Brote in Scheiben schneiden, toasten, dann mit Knoblauch bestreichen. Gruyère in dünne Stifte schneiden. Anchovis abspülen, auf Küchenpapier trocknen. Brühe erhitzen, mit Salz und Pfeffer würzen. Wirsingblätter auf dem Boden eines großen, schweren Topfes auslegen, wenig salzen, pfeffern, 3 - 4 Anchovis darauflegen und mit 1/3 des Gruyère bedecken. Dann die Hälfte der Brotscheiben einschichten, mit etwas Parmesankäse bestreuen und mit heißer Brühe auffüllen. Weitere Schichten in gleicher Reihenfolge: zuerst Wirsingblätter, dann Anchovis, Gruyère, Brot, Parmesan. Zum Abschluß eine Schicht Wirsing, bedeckt mit Anchovis und Gruyère. Mit heißer Brühe auffüllen, bis auch die oberste Schicht mit Brühe bedeckt ist. Der Topf soll jedoch nur zu 3/4 gefüllt sein, da das Brot durch die Feuchtigkeit aufquillt. Topf ohne Deckel in den Backofen schieben, Hitze auf 160 Grad reduzieren, 30 - 40 Min. backen, bis sich eine Kruste gebildet hat.

Wirsing mit Kartoffelbrei und Frühlingszwiebeln

500 g Wirsing
150 ml Milch
150 ml Sahne
100 g Butter
2 Bund Frühlingszwiebeln, in Ringe geschnitten
500 g mehlige Kartoffeln
4 Knoblauchzehen, fein gewürfelt
Salz und Pfeffer

Kohl in Salzwasser 15 - 20 Minuten garen, ausdrücken, in Streifen schneiden, warm halten. Butter zerlassen, Frühlingszwiebeln und Knoblauch darin kurz andünsten, Milch und Sahne aufgießen, salzen und etwa 20 Min. kochen. In der Zwischenzeit Kartoffeln in der Schale kochen, dann pellen, stampfen und mit der heißen Zwiebel-Sahne-Milchmischung zu Kartoffelbrei verarbeiten. Salzen. Kohl und Butter unterrühren. Nochmals mit Salz und frisch im Mörser zerstoßenem Pfeffer abschmecken. Für gute Esser läßt sich das Gericht um ein paar Bratwürste ergänzen.

Wirsingeintopf mit Lammhack

1,2 kg Wirsing, 500 g Lammhack
3 Schalotten, fein gewürfelt
1 EL Butter, 5 cl Weißwein
2 Knoblauchzehen, gequetscht
2 Eier, 1 altes Brötchen
1 1/2 Zitronen, 1 TL Thymian
250 g fetter, geräucherter Speck in dünnen Scheiben, 250 ml Sahne
4 EL Crème fraîche, Salz und Pfeffer

Backofen auf 200 Grad vorheizen. Brötchen einweichen, ausdrücken. Wirsing in einzelne Blätter zerlegen, waschen, dicke Stengel rausschneiden. Wirsingblätter partieweise 3 Min. in Salzwasser blanchieren, in Salzwasser abschrecken und gut abtropfen lassen. Schalotten in Butter glasig werden lassen, mit Weißwein ablöschen, Flüssigkeit fast ganz einkochen. Schalotten, Lammhack, Brötchen, 1 Ei, 1 Eigelb, Knoblauch, Thymian, Salz und Pfeffer mischen. Den Schmortopf zuerst mit Speckscheiben, dann mit Wirsingblättern auslegen, dabei beide Schichten leicht salzen und pfeffern. Abwechselnd weitere Schichten einfüllen, bis die Hälfte des Wirsings aufgebraucht ist. Dann Hackmischung verteilen, mit dem Rest der Wirsingblätter beschichten und mit dem Rest der Speckscheiben abdecken. Zwischendurch salzen, pfeffern und mit Zitronensaft beträufeln. Zugedeckt in den Backofen schieben, Temperatur auf 150 Grad reduzieren, 1 Std. backen. Abschmecken. Sahne und Crème fraîche verquirlen, über den Eintopf gießen. Hitze auf 200 Grad erhöhen, zugedeckt weitere 40 Min. garen, dann weitere 20 Min. ohne Deckel. Dazu Kartoffeln servieren.

WALD- UND ZUCHTPILZE

Erinnern Sie sich noch an den letzten Herbst? An einen ausgedehnten Waldspaziergang unter rot und gelb verfärbten Blättern? Dann wird Ihnen vielleicht auf einmal ein würzig-moderiger Geruch um die Nase gezogen sein - der Duft nach Waldpilzen. Der Sommer allerdings darf nicht zu trocken gewesen sein, ganz im Gegenteil, der Waldboden mußte viel Feuchtigkeit speichern können. Und wenn der Herbst dann schön warm ist, lohnt es sich sicherlich, die Wege zu verlassen, um den weichen, mit Tannennadeln und altem Laub bedeckten Boden der Mischwälder nach Pilzen abzusuchen. Aber Vorsicht: Der ungefährlichere Weg in den Genuß - eßbarer! - Pilze zu kommen, führt sicherlich über einen Wochenmarkt oder gut sortierten Gemüsehändler, zumal man dort auch die Wahl zwischen den Pilzarten hat, die mittlerweile kultiviert werden können.

Pilze sind eine von alters her bekannte und als Nahrungsmittel geschätzte Pflanzenart. Heute kennen wir rund 100.000 Arten. Von Gemüse kann man bei den Pilzen eigentlich nicht sprechen: sie blühen nicht, sie bilden keine grünen Blätter, und lange Zeit war sogar unklar, wie sie sich überhaupt vermehren. Aus diesem Grunde war es auch nicht möglich, Pilze zu kultivieren. Für Steinpilz, Morchel und Pfifferling gilt das noch immer. In Frankreich begann man zwar zu Beginn des 18. Jahrhunderts mit dem Anbau von Champignons, aber die Erfolge beruhten eher auf Zufällen. Erst mit der Entdeckung zuchtfähiger Samenfäden des Pilzes kam System in die Sache. So gehört der Champignon auch heute noch zu den am meisten verkauften Pilzsorten, denn er ist das ganze Jahr über in gleichbleibend hoher Qualität erhältlich. Auch Austernseitlinge und Shiitakepilze züchtet man mittlerweile in größeren Mengen. Beide Pilzarten stammen aus dem asiatischen Raum, wo sie erstaunlicherweise bereits seit 2000 Jahren kultiviert werden können, und kommen ganzjährig in den Handel.

Beim Einkauf von Pilzen spielt die Optik eine große Rolle. Champignons sind recht druckempfindlich und dürfen weder Licht noch Wärme ausgesetzt werden. Ihre Hüte müssen also reinweiß und ohne Druckstellen sein. Bei braun verfärbten Pilzen mit porösen Schnittstellen und trockenen Huträndern ist alle Liebesmüh' vergeblich, denn sie bleiben auch bei langem Kochen zäh und werden noch schwärzer als zuvor! An den Stielen und Hüten von Steinpilzen sollten sich nicht schon Würmer gütlich getan haben. Das Fleisch der Stiele darf fest, aber nicht holzig sein; je dunkler die

Röhren unter dem Hut sind und je ledriger die Haut des Hutes selbst ist, desto älter ist der Pilz. Auch der Pfifferling bekommt dunkelbraune, ledrige Stellen, wenn er nicht frisch ist.

Insbesondere für Waldpilze gilt, daß sie möglichst schonend geputzt werden müssen. Da Pilze von vornherein einen extrem hohen Wassergehalt haben, sollten sie nicht gewaschen werden; es genügt meist, die Kappen eines Steinpilzes oder Champignons vorsichtig mit einer weichen Bürste oder einem Tuch abzureiben und die Stiele von Erde zu befreien. Stark erdige Stielenden werden mit einem Messer entfernt. Pfifferlinge kann man mit einem feinen Pinsel säubern. Die zähen Stiele eines Austernseitlings werden weggeschnitten, die Stiele des Shiitakepilzes zumindest gekürzt. Nur die Morchel sollte längs durchgeschnitten und gründlich gewaschen werden. Sie ist nämlich innen hohl und kann aus diesem Grunde durchaus einmal Insekten beherbergen.

Pilzsuppe aus gemischten Wald- oder Zuchtpilzen

400 g geputzte Waldpilze
30 g Butter
6 Schalotten, fein gewürfelt
1 mehlige Kartoffel, roh geraspelt
30 g geräucherter durchwachsener Speck
1 l Hühnerbrühe, Rezept Seite 230
200 ml Crème fraîche
2 Eigelb
Zitronensaft
1/2 Bund Schnittlauch
Salz und Pfeffer

Pilze in etwa gleich große Stücke zerteilen. Butter erhitzen, Speck hinzufügen und glasig werden lassen. Schalotten dazugeben und dünsten, bis sie fast gar sind, Kartoffelraspeln dazugeben und 1 Min. mitdünsten. Brühe angießen, Pilze dazugeben, köcheln, bis die Kartoffelraspeln zerfallen und die Pilze gar sind. Crème fraîche und Eigelb verquirlen und mit Schnittlauchröllchen in die Suppe rühren. Mit Salz, Zitronensaft und frisch im Mörser zerstoßenem Pfeffer abschmecken. Dazu geröstetes Brot mit Butter.

Steinpilzcremesuppe mit Croutons

500 g frische Steinpilze
4 EL Olivenöl
1 Knoblauchzehe, gewürfelt
6 Schalotten, fein gehackt
750 ml Rinderbrühe, Rezept Seite 230
200 ml Crème fraîche
1/2 EL Zitronenthymian
Zitronensaft
Salz und Pfeffer
4 Weißbrotscheiben, Butter

Pilze putzen und in Stücke schneiden. Knoblauch und Schalotten in Olivenöl glasig dünsten. Pilze hinzufügen und 5 - 10 Min. mitdünsten. Heiße Brühe zugießen, etwa 20 Min. kochen. Topf vom Herd nehmen, Pilze und Schalotten pürieren. Crème fraîche, Zitronensaft, Salz und Pfeffer dazugeben. Vorsichtig erhitzen. Thymian hinzufügen. Weißbrot würfeln und in Butter rösten, die Croutons über die Suppe streuen.

Champignons mit Sauerampfer

300 g Champignons, in Scheiben geschnitten
3 Handvoll Sauerampfer
230 ml Sahne
1 Bund Lauchzwiebeln, fein gewürfelt
3 EL Butter
Salz und Pfeffer

Zwiebeln in der Butter glasig dünsten, nicht bräunen. Pilze dazugeben und unter Rühren fast gar werden lassen. Sauerampfer waschen, dicke Stiele entfernen. Sauerampfer unter die Pilze rühren, bis er zusammenfällt, Sahne dazugeben, vorsichtig bei milder Hitze einkochen. Mit Salz und Pfeffer abschmecken. Schmeckt gut zu Fisch, Fleisch, Leber oder mit Brot als Vorspeise.

750 g Pfifferlinge
120 g Schalotten
50 ml Balsamessig
15 Wacholderbeeren
10 Pimentkörner
3 Lorbeerblätter
3 rote Chilischoten
1/2 TL Zucker
1 Bund Thymian
450 ml Wasser
Salz

Eingelegte Pfifferlinge

Vorspeise für 4-6 Personen

Pfifferlinge waschen und putzen, große Pilze halbieren. Kurz in Salzwasser blanchieren, abtropfen. Pfifferlinge, Chilischoten und Thymian in ein Glas schichten. Schalotten in Ringe schneiden. Schalotten, Wacholderbeeren, Pimentkörner, Essig, Lorbeer, Zucker, Salz in Wasser aufkochen, etwas abkühlen lassen, dann über die Pilze ins Glas gießen. Im Kühlschrank 2 - 3 Tage durchziehen lassen. Die Pfifferlinge sind im Kühlschrank 3 - 4 Wochen haltbar und schmecken gut als Vorspeise, zum Salat oder zu gebratenem Fleisch.

500 g frische Pfifferlinge
8 Eier
2 EL Distelöl
1 Bund Frühlingszwiebeln
1/2 Zitrone
60 g Butter
1 TL Koriandersamen, zerstoßen
1 EL Koriandergrün
Salz und Pfeffer
Mineralwasser

Omelett mit Pfifferlingen

Ergibt 2 grosse Omeletts für 4 Personen

Pilze putzen, waschen, trockentupfen und fein hacken. Frühlingszwiebeln putzen und in feine Ringe schneiden, auch den grünen Teil, und zusammen mit Koriandersamen in 2 EL Öl glasig werden lassen. Saft einer halben Zitrone angießen, einkochen, dann in einer Schüssel warm halten. 40 g Butter erhitzen, Pilze darin weich dünsten, Flüssigkeit einkochen. Pilze mit den Zwiebeln mischen, in der Schüssel warm halten. Pro Omelett 4 Eier mit 1 EL Mineralwasser und Salz schaumig schlagen, die Hälfte der restlichen Butter in einer beschichteten Pfanne erhitzen, aber nicht braun werden lassen. Eier hineingeben und bei milder Hitze stocken lassen. Solange die Eier in der Mitte noch flüssig sind, die Hälfte der Pilzmischung auf das Omelett geben und mit Salz, Pfeffer und der Hälfte des Koriandergrüns würzen. Eine Hälfte des Omeletts über die Füllung klappen. Sofort servieren. Das zweite Omelett wird auf dieselbe Weise zubereitet.

Krustade: 60 g Butter
100 g gemahlene Mandeln
50 g gemahlene Walnüsse
50 g gehackte Walnüsse
50 g Mandelblättchen
50 g weiche Weißbrotkrümel
50 g weiche Schwarzbrotkrümel
2 Knoblauchzehen, durchgepreßt
2 Zweige Thymian, gehackt
1 EL gehackte Petersilie
Füllung: 60 g Butter
4 Frühlingszwiebeln, fein gehackt
5 Tomaten
120 g Champignons
120 g Shiitakepilze
200 g Tiefkühlerbsen
Zitronensaft
300 ml Sahne
1 EL Thymian, frisch gehackt
1 EL Petersilie, frisch gehackt
Salz und Pfeffer

Nußpastete mit Pilzfüllung

Krustade: Butter, Brotkrümel, Nüsse, Knoblauch und Kräuter gründlich zusammenkneten. Auflaufform etwa 1 cm dick damit auslegen, im Backofen bei 200 Grad 15 - 20 Min. goldbraun backen. Füllung: Tomaten überbrühen, Haut abziehen, Kerne ausdrücken, Tomatenfleisch grob hacken. Pilze in feine Scheiben schneiden. Butter schmelzen, Zwiebeln darin glasig werden lassen. Tomaten hinzufügen und dünsten, bis sie zerfallen. Pilze dazugeben, alles zusammen 5 Min. köcheln. Erbsen dazugeben, Sahne zugießen und einkochen, bis die Sauce dicklich wird. Mit Kräutern, Salz, Pfeffer und Zitronensaft abschmecken. Füllung auf die fertige Krustade löffeln. Nochmals 5 - 10 Min. backen. Dazu paßt gut ein frischer Salat.

Morchelpastete

Vorspeise für 4 - 6 Personen

80 g getrocknete Morcheln
3 EL Portwein
2 EL Butter
Zitronensaft
250 ml Sahne
450 g Blätterteig, tiefgefroren
1 Eigelb
1 Eiweiß
Salz

Blätterteig auftauen. Morcheln mindestens 4 Std. einweichen. Morcheln aus dem Einweichwasser nehmen, Wasser durch einen Kaffeefilter gießen, um Sand herauszufiltern, Einweichwasser aufheben. Morcheln unter fließendem Wasser gründlich abspülen, auf ein Tuch legen, trockentupfen. In Butter andünsten, bis die Feuchtigkeit verdampft ist, salzen, Portwein zugießen, einkochen. Einweichwasser zugiessen und Pilze darin ohne Deckel 20 - 30 Min. gar kochen. Die Flüssigkeit sollte fast verkocht sein. Sahne angießen, wieder einkochen. Mit Portwein, Zitronensaft und Salz abschmecken, eventuell nochmals einkochen, bis eine cremige Sauce entstanden ist. Blätterteig ausrollen, mit 2/3 des Teigs eine Quicheform auslegen, 1/3 für den Teigdeckel aufheben. Morcheln und Sauce auf den Teig gießen, Teigdeckel mit etwas Eiweiß festkleben. 30 Min. ruhen lassen. Teigdeckel mit Eigelb bestreichen. Pastete bei 200 Grad 30 - 40 Min. backen. Pastete auf heißem Backblech backen, damit der Boden knusprig bleibt.

Geschmorte Wald- und Zuchtpilze

100 g getrocknete Steinpilze
500 g gemischte Zuchtpilze wie Champignons, Austernseitlinge, Shiitakepilze
4 Knoblauchzehen, in Scheiben geschnitten
4 EL Olivenöl
2 EL Butter
1/2 Bund Frühlingszwiebeln, in Ringe geschnitten
1 EL frisch gehackter Majoran
1 Zitrone
Salz und Pfeffer

Steinpilze 1/2 Std. einweichen. Einweichwasser durch ein Tuch abgießen und aufheben. Steinpilze abspülen, trockentupfen. Zuchtpilze abreiben und in Scheiben schneiden. 4 EL Olivenöl in einer großen Pfanne stark erhitzen, Zuchtpilze hineingeben und unter ständigem Rühren 15 - 20 Min. braten, dann warm halten. Pfanne auswischen, Butter schmelzen, Frühlingszwiebeln, Knoblauch und Steinpilze darin dünsten. Sobald die Zwiebeln goldgelb sind, Einweichwasser zugießen und köcheln, bis sich die Flüssigkeit auf 2 EL reduziert hat. Zuchtpilze dazugeben, salzen, pfeffern und gut verrühren. Mit Zitronensaft beträufeln, Majoran darüberstreuen und zusammen mit frischen Bandnudeln auf den Tisch bringen.

Risotto mit Pilzen

300 g Risottoreis
400 g Champignons
100 g getrocknete Steinpilze
4 Knoblauchzehen, fein gewürfelt
8 EL Olivenöl
120 g Butter
4 Schalotten, fein gewürfelt
1 Zitrone
750 ml Hühnerbrühe, Rezept Seite 230
60 ml Wermut
1 Bund glatte Petersilie, gehackt
150 g frisch geriebener Parmesankäse
Salz und Pfeffer

Steinpilze 30 Min. einweichen. Einweichwasser durch ein Tuch geben und aufheben. Steinpilze abspülen, trocknen, in Scheiben schneiden. Champignons mit einem Tuch abreiben, in Scheiben schneiden und in 4 EL Öl 15 - 20 Min. braten. Warm halten. Steinpilze und Knoblauch in 2 EL Olivenöl braten, bis Knoblauch goldgelb ist. Die Hälfte des Einweichwassers zugießen, einkochen. Champignons dazugeben, alles gut zusammenrühren und kurz dünsten. Mit wenig Salz, Zitronensaft und Petersilie würzen. Warm halten. 60 g Butter und 2 EL Olivenöl erhitzen, Schalotten darin 15 Min. garen. Hitze reduzieren, Reis dazugeben und etwa 1 Min. rühren, bis die Reiskörner mit dem Fett überzogen sind. Hitze wieder erhöhen, heiße Brühe und den Rest des Einweichwassers zugießen, so daß der Reis eben bedeckt ist. Kochen und rühren, bis der Reis die Flüssigkeit absorbiert hat, wieder Brühe angießen und Vorgang wiederholen, bis die Brühe aufgebraucht ist und der Reis von einer cremigen Sauce umgeben ist. Pilze, Wermut, Parmesan und Butter dazugeben. Vorsichtig umrühren. Mit Salz und mit Pfeffer aus dem Mörser nochmals abschmecken.

SOMMERSALATE

Was für den einen die Suppe ist, ist für den anderen der Salat - mit beiden lassen sich höchst variantenreiche Ideen für eine Vorspeise, ein kleines Gericht oder sogar ein vollwertiges Essen in die Tat umsetzen. Die grüne Pracht hat sich längst von ihrer Rolle als »gemischter Salat« zum Schnitzel mit Pommes freigespielt.

Der bekannteste und altgedienteste unter den Salaten ist der Kopfsalat. Er kommt das ganze Jahr über in die Geschäfte und Supermärkte, wobei die deutsche Freilandernte in den Sommermonaten sicherlich die kräftigsten und aromatischsten Köpfe auf den Markt bringt. Bei der Zubereitung muß man jedoch Vorsicht walten lassen, indem man den Salat nur kurz wäscht, dann gut trockenschleudert und erst kurz vor dem Servieren anmacht.

Sehr viel robuster kommt der dichtgeschlossene und immer knackige Eissalat daher. Der Wechsel von Importen während der Wintermonate und Lieferungen aus heimischem Anbau unter Glas, im wärmeren Süddeutschland auch im Freiland, stellt sicher, daß auch er ganzjährig erhältlich ist. Eissalat hält sich besonders gut und kann über zwei Wochen im Kühlschrank gelagert werden. Leider wird dies manchmal auch im Handel ausgenutzt, und man weiß nie ganz genau, wie lange der Salatkopf nun schon in der Gemüsetheke liegt. Ein Blick auf die Schnittstelle wird dann vielleicht mehr verraten. Sie darf weiß oder rötlich, sogar ein bißchen bräunlich sein, aber keinesfalls dunkel verfärbt oder gar schwärzlich-faulig. Unempfindlich wie er ist, kann der Eissalat kräftig gewaschen werden, und er bleibt knackig und frisch, auch wenn man ihn eine Stunde im Dressing ziehen läßt.

Vor allem im Sommer wird der rote oder grüne Eichblattsalat angeboten - auch er ein empfindlicher Genosse, der aus Frankreich oder Italien schnell nach Deutschland gebracht und verkauft werden muß. Zum Aufheben eignet er sich überhaupt nicht und sollte möglichst noch am selben Tag verzehrt werden. Eichblattsalat zeichnet sich durch sein kräftiges, nussiges Aroma aus.

In die große Schüssel mit dem bunten Salat gehören schließlich noch der Lollo Rosso oder der Lollo Biondo. Beide zählen zu den sogenannten Pflücksalaten, die mittlerweile sogar in kleinen Töpfen angeboten werden, so daß man sich je nach Bedarf ein paar Blätter »pflücken« kann. Mit einer leicht bitteren Note sind sie eine gute Ergänzung zu den anderen Salaten, und der rote Farbtupfer, den der Lollo Rosso der ganzen Sache verleiht, macht sich auch gut. Auch die Pflücksalate sind, was das Waschen und Anrichten angeht, eher mit etwas Vorsicht zu behandeln, da sie sonst schnell zusammenfallen und unansehnlich werden.

Nizzasalat

Bohnen in Salzwasser 4 - 6 Min. blanchieren, sofort abschrecken, abtropfen. Erbsen 2 Min. blanchieren. Salatblätter waschen und trockenschleudern. Basilikum waschen, Blätter kleinzupfen. Tomaten und Zwiebeln in Scheiben schneiden. Paprika halbieren, Kerne und weiße Rippen entfernen, Hälften in Streifen schneiden. Anchovis auf Küchenkrepp entölen. Kapern und Oliven abtropfen. Thunfisch zerteilen. Kartoffeln in Scheiben schneiden, Bohnen halbieren. Vinaigrette anrühren. In einer großen Salatschüssel bunt geschichtet Salatblätter, Kartoffeln, Tomaten, Erbsen, Bohnen, Paprika, Zwiebeln, Basilikum und Thunfisch einlegen. Mit Kapern und Oliven bestreuen, mit Anchovisstreifen und Eiervierteln dekorieren. Vinaigrette darübergießen und sofort servieren.

1 Kopfsalat, 1 Eichblattsalat und verschiedene Sorten Pflücksalat
4 Kartoffeln, am Vortag gekocht
4 hartgekochte Eier
200 g frische grüne Bohnen
100 g frische ausgepalte Erbsen
3 Fleischtomaten, 2 rote Zwiebeln
2 rote Paprikaschoten, 1 Bund Basilikum
1 kl. Dose Anchovisfilets in Olivenöl
1 EL Kapern, 20 entkernte schwarze Oliven
1 Dose Thunfisch in Öl
Vinaigrette: 5 EL Olivenöl
3 Knoblauchzehen, durchgepreßt
2 EL Himbeeressig, 1 TL Senf
etwas Honig, Salz und Pfeffer

Gemischter Salat mit Krabben und Pampelmuse

Pampelmuse schälen, auch die weiße Haut, Segmente heraustrennen und in mundgerechte Stücke teilen, Saft auffangen. Avocado schälen, Kern auslösen, Avocadofleisch in Scheiben schneiden und mit Pampelmusensaft beträufeln. Vinaigrette anrühren aus Olivenöl, Zitronensaft, Schalotte, Salz, Pfeffer, Honig. Salatblätter waschen und trockenschleudern, kleinzupfen. Salatblätter, Krabben, Pampelmusenstücke und Vinaigrette erst kurz vor dem Servieren mischen. Mit Dill bestreuen.

je 1 Handvoll Bataviasalat, Eichblattsalat, Rucola, Pflücksalat
150 g große Krabben, längs halbiert
1 Pampelmuse
1 kl. Avocado
1 Schalotte, fein gehackt
2 EL Zitronensaft
4 EL Olivenöl
1 Bund Dill, gehackt
Honig
Salz und Pfeffer

Salat mit Kapuzinerkresse und Blüten

Salat und Kresseblätter waschen, trockenschleudern, größere Blätter kleinzupfen. Blüten vorsichtig waschen, auf einem Tuch ausbreiten. Champignons abreiben, in Scheiben schneiden und sofort in Zitronensaft legen. Fenchel putzen, die äußeren, harten Schichten und Stiele entfernen, in feine Streifen schneiden. Kresse abschneiden. Vinaigrette anrühren aus Essig, Öl, etwas Honig, Salz und Pfeffer. Kresse, Blüten, Salat und Kapuzinerkresseblätter, Champignons und Fenchel mischen. Mit Vinaigrette übergießen und sofort servieren.

1 Kopfsalat oder Eisbergsalat
200 g feste Champignons
1 Fenchelknolle, ca. 200 g
Saft von 1/2 Zitrone
1 Handvoll Kapuzinerkresseblättchen
1 Strauß Kapuzinerkresseblüten Rosenblüten, Stiefmütterchen, Malvenblüten, Borretschblüten, Ringelblumen
1 Paket Kresse, 2 EL Himbeeressig
5 EL Olivenöl, etwas Honig, Salz und Pfeffer

Quer-durch-den-Garten-Salat

Salate waschen, trockenschleudern, kleinzupfen. Paprikaschoten halbieren, weiße Rippen, Kerne und Stengel entfernen, Hälften in Streifen schneiden. Champignons abreiben, in Scheiben schneiden, mit Zitronensaft beträufeln. Radieschen, Gurke

quirlen und über den Salat gießen, Kräuter darüberstreuen und Schafskäse verteilen. Vorsichtig mischen und sofort

Je 1 Handvoll Kopfsalat, Schnittsalat, Eichblattsalat, Lollo Rosso, Batavia, Spinat, Rucola, Kresse
1 rote Paprika, 1 gelbe Paprika
100 g Champignons, 1 Bund Radieschen
1 kl. Gurke, 2 Fleischtomaten
200 g Schafskäse, gewürfelt
1 Knoblauchzehe, durchgepreßt
2 EL Weißweinessig, 5 EL Olivenöl
1 TL Senf, 2 El Zitronensaft
2 EL frische gemischte Kräuter: Petersilie,

WINTERSALATE

Wintersalat - Sommersalat? Salat gibt es doch das ganze Jahr über? Tatsächlich, wir sind schon recht verwöhnt, was das Angebot an Salaten angeht, und mittlerweile gibt es im Winter neben dem guten alten Kopfsalat auch die meisten anderen der Salate, die im vorangegangenen Kapitel beschrieben worden sind.
In den kalten Monaten wird das Angebot jedoch um einige besonders kräftige und aromatische Sorten ergänzt.
Es wird meist Ende Oktober, sogar Anfang November, da kommt die vor Frische strotzende neue Endivienernte auf den Markt - ein pures Vergnügen, einen der üppigen, sattgrünen Köpfe zu sehen, von dem gut und gerne zehn Leute essen können. Dann kann es auch nicht mehr lange dauern, bis die in Folie eingewickelten, durchsichtigen Plastikschalen mit bereits gewaschenem Feldsalat aus irgendeinem Gewächshaus verschwinden. Nun können Sie nach Herzenslust in die großen Holzsteigen greifen und sich soviel von den frischen Rapunzeln nehmen wie Sie möchten. Aber Vorsicht: jede Handvoll Feldsalat bedeutet zugleich eine Viertelstunde Putzen und Waschen, sonst knirschen Ihre Gäste während des Essens an allen Ecken und Enden des Tisches mit den Zähnen ...
Zu den knackigsten und aromatischsten Wintersalaten gehört auch der Römersalat. Die eleganten, länglichen und oben spitz zulaufenden Köpfe, die zu Beginn des Herbstes aus dem inländischen Freilandanbau kommen, verleihen jedem Salat eine herzhafte Note. Die Italiener, die den Römersalat während der Wintermonate auch für den Export nach Deutschland kultivieren, bereiten daraus sogar warme Gerichte zu. Kurz gedünstet, damit der Salat seine frische Farbe behält, etwas Butter und frischen Pfeffer dazu - das Experiment lohnt sich.
Schließlich sei auf ein höchst aromatisches Kraut verwiesen, das sich in Deutschland zunehmender Beliebtheit erfreut: die Rauke. Auf dem Wochenmarkt wird sie meist unter ihrem wohlklingenden italienischen Namen Rucola verkauft, und sie eignet sich ganz besonders gut, um einem bunten Salat mit ihrer charakteristischen scharfen und nussigen Würze den letzten Kick zu verleihen. Rucola gibt auch ein gutes Bett zum Beispiel für in Butter gedünstete Pilze ab.
Vor allem in den Wintermonaten ist es besonders wichtig, die Vitamine und Nährstoffe, die ein Gemüse enthält, auch voll und ganz zu nutzen. Da ist, gerade was Römersalat und Endivie angeht, ein Hinweis vielleicht nützlich: Waschen Sie die Blätter erst, bevor Sie sie kleinschneiden. Andernfalls würden die an den Schnittflächen austretenden wertvollen Inhaltsstoffe kurzerhand im Waschwasser verschwinden.

Bataviasalatsuppe mit Eiern und Parmesankäse

500 g Bataviasalat
1 l Hühnerbrühe, Rezept Seite 230
1 Lauchstange
1 Stange Staudensellerie
1 Möhre
1 Knoblauchzehe
2 rote Zwiebeln
1 Bund glatte Petersilie, fein gehackt
80 g fetter Speck, gewürfelt
3 Eier
80 g Parmesankäse, frisch gerieben
Salz und Pfeffer

Batavia in reichlich Salzwasser blanchieren, in kaltem Wasser abschrecken, abtropfen. Möhre, Lauch, Sellerie, Zwiebeln, Knoblauch kleinschneiden, in heißer Brühe zum Kochen bringen und bei niedriger Hitze kochen, bis das Gemüse gar ist. Bataviasalat kleinschneiden, in den Topf geben, kurz aufkochen. Speck anbraten. Eier verquirlen und mit nicht mehr kochender Brühe auffüllen. Topf vom Herd nehmen, Eiermischung, Speck und Petersilie einrühren. Mit Salz und Pfeffer abschmecken. Sofort servieren. Vom geriebenen Parmesan nimmt sich jeder, soviel er möchte, und streut ihn in die Suppe.

Gemischte Wintersalate mit Äpfeln

Feldsalat, Endivie, Löwenzahn, Brunnenkresse, Winterportulak
50 g durchwachsener Speck
5 EL Olivenöl
50 ml Hühnerbrühe, Rezept Seite 230
4 EL Estragonessig, 3 EL Zitronensaft
2 Äpfel
40 g Walnußkerne, grob gehackt
2 EL Meerrettich, frisch geraspelt
Salz

Salatblätter waschen, trockenschleudern. Speck fein würfeln und in Öl goldgelb braten. Mit Hühnerfond und Essig ablöschen, mit Salz abschmecken. Beiseite stellen. Äpfel in feine Scheiben schneiden, mit Zitronensaft beträufeln. Salatblätter in kleine Stücke zupfen und mit Apfelscheiben, Walnüssen und Sauce mischen. Meerrettich darüberstreuen.

Feldsalat mit Pilzen und geräuchertem Lachs

250 g Feldsalat
200 g Champignons
4 Schalotten, fein gewürfelt
200 g Räucherlachs
1/2 Bund Dill, fein geschnitten
2 EL Zitronensaft
1 TL Senf
5 EL Olivenöl
1/2 TL Honig
Salz und Pfeffer

Feldsalat gründlich waschen, trockenschleudern. Pilze und Lachs in feine Scheiben schneiden. Pilze, Lachs und Schalotten sorgfältig mischen. Zitronensaft, Salz, Honig und Pfeffer verrühren, dann Senf und schließlich Öl unterschlagen. Pilz-Lachs-Mischung und Feldsalat mischen, Vinaigrette darübergießen und mit Dill bestreuen, gut vermengen, sofort servieren. Dazu frisches italienisches Weißbrot.

Wintersalat mit warmem Ziegenkäse

1 Kopf heller Friséesalat
100 g Feldsalat
100 g Radicchio
200 g frischer Ziegenkäse
2 EL Paniermehl
2 EL frischer Thymian, fein gehackt
1 EL Butter
1 EL Olivenöl
2 Schalotten, fein gewürfelt
2 EL Sherryessig
5 EL Olivenöl
1 TL Senf
Salz und Pfeffer

Salate waschen, trockenschleudern, in kleine Stücke zerzupfen, mischen und auf 4 Teller verteilen. Vinaigrette zubereiten aus Essig, Öl, Senf, Schalotten, Salz und Pfeffer. Ziegenkäse in 2 cm dicke Scheiben schneiden. Paniermehl mit Thymian mischen und Käsescheiben darin wälzen, Paniermehl vorsichtig andrücken. Öl und Butter in einer Pfanne aufschäumen, Hitze reduzieren und Käsescheiben von beiden Seiten goldgelb braten, pro Seite etwa 1/2 Minute. Käse auf die vier Salatteller verteilen, mit Vinaigrette übergießen und sofort servieren, beispielsweise mit geröstetem Weißbrot.

DICKE BOHNE

Die dicke Bohne ist sozusagen eine Antiquität unter den Gemüsen, reicht doch die Geschichte ihrer Kultivierung bis in die Steinzeit zurück. Dafür gibt es gute Gründe, denn die Dicke Bohne enthält große Mengen an hochwertigen Eiweißen, Mineralstoffen und Vitaminen. So war und ist die Dicke Bohne nicht nur Grundnahrungsmittel für viele Menschen, die kleinsamigen Sorten wie die Pferde- oder Saubohne wurden auch als ergiebiges Viehfutter genutzt. Das Mehl von Dicken Bohnen verwendete man überdies zum Brotbacken, und in manchen Bäckereien, die mit vollwertigen Zutaten backen, stößt man auch heute wieder auf entsprechende Brotsorten. Wer kein Fleisch ißt, kann sicher sein, daß er mit dieser Hülsenfrucht einen guten Teil seines täglichen Bedarfes an Eiweiß abdeckt.
Dem Alter dieser Kulturpflanze entsprechend, verteilen sich die Herkunftsgebiete fast über die ganze Welt: Im Orient, in Zentral- und Südwestasien, aber auch in den Mittelmeerländern wird die Dicke Bohne seit vielen Jahrtausenden angebaut. Heute gehören die Türkei, Marokko, Italien, Frankreich und Spanien zu den Hauptlieferanten; während der Sommermonate kommt die inländische Ernte aus Nordrhein-Westfalen, Niedersachsen und Schleswig-Holstein auf den Markt.
Die Dicke Bohne gelangt als ganze Schote in den Handel. Auf diese Weise werden die Samenkörner während des Transportes geschützt. Wenn die Bohnenhülsen geschlossen und von frischer grüner Farbe sind, können Sie davon ausgehen, daß Sie beim Auspalen keine böse Überraschung erleben. Die weichen und saftigen Körner bedürfen einer gewissen Vorsicht: sobald man sie aus der Schote entfernt hat, halten sie sich sogar im Kühlschrank nur wenige Stunden. Mehr als manches andere Gemüse sind Dicke Bohnen also ein Bestandteil ganz frisch zubereiteter Gerichte. Das Verhältnis von ganzen Bohnenschoten und der Ausbeute an Bohnenkernen ist übrigens etwa 1:4, was bedeutet, daß Sie für 1 Pfund Kerne ungefähr 4 Pfund Hülsen benötigen.
Frische Dicke Bohnen bedürfen im Grunde keiner großen Vorbereitungen. Sie werden in kaltem Salzwasser gewaschen und dann je nach Rezept zubereitet. Bei getrockneten Dicken Bohnen müssen Sie natürlich die obligatorischen 12 Stunden Einweichzeit mit einrechnen. Wenn Sie aber die Zeit haben, ganz in Ruhe zu kochen, können Sie die Körner auch schälen. Damit machen Sie Ihr Dicke-Bohnen-Gericht leichter verdaulich. Die Bohnenkerne werden 1 Minute blanchiert und dann unter kaltem Wasser abgeschreckt. Nachdem Sie die Schale mit einem scharfen Messer angeritzt haben, können Sie den Kern leicht rausdrücken.
Auch für die Dicke Bohne gilt schließlich, daß sie unbedingt gekocht werden muß, um den giftigen Eiweißstoff Phasin abzubauen.

Dicke Bohnen mit Champignons

ALS VORSPEISE ODER ZWISCHENGERICHT

300 g frische Dicke Bohnenkerne
200 g kleine Champignons
5 EL Olivenöl
1 EL Estragonessig
1 TL Senf
100 g durchwachsener Speck, gewürfelt
1/2 Bund Petersilie
1/2 Bund Schnittlauch
Honig
Salz und Pfeffer

Bohnenkerne gerade gar kochen. Bohnenkerne wie Mandeln aus der harten Haut drücken, falls sie sehr groß sind. Pilze in sehr dünne Scheiben schneiden und mit den Bohnen mischen, sofort mit der Vinaigrette aus Olivenöl, Essig, Senf, Salz, Pfeffer und Honig übergießen, vorsichtig durchmischen. Speck kroß braten und zusammen mit den Kräutern über den Salat streuen.

Dicke-Bohnen-Suppe mit Pesto

5-6 Pfd. junge Dicke Bohnen oder 700-900 g gepalte dicke Bohnen
2 Zwiebeln, gewürfelt
2 Möhren, gewürfelt
2 EL Olivenöl
1 TL Meersalz
Pesto:
3 Knoblauchzehen
1 großes Bund Basilikum
50 g Parmesan, frisch gerieben
3 - 4 EL kaltgeschlagenes Olivenöl
40 g Pinienkerne, Salz

Olivenöl erhitzen, Zwiebeln und Möhren darin kurz anschmoren, zudecken und für 10-15 Min. sanft köcheln. Gepalte Bohnen dazugeben, wenige Minuten zugedeckt kochen lassen. 1 1/2 l Wasser zugießen, salzen, zum Kochen bringen und dann etwa 20 Min. sanft köcheln. Pesto: Im Mixer oder mit einem Pürierstab Knoblauch, Basilikum, Pinienkerne, Salz und Parmesankäse zu einer Paste verarbeiten, nach und nach Olivenöl hineintröpfeln, bis eine grüne, cremige Masse entsteht. Bohnensuppe mit dem Pürierstab fein pürieren, eventuell nochmals vorsichtig erhitzen, abschmecken. Würzen mit Pesto auf dem Teller nach Belieben.

Suppe aus getrockneten Dicken Bohnen

FÜR 4 - 6 PERSONEN

250 g getrocknete Dicke Bohnen
1 Lauchstange
1 Tomate
8 Knoblauchzehen
6 Salbeiblätter
1 kg Mangold
3 EL Olivenöl
kaltgeschlagenes Olivenöl
Salz und Pfeffer

Bohnen über Nacht einweichen. Bohnen mit Lauch, Tomate, Salbei, 4 Knoblauchzehen in reichlich Salzwasser 30 - 60 Min. kochen, bis sie weich sind. Kochwasser aufheben. Mangoldblätter von den Stengeln schneiden und grob zerteilen, obere Mangoldstengel in feine, 4 cm lange Streifen schneiden. Zuerst die Stengel 5 Min. blanchieren, dann die Blätter. In einem großen Topf den restlichen Knoblauch in Olivenöl goldbraun werden lassen, die abgetropften Mangoldstücke hinzufügen, 1-2 Min. schmoren, dann die Blätter dazugeben und alles gut im Öl verrühren. Die Hälfte der gekochten Bohnen und 1 Tasse des Bohnenwassers in den Topf schütten, 5 Min. kochen. Alles im Mixer so kurz pürieren, daß noch Bohnenstücke vorhanden sind. Eventuell weiteres Bohnenwasser dazugeben. Die Suppe wieder in den Topf zurückgeben, den Rest der gekochten Bohnen dazuschütten, mit Salz und frisch im Mörser zerstoßenem Pfeffer abschmecken und vorsichtig erwärmen. Mit frischem, kaltgeschlagenem Öl servieren.

150 g getrocknete Dicke Bohnen
1 Lauchstange
1 Tomate
6 Knoblauchzehen
6 Salbeiblätter
500 g frischer Spinat
1 Zwiebel
8 EL Olivenöl
3 EL Zitronensaft
2 Schalotten, fein gewürfelt
Salz und Pfeffer

Getrocknete Dicke Bohnen mit Spinat

VORSPEISE

Bohnen über Nacht einweichen. Zusammen mit Lauch, Tomate, 4 Knoblauchzehen, Salbei und Salz in reichlich Wasser 30 - 60 Min. kochen, bis sie weich sind. Zwiebel in einem großen Topf in 2 EL Olivenöl weich dünsten. Den gewaschenen, grob gehackten Spinat dazugeben und bei geringer Hitze zugedeckt kochen, bis der Spinat Flüssigkeit abgibt. Deckel abnehmen, Hitze erhöhen, einige Minuten kochen und dabei umrühren, bis der Spinat zusammengefallen ist. Die abgetropften Bohnen dazugeben und gut vermischen. Mit 2 durchgepreßten Knoblauchzehen, dem restlichen Olivenöl, Zitronensaft, Salz und Pfeffer abschmecken. Die fein gehackten Schalotten dazugeben. Etwas abkühlen lassen. Lauwarm oder raumtemperiert servieren.

500 g frische Dicke Bohnenkerne
5 EL Sonnenblumenöl
1 TL Thymian
750 g mageres Rinderhack
1/4 TL frisch geriebener Muskat
1/4 TL Nelkenpulver
1/4 TL Cayennepfeffer
1/2 TL Zimt
3 Eier
Saft von 1/2 Zitrone
1 Bund glatte Petersilie
Salz, Pfeffer

Dicke Bohnen mit Rinderhack

FÜR 6 PERSONEN

3 EL Öl und 120 ml Wasser im Topf mischen und erhitzen. Bohnenkerne, Salz, Pfeffer, etwas Thymian dazugeben und kochen, bis die Bohnen gar sind. Währenddessen 2 EL Öl in einer Pfanne erwärmen, Hack in das nur leicht warme Öl einrühren. Gewürze, Salz, Pfeffer und so viel Wasser in die Pfanne geben, daß das Hack mit Wasser bedeckt ist. Kochen, bis das Fleisch gar ist und das gesamte Wasser absorbiert hat. Bohnen und Fleisch mischen, Eier dazugeben und ständig rühren, bis sie sich gesetzt haben. Alles in eine Schale geben und abkühlen lassen. Nochmals abschmecken. Mit Zitronensaft beträufeln und mit frischer Petersilie servieren.

Dicke Bohnen mit Reis

500 g frische Dicke Bohnenkerne
2 Zwiebeln
2 EL Distelöl
2 Knoblauchzehen
250 g Langkornreis
1 TL Koriandersamen
1 EL gehackte Korianderblätter
Salz und Pfeffer

Zwiebeln und Knoblauch fein würfeln, in Öl andünsten, im Mörser zerstoßene Koriandersamen dazugeben, alles sanft schmoren, bis die Zwiebeln weich sind. Reis einrühren, ca. 1 Min. ständig rühren, bis der Reis glasig aussieht. 600 ml Wasser dazugeben, mit Salz und Pfeffer würzen, zum Kochen bringen, Bohnenkerne dazugeben. Bei sanfter Hitze 15 - 20 Min. kochen, bis der Reis gar ist und die Flüssigkeit fast absorbiert hat. Mit gehackten Korianderblättern bestreut servieren. Eine kalte Sauce aus Joghurt und Gurke paßt gut dazu.

Rheinische Dicke Bohnen

5 Pfd. frische Dicke Bohnen
2 Zwiebeln, fein gewürfelt
1 Bund Bohnenkraut
200 g magerer geräucherter Speck
100 g Schlagsahne
30 g Butter
1 EL Mehl
Salz und Pfeffer

Bohnen auspalen. Butter zerlassen und Zwiebeln darin glasig dünsten. Bohnenkerne dazugeben, mit Mehl bestäuben, alles verrühren, 250 ml Wasser zugießen, Speck und den größten Teil des Bohnenkrautes obendrauf legen, zugedeckt bei mittlerer Hitze 30 Min. garen. Von Zeit zu Zeit umrühren. Sobald die Bohnen gar sind, Speck und Bohnenkraut aus dem Topf nehmen. Mit Salz und frisch im Mörser zerstoßenem Pfeffer abschmecken, Sahne unterrühren, nochmals erhitzen. Mit etwas Bohnenkraut bestreut servieren. Dazu kann man Pellkartoffeln essen.

Gebutterte Dicke Bohnen

5 Pfd. junge Dicke Bohnen
250 ml Hühnerbrühe, Rezept Seite 230
4 EL Butter
1 Zweig Bohnenkraut
2 EL gehackte glatte Petersilie
Salz und Pfeffer

Bohnen auspalen und die Kerne 5 Min. in kochendem Salzwasser blanchieren. Bohnenkerne wie Mandeln aus der harten Haut drücken. Hühnerbrühe in einem flachen Topf aufkochen und salzen. Bohnen, 1 EL Butter und Bohnenkraut dazugeben. Ohne Deckel bei hoher Hitze 5 Min. einkochen. Bohnen sollten gar sein, wenn nur noch 2 EL Flüssigkeit im Topf sind. Bohnenkraut entfernen. Restliche Butter und Petersilie zu den Bohnen geben, bei starker Hitze kochen und umrühren, so daß Kochflüssigkeit und Butter eine cremige Sauce ergeben. Mit Salz und Pfeffer abschmecken. Sofort servieren - entweder mit Brot als Vorspeise, oder aber zu gebratenem Fleisch.

Junge Dicke Bohnen mit Sahne

5 Pfd. Dicke Bohnen in der Schale
180 ml Crème fraîche
Zitronensaft
1 Zweig Bohnenkraut
1 kl. Bund glatte Petersilie
Salz und Pfeffer

Bohnen auspalen und 4-6 Min. in Salzwasser blanchieren. Bohnenkerne wie Mandeln aus der Haut drücken. Crème fraîche, Bohnenkraut und Salz in einen flachen Topf geben und aufkochen, Bohnenkerne dazugeben und ohne Deckel ca. 5 Min. kochen. Bohnenkraut entfernen. Mit frisch zerstoßenem Pfeffer, Salz und Zitronensaft abschmecken. Mit frisch gehackter Petersilie bestreut zu gebratenem Fleisch servieren.

ERBSE

Im Regal Ihres Supermarktes nehmen sie meist mehrere Meter ein: Erbsen, extrafein. Allerdings in Dosen, wahlweise auch zusammen mit Möhren. Es erscheint als kleine Ironie der Geschichte, daß man in Schweizer Pfahlbauten aus dem 2. Jahrtausend vor Christus nicht nur Erbsen, sondern auch Möhren fand - allerdings noch nicht in Dosen. Zurück zum Supermarkt, und am besten noch ein Stückchen weiter bis ins nächste gute Gemüsegeschäft: Dort nämlich werden Sie in den Sommermonaten Juni, Juli und August hoffentlich auf frische Erbsen stoßen. Übrigens galten Erbsen am Hofe des Sonnenkönigs lange Zeit als letzter Schrei: in Paris wurden horrende Preise für frische Erbsen gezahlt. Um auch Sie in königliche Laune zu versetzen, wurde das entsprechende Rezept in die nachfolgende Sammlung mit aufgenommen: Erbsen auf französische Art.

Die Erbse hat einen recht langen Weg zurückgelegt, bis sie nach Nordeuropa kam. Sie stammt ursprünglich aus dem östlichen Mittelmeerraum, aus Vorder- und Mittelasien. Heute werden die grünen Hülsen fast überall angebaut, wobei ein Großteil der Erträge aus England, Frankreich, Italien oder den Niederlanden für die Konserven- und Tiefkühlindustrie bestimmt ist.

Für die nachfolgenden Rezepte werden Sie vor allem Schalerbsen oder die süßeren Markerbsen benötigen. Beide Erbsensorten werden in ihren Hülsen verkauft. Die Hülsen müssen unverletzt, glatt und sauber sein. Flecken oder Verfärbungen ins gelbliche, vor allem aber eine mehlige Oberfläche sind Anzeichen für schlecht gelagerte oder zu spät geerntete Ware. Öffnen Sie ruhig eine Hülse, um die Kerne einem Geschmackstest zu unterziehen: sie dürfen nicht bitter oder mehlig schmecken. Und probieren Sie auch einmal die dritte Vertreterin der frischen und nährstoffreichen Sommererbsen, die Zuckererbse, wie sie gerne von Kleingärtnern gezogen wird. Die jung geernteten Hülsen können ganz verzehrt werden und ergeben, nur in etwas Wasser und Butter gedünstet, ein ganz vorzügliches Gemüse. Schalerbsen und Markerbsen müssen ausgepalt werden. Eine frische, knackige Hülse wird sich leicht öffnen lassen, so daß die Erbsen fast von selbst herauskullern. Beim Auspalen fällt viel Abfall an. Berücksichtigen Sie also beim Einkaufen, daß Sie aus 1 Kilo Hülsen etwa 400 Gramm Erbsen gewinnen. Ein Wort noch zu Tiefkühlerbsen. Erbsen eignen sich sehr gut zum Einfrieren, so daß Sie auch außerhalb der Saison nicht auf sie verzichten müssen. Es empfiehlt sich, tiefgekühlte Erbsen vor dem Kochen aufzutauen - damit senken Sie die Kochtemperatur nicht unnötig herab - und dem jeweiligen Gericht recht spät hinzuzufügen, damit die Erbsen knackig bleiben.

Erbsensuppe mit Rouille

500 g frisch gepalte Erbsen oder Tiefkühlerbsen
2 Möhren in Scheiben, 2 Zwiebeln in Scheiben
2 Stangen Staudensellerie, in Scheiben geschn.
3 Knoblauchzehen, 1 Lorbeerblatt
1 Zweig frischer Thymian
3 Zweige glatte Petersilie
1 - 1 1/2 l Gemüse- oder Hühnerbrühe (keine Würfel oder Tütenbrühe!), Rezept Seite 230
125 g geräucherter Speck
2 EL Butter, 1 1/2 Becher Joghurt
Rouille: 2 kl. frische Chilis
1 rote Paprika, 2 Knoblauchzehen
1 EL weiche Brotkrumen
4 EL Olivenöl, Salz

Erbsen, Möhren, Zwiebeln, Sellerie, Knoblauch und die zusammengebundenen Kräuter in einen großen Topf geben. Brühe auffüllen, bis sie 3 cm über dem Gemüse steht. 30 - 40 Min. kochen. Kräuter herausfischen. Gemüse und Brühe durch ein Sieb passieren oder mit dem Pürierstab zerkleinern. Eventuell etwas Wasser nachfüllen. Speck fein würfeln, in Butter anbraten und in die Suppe geben. Rouille: Chili halbieren, Kerne entfernen, fein hacken. Paprika grillen, bis die Haut blasig und schwarz wird. Haut abziehen, Paprika fein hacken. Paprika, Chilis, Knoblauch, Brotkrümel und Salz zusammen pürieren, Olivenöl tropfenweise dazugeben. Suppe nochmals erhitzen. Jeder nimmt sich pro Teller Suppe 1 EL Joghurt und 1 TL Rouille. Sieht sehr dekorativ aus.

Erbsen auf französische Art

600 g gepalte Erbsen
12 kleine Frühlingszwiebeln
1 großer, fester Kopfsalat
1 Petersilienwurzel
2 Zweige Thymian
1 Lorbeerblatt
20 g Zucker
150 g Butter
Salz

Salat waschen und in Streifen schneiden. Zwiebeln schälen und in Ringe schneiden. Thymian, Lorbeerblatt und Petersilienwurzel zusammenbinden. Alle Zutaten zusammen mit 125 g Butterflöckchen, Salz und Zucker in eine Schüssel geben und gründlich mischen. Inhalt der Schüssel zusammen mit Erbsen und 2 EL Wasser in einen hohen, gut schließenden Topf füllen und 15 - 20 Min. dünsten. Ab und zu den Topf schwenken, damit sich das Gemüse gut vermischt. Kräuter entfernen, mit Salz abschmecken, restliche Butter dazugeben und zum Beispiel zu Geflügel oder gebratenem Fleisch servieren.

Erbsen- und Kräuterquiche

Für 4 - 6 Personen

Teig: 200 g ungebleichtes Weizenmehl
1/2 Portion Trockenhefe
1 Ei
Salz
3 EL Olivenöl
lauwarmes Wasser
Füllung:
400 g frisch gepalte Erbsen
250 g Quark
2 Eier
200 ml Milch
4 EL frisch geriebener Parmesankäse
1 kl. Bund Lauchzwiebeln
4 EL frische gehackte Kräuter: Kerbel, Dill, Petersilie, Schnittlauch, Basilikum, Majoran, Oregano
Pfeffer, im Mörser zerstoßen, Salz

Teig: Mehl und Salz in eine Schüssel sieben, Hefe, Olivenöl, Ei und lauwarmes Wasser dazugeben und einen weichen Teig zusammenkneten. Schüssel zugedeckt an einen warmen Ort stellen und 5 - 10 Min. gehen lassen, bis sich das Volumen verdoppelt hat. Füllung: Erbsen in etwas Butter und wenig Wasser 10 Min. dünsten, in einem Sieb abtropfen lassen. Quark und Eier gut durchschlagen, nach und nach Milch dazugeben. Parmesankäse, Lauchzwiebeln, Kräuter, Salz und Pfeffer hinzufügen und alles gut verrühren. Den Teig nochmals durchkneten, kreisrund ausrollen und in eine eingefettete 26-cm-Springform drücken, so daß der Teig am Rand etwas übersteht. Backblech in den Ofen schieben und auf 180 - 190 Grad vorheizen. Erbsen in die Quarkmischung rühren und die Füllung auf dem Teig verteilen, eventuell noch mit Parmesankäse bestreuen. Die Springform auf das heiße Backblech stellen und in ca. 30 - 45 Min. goldbraun backen. Schmeckt am besten heiß.

Grüne Bohne

Die Sortenvielfalt der Bohne ist groß: Die sogenannte »Beschreibende Sortenliste des Deutschen Bundessortenamtes« verzeichnet über 100 Varietäten. Aber wenn man bedenkt, daß die Bohne weltweit zu den wichtigsten Kulturpflanzen zählt, ist das nicht weiter verwunderlich. Stangenbohnen sind demjenigen wohlbekannt, der im Garten ein bißchen eigenes Gemüse zieht. Die oben spitz zulaufenden Gestelle sind ein vertrautes Bild in allen Schrebergärten und Laubenkolonien. Buschbohnen hingegen kommen ohne Stützen aus und wachsen an niedrigen Sträuchern. Da sie im Gegensatz zu den Stangenbohnen maschinell geerntet werden können, werden die Erträge zu einem großen Teil an die Konserven- und Tiefkühlindustrie verkauft. An europäischen Sorten schätzen wir vor allem die Prinzeßbohne, die Brechbohne, die Zuckerbohne oder etwa die gelbe Wachsbohne; Italien-Liebhaber werden auch die rotgesprenkelten Borlottobohnen kennen. Ganz authentisch kann man es haben, wenn man für das echt hamburgische Rezept »Bohnen, Birnen und Speck« die norddeutsche Sorte »Türck'sche Erbse« verwendet. Wer schon einmal im tiefsten Winter Appetit auf Bohnen hatte, wird auch auf die lange und sehr dünne Keniabohne oder die etwas rundlichere Bobbybohne gestoßen sein. Beide Sorten kommen aus Afrika und sind aus diesem Grunde recht teuer.

Was seinen Anfang in den tropischen und subtropischen Wäldern Mittel- und Südamerikas nahm, hat in Europa längst fest Fuß gefaßt. Auch in Deutschland gibt es viele Anbaugebiete, wo vom Frühjahr bis in den Dezember hinein im Freiland bzw. im Gewächshaus geerntet wird. Weitere Lieferanten sind Italien, Frankreich und Spanien, außerhalb der Saison auch die afrikanischen Länder.

Während der Anbau der Bohne recht unkompliziert ist, verhält es sich mit der Lagerung ganz anders. Bohnen welken rasch und werden fleckig. Beim Testbrechen offenbart sich der Charakter jeder Bohne: sie gibt dann ein festes Knacken von sich, und die Bruchstellen sollten grün und saftig sein. Im Falle eines Falles kann man versuchen, die angewelkten Bohnen eine Viertelstunde in Salzwasser zu legen, so daß sie sich noch einmal ein wenig erholen. Die Lagertemperatur darf nicht unter 7 Grad liegen, da das Gemüse sonst Kälteschäden davonträgt.

Bei der Bohne führt kein Weg am Kochen vorbei. Sie enthält den Eiweißstoff Phasin, der schwere Magen- und Darmkomplikationen bewirken und nur durch mindestens zehnminütiges Kochen abgebaut werden kann. Ansonsten ist ihre Zubereitung denkbar einfach. Die Bohne wird von ihren Spitzen und Enden befreit und dann 10 bis 15 Minuten in gesalzenem Wasser gekocht.

Bohnensalat

500 g feine grüne Bohnen
300 g Crème fraîche
125 g Walnüsse
30 g Butter
1 ungespritzte Zitrone
1 Bund Schnittlauch
etwas Honig
Salz und Pfeffer

Bohnen waschen, Enden abschneiden. In kräftig gesalzenem Wasser fast gar kochen. Kalt abbrausen, trockentupfen, in einer flachen Schüssel anrichten. Crème fraîche mit der abgeriebenen Zitronenschale, mit Zitronensaft, Pfeffer, Salz und etwas Honig würzen und über die Bohnen gießen. Walnüsse kurz in Butter rösten und über die Bohnen streuen. Schnittlauch in Röllchen schneiden und über den Salat verteilen.

Bohnen, Birnen und Speck

600 g grüne Bohnen
600 g kleine Kochbirnen
800 g geräucherter Bauchspeck
1 große Zwiebel
5 Gewürznelken
2 Lorbeerblätter
1 Bund Bohnenkraut
Pfeffer, im Mörser zerstoßen
Salz

Zwiebel abziehen, mit Nelken spicken. Bauchspeck, Zwiebel und Lorbeerblätter in einen großen Topf geben, mit Wasser fast bedecken und mit halb aufgelegtem Topfdeckel ca. 2 Std. köcheln. Inzwischen Birnen und Bohnen waschen, Bohnenenden abschneiden. Nach dem Ende der Garzeit Bauchspeck aus dem Topf nehmen und den Sud durch ein feines Sieb geben, eventuell entfetten. Fleisch und Brühe zurück in den Topf geben, zum Kochen bringen und mit Pfeffer und Salz abschmecken. Bohnen, ganze Birnen und die Hälfte des Bohnenkrautes ca. 15 Min. mitkochen. Nochmals mit Salz und Pfeffer abschmecken und den Eintopf mit dem Rest des Bohnenkrauts bestreuen.

Wachsbohnen mit Kräutercreme

800 g Wachsbohnen
4 Schalotten
200 ml dicke Sahne (Crème double) oder Crème fraîche
2 Eigelb, 2 EL Butter
1 Bund glatte Petersilie
1 Bund Kerbel, 1 Bund Schnittlauch
etwas Muskat, frisch gerieben
etwas Zitronensaft
Pfeffer, im Mörser zerstoßen
Salz

Bohnen waschen, Enden abschneiden. 10 - 15 Min. in reichlich Salzwasser kochen. Abtropfen lassen, warm halten. Während die Bohnen kochen, Schalotten fein hacken, in Butter glasig werden lassen, 100 ml Sahne dazugeben und mit Salz und Muskat würzen. Dann die Bohnen dazugeben und kurz kochen. Kräuter hacken und mit 100 ml Sahne und 2 Eigelb zusammenschlagen. Bohnen vom Herd nehmen und die Eier-Sahne-Kräuter-Mischung hineinrühren. Mit Zitronensaft, Salz und viel Pfeffer abschmecken. Dazu kann man Bratkartoffeln servieren.

Grüne Bohnen mit Tomaten und Knoblauch

750 g grüne Bohnen
2 rote Zwiebeln
6 Knoblauchzehen
4 Fleischtomaten
6 EL Olivenöl
1 EL gehacktes Basilikum
Salz und Pfeffer

Bohnen waschen und putzen; halbieren, wenn sie sehr lang sind. Zwiebeln und Knoblauch fein hacken und in 4 EL Olivenöl goldbraun braten, Bohnen dazugeben, kurz dünsten und dabei ständig rühren. Mit Wasser fast bedecken, salzen, und ohne Deckel kochen, bis die Bohnen gar sind und das Wasser fast verdampft ist. Inzwischen Tomaten mit kochendem Wasser abbrühen, Haut entfernen, Kerne ausdrücken und grob hacken. Zu den Bohnen geben und mitdünsten, bis sie weich sind, dabei vorsichtig umrühren. Mit Pfeffer und Salz abschmekken, 2 EL Olivenöl über die Bohnen träufeln und mit gehacktem Basilikum servieren.

PALBOHNE

Wo die Bohnenschote (zumeist) grün ist, weist die ausgepalte Bohne eine Vielfalt an Farben und Zeichnungen auf. Haben Sie schon einmal die großen Säcke oder Körbe mit getrockneten Bohnen gesehen, wie man sie in einer Markthalle oder bei einem gut sortierten Gemüsehändler findet? Dann haben Sie vielleicht auch die Lust verspürt, beide Hände in die weiße, rote oder bunt gesprenkelte Pracht zu versenken. Da gibt es die reinweißen Perl- und Cannellinobohnen, die Augenbohnen, die ihrem Namen voll und ganz gerecht werden, dann die wild getupften roten Borlottobohnen, die rot-schwarz geflammte Prunkbohne oder etwa die edel schimmernde Schwarze Bohne. Palbohnen, die ausgereiften Samen der Bohnenschoten, sind wahre Schätze und für viele Menschen auf der Welt unverzichtbares, ballast- und nährstoffreiches Grundnahrungsmittel. In einer Angelegenheit allerdings scheiden sich die - vor allem europäischen - Geister, nämlich dann, wenn es um das Verdauen eines schmackhaften Bohnengerichtes geht. Wenn Sie die vielfältigen Anregungen der indischen und südamerikanischen Küche aufgreifen, wo zumeist kräftige Gewürze zum Einsatz kommen, können Sie Abhilfe schaffen, denn die Gewürze setzen verstärkt Magensäfte frei, so daß Sie sich »nicht die Bohne« vor Bauchgrummeln fürchten müssen.

Die zumeist getrockneten Bohnen kommen vor allem aus Südamerika, den Vereinigten Staaten, zum Teil aber auch aus asiatischen oder afrikanischen Ländern.

Dabei müssen Palbohnen nicht notwendigerweise getrocknet gekauft werden. Die europäischen Sorten kommen in den Wochen direkt nach der Ernte auch frisch auf den Markt. Bei getrockneten Bohnen muß man sich beim Einkauf nicht allzuviele Sorgen machen. Sie lassen sich, trocken gelagert, problemlos bis zu zwei Jahre lang bevorraten.

Getrocknete Bohnen müssen nur eingeweicht werden, am besten über Nacht, dann können Sie Ihr Rezept am nächsten Tag ohne Verzögerung in die Tat umsetzen.

Dabei gilt für die Palbohne dasselbe wie für die grüne Bohne: sie darf keinesfalls in rohem Zustand verzehrt werden, da der giftige Eiweißstoff Phasin zu regelrechten Vergiftungserscheinungen führen kann.

Palbohnen mit Frühlingszwiebeln und Petersilie

VORSPEISE

Getrocknete Bohnen abspülen, in einem Topf mit kaltem Wasser aufsetzen und zum Kochen bringen. Topf vom Herd nehmen und die Bohnen 6 - 8 Std. einweichen. Gemüsebrühe herstellen. Möhre, Sellerie, Lauch, Zwiebel, Lorbeerblatt, 2 Knoblauchzehen, Salz, Pfeffer in 1 l Wasser 1 Std. kochen. Dann durchsieben und wieder zum Kochen bringen, eventuell nachwürzen, Bohnen hineingeben und kochen. Die eingeweichten getrockneten Bohnen brauchen 1 - 2 Std., die frischen Bohnen etwa 20 - 30 Min. Frühlingszwiebeln sehr fein schneiden. Vinaigrette anrühren aus Zitronensaft, Olivenöl, Salz, Pfeffer, Honig und durchgepreßtem Knoblauch. Frühlingszwiebeln, gehackte Petersilie und Vinaigrette kurz vor dem Servieren zusammenmischen und erst auf dem Teller über die warmen Bohnen geben, die in der Kochflüssigkeit serviert werden.

600 g frische oder 250 g getrocknete Palbohnen
1 Möhre
1 Lauchstange
1 Stück Sellerie
1 Lorbeerblatt
1 Zwiebel
4 Knoblauchzehen, nach Geschmack auch mehr
1 großes Bund Frühlingszwiebeln
2 Bund glatte Petersilie, fein gehackt
1/2 Zitrone
6 EL Olivenöl
etwas Honig
Salz und Pfeffer

Salat von weißen Bohnen und Paprika

VORSPEISE

Bohnen abspülen, in einem Topf mit kaltem Wasser aufsetzen und zum Kochen bringen. Topf vom Herd nehmen und die Bohnen 6 - 8 Std. einweichen. Dann Möhre, Lauch, Zwiebel, Fenchel, Lorbeerblatt, Thymian, Salz dazugeben und zusammen mit den Bohnen 1 Std. kochen. Paprikaschoten halbieren, Kerne entfernen, unter dem Grill backen, bis die Haut Blasen wirft und schwarz wird. Abkühlen und Haut abziehen. Paprika in kleine Würfel schneiden. Tomaten überbrühen, Haut abziehen, Kerne und Saft ausdrücken, Fleisch in kleine Würfel schneiden. Vinaigrette anrühren aus Rotweinessig, Olivenöl, Salz, Pfeffer und einer Prise Zucker. Bohnen, Paprika Oliven und Tomaten mischen, mit Thymian bestreuen und mit der Vinaigrette begießen. Gut durchziehen lassen.

250 g getrocknete weiße Bohnen
1 Möhre
1 Stange Lauch
1 Zwiebel
1 Zweig Fenchelkraut
1 Lorbeerblatt
2 Zweige Thymian
2 gelbe Paprika, 2 rote Paprika
10 schwarze Oliven, entkernt
2 Fleischtomaten
3 EL Rotweinessig
6 EL Olivenöl
Zucker
Thymian
Salz und Pfeffer

Griechische Bohnen

VORSPEISE

Bohnen mit kaltem Wasser bedecken und aufkochen. Dann zum Einweichen 6 - 8 Std. beiseite stellen. Bohnen abgießen und gut abtropfen lassen. Öl erhitzen, darin Bohnen, Kräuter, Knoblauch, Tomatenmark 10 Min. sanft dünsten. Mit kochendem Wasser aufgießen, bis die Bohnen 2 - 3 cm bedeckt sind. 1 Std. kochen, bis die Bohnen weich sind und das Wasser zu einer dicklichen, braunen Sauce reduziert ist. Zitronensaft und rohe Zwiebelringe dazugeben, mit Salz und Pfeffer abschmecken. Abkühlen lassen.

250 g kleine getrocknete weiße Bohnen
125 ml Olivenöl
2 Knoblauchzehen, zerquetscht
1 Lorbeerblatt
1 Thymianzweig
1/2 EL Tomatenmark
Zitronensaft
2 rote Zwiebeln
Salz und Pfeffer

Bohnensuppe mit Basilikum

125 g weiße getrocknete Bohnen
125 g rote getrocknete Bohnen
300 g frische breite Stangenbohnen
2 Zucchini, geviertelt
2 Kartoffeln, geviertelt
Pistou:
3 Tomaten
1 großes Bund Basilikum
6 Knoblauchzehen
4 EL Olivenöl
120 g geriebener Parmesankäse
Salz und Pfeffer

Rote und weiße Bohnen in 2 l Wasser aufkochen, vom Herd nehmen und 6 - 8 Std. einweichen. Erneut zum Kochen bringen, würzen. Kartoffeln, Zucchini und gestückelte Stangenbohnen dazugeben und 1 Std. kochen. Zucchini und Kartoffeln herausfischen, pürieren und dann wieder in die Suppe geben. 3 Tomaten 1/2 Stunde mitkochen, dann herausfischen, Haut abziehen, abkühlen lassen. Pistou: In einem großen Mörser Salz, Pfeffer, Knoblauch und Basilikum zerstoßen. Dann Tomatenfleisch, nach und nach Olivenöl und zum Schluß Parmesankäse in den Mörser geben und alles zu einer homogenen Paste verrühren. Bei Tisch würzt dann jeder nach Belieben seinen Teller Suppe mit Pistou.

Weiße Bohnensuppe mit Hüttenkäse

300 g weiße getrocknete Bohnen, z.B. große Butterbohnen
1/2 Knoblauchknolle
1 Stange Lauch
1 Handvoll Blätter vom Knollen- oder Blattsellerie
1 getrocknete rote Chilischote
1 Lorbeerblatt
10 schwarze entkernte Oliven
250 g Hüttenkäse
Olivenöl
Zitronensaft
Salz

Bohnen in kaltem Wasser zum Kochen bringen, Herd ausschalten, über Nacht einweichen. Bohnen wieder aufsetzen und Lauch, Sellerieblätter, 1/2 Knoblauchknolle, Lorbeerblatt, Chili, Salz hinzufügen und sanft kochen, bis die Bohnen nach 30 - 90 Min. (je nach Alter der Bohnen) weich sind; eventuell während des Kochens Wasser nachgießen. Lorbeer, Chili und Knoblauch herausfischen, den Brei aus den Knoblauchzehen herausdrücken und in den Topf zurückgeben. Mit dem Pürierstab die Bohnen zu einer dicklichen Suppe pürieren. Mit Salz und Zitronensaft abschmecken. Oliven in kleine Stücke schneiden und mit dem Hüttenkäse in die Suppe krümeln. Bei Tisch gießt dann jeder nach Belieben kaltgeschlagenes Olivenöl auf seine Bohnensuppe.

Bohnen mit Tomaten

250 g weiße getrocknete Bohnen
1 Stange Lauch
3 Knoblauchzehen
1 Stück Sellerie
1 Lorbeerblatt,
1 Zweig Thymian
500 g Tomaten
200 g Schalotten
3-4 EL Olivenöl
4 Nelken
3 EL Zitronensaft
1 EL Zucker, 1 Stück Zimt
1 Bund Basilikum,
Salz und Pfeffer

Bohnen mit kaltem Wasser bedecken und aufkochen, beiseite stellen und 6 - 8 Std. einweichen. Dann zusammen mit Lauch, Knoblauch, Sellerie, Lorbeerblatt, Thymian, Salz, Pfeffer und reichlich Wasser etwa 1 Std. kochen. Schalotten halbieren, in Olivenöl goldgelb werden lassen. Tomaten überbrühen, Haut abziehen, grob hacken und zu den Schalotten geben. Saft etwas einkochen lassen. Dann Zitronensaft, Zucker, Zimt, Nelken, Salz und Pfeffer dazugeben und eine Weile schmoren lassen. Die gut abgetropften Bohnen in die Sauce geben, Hitze verringern, durchziehen lassen. Mit zerpflücktem Basilikum bestreut servieren. Mit etwas geröstetem Weißbrot als eigenständiges Gericht servieren; die Bohnen passen aber auch gut zu einer gebratenen Lammkeule.

Bohneneintopf mit Fleisch

FÜR 6 PERSONEN

100 g getrocknete Borlottobohnen
200 g getrocknete große weiße Bohnen
100 g getrocknete rote Bohnen
100 g getrocknete Augenbohnen
400 g Beinfleisch vom Rind, vom Metzger in grobe Stücke geschnitten
250 g Bauchfleisch vom Schwein, geviertelt
1 Schweinsfuß
1 große Zwiebel in Scheiben
2 Lauchstangen in Stücken
2 Möhren in Scheiben
1 Bund glatte Petersilie, grob gehackt
4 Zweige Thymian,
4 Salbeiblätter
2 Lorbeerblätter, Salz und Pfeffer

Bohnen mit reichlich Wasser zum Kochen bringen, vom Herd ziehen und 6 - 8 Std. einweichen. Abgießen. Die Hälfte der Bohnen in einen großen Topf geben und mit den Fleischstücken bedecken. Gemüse und Kräuter dazugeben, salzen, pfeffern und den Rest der Bohnen darüber verteilen, mit kochendem Wasser auffüllen, bis alles gut bedeckt ist. Auf dem Herd 10 Min. kochen. Dann in den auf 150 Grad vorgeheizten Backofen stellen und zugedeckt 5 - 6 Stunden köcheln. Ab und zu kontrollieren, ob genug Wasser im Topf ist. Eventuell nachwürzen. Sobald Fleisch und Bohnen weich sind, Knochen, Lorbeerblätter und holzige Kräuterstengel rausfischen. Mit Petersilie bestreut und zusammen mit kräftigem Vollkornbrot servieren.

Bohnengemüse mit Ochsenschwanz

100 g große weiße Bohnen
2 Ochsenschwänze in Stücken
Mehl
40 g Schmalz
2 Möhren in Scheiben
2 Zwiebeln in groben Würfeln
2 Stangen Bleichsellerie, in Stücke geschnitten
600 ml Rotwein
600 ml Rinderbrühe, Rezept Seite 230
Thymian, Lorbeer
2 Knoblauchzehen
1 Zweig Rosmarin, Salz und Pfeffer

Bohnen mit kaltem Wasser bedecken, aufkochen, zum Einweichen 8 Std. stehen lassen. Ochsenschwanzstücke vom Fett befreien, salzen, pfeffern, in Mehl wenden und 10 Min. in Schmalz anbraten, bis sie braun sind, dann in einen großen Topf legen. Schmalz aufbewahren. Bohnen abgießen und über das Fleisch geben. Gemüse im Schmalz 5 Min. anbraten, bis es goldgelb ist. Mit etwas Mehl bestäuben, dann Rotwein, Brühe, Kräuter und Knoblauch dazugeben. Zum Kochen bringen, würzen, kurz köcheln lassen, dann über das Fleisch gießen. Zugedeckt im Backofen bei 150 Grad 2 Std. oder länger sanft köcheln. Eventuell mit Salz und frisch im Mörser zerstoßenem Pfeffer nachwürzen.

Bohnenpüree von weißen und grünen Bohnen

500 g frische Palbohnen
500 g frische Stangenbohnen
1 Handvoll Blätter vom Bleichsellerie
2 EL Butter
Salz und Pfeffer

Palbohnen und Sellerieblätter mit kaltem Wasser bedecken, salzen und bei mittlerer Hitze 20-30 Min. kochen, bis sie weich sind. 1 l Salzwasser zum Kochen bringen und darin die geputzten Stangenbohnen 15-20 Min. kochen, bis sie gar sind. Beide Bohnensorten abgießen, das Wasser der Palbohnen aufheben. Die noch warmen Bohnen und Sellerieblätter pürieren, Butter einrühren und das Püree mit Bohnenwasser verdünnen, falls es zu dick ist. Mit Salz und Pfeffer abschmecken. Sehr gut zu gegrilltem Fleisch.

Zuckermais

Maisfelder mit ihren hoch in den Himmel ragenden Pflanzen üben eine geradezu magische Anziehungskraft auf eine bestimmte kriminelle Klientel aus: die Rede ist hier nicht von den Wildschweinen (die zu den wirklich ungebetenen Gästen eines Maisfeldes zählen), sondern von Kindern jeden Alters, die sich gerne einen oder zwei Maiskolben klauen, um ihn noch am Tatort abzunagen... Dabei werden die kleinen Liebhaber der gelben Körner in den meisten Fällen nur Futtermais erwischen; der Zuckermais, um den es hier geht, schmeckt noch viel zarter und süßer, wird aber in Deutschland nicht oft angebaut.

Der Futtermais zählt zu den Kulturpflanzen, die für Mensch und Tier von jeher von großer Bedeutung waren. In seiner eigentlichen Heimat, in Mexiko und in Mittelamerika, spielt er noch heute die Rolle, die der Weizen für Europäer spielt: Aus Mais gewinnt man in der Neuen Welt schon seit Jahrtausenden das Mehl, das man beispielsweise für Fladen aller Art benötigt.

Der Zuckermais hingegen, den man für die feine Küche verwendet, ist gerade einmal hundert Jahre alt; wann diese Sorten mit ihrem hohen Zuckergehalt - vermutlich aus einer Kreuzung - entstanden sind, ist nicht bekannt. Heute gehören die Vereinigten Staaten zu den Hauptproduzenten des Zuckermais. Er ist dort außerordentlich beliebt, und ein Barbecue ohne Maiskolben ist kein Barbecue. Die USA exportieren große Mengen dieses Gemüses sogar nach Europa. Weitere Anbaugebiete sind etwa in Frankreich und Spanien zu finden; in geringem Umfang wird Zuckermais auch im Badischen und im übrigen Süddeutschland angebaut.

Zuckermaiskolben sind an sich wenig empfindlich; allerdings nimmt der Gehalt an Zucker, der nun einmal maßgeblich zum Wohlgeschmack dieses Gemüses beiträgt, sofort nach der Ernte rapide ab - innerhalb von nur acht Tagen um bis zu fünfzig Prozent. Das ist auch der Grund, warum in den folgenden Rezepten nur tiefgefrorener Mais Verwendung findet. Hier ist sichergestellt, daß die Ernte und Verarbeitung lückenlos und schnell aufeinanderfolgen.

Das soll Sie natürlich nicht daran hindern, einmal nach frischen Maiskolben Ausschau zu halten. Vor allem im Sommer und Spätsommer kommt Zuckermais auf den Markt, der hoffentlich gut gekühlt transportiert wurde und auf schnellstem Wege zum Verkauf gelangt ist. Die Maiskörner müssen prall und frisch sein, ritzt man eines an, muß milchig-weißer Saft austreten. Die Spitze und das Ende des Kolbens werden abgeschnitten, Blätter und Fäden entfernt; der Maiskolben selbst wird gut gewaschen und eine gute Viertelstunde in gesalzenem Wasser gegart - ein bißchen Butter darüber, ein wenig Salz dazu, und der Kindertraum vom Maiskolben-Abnagen wird wahr...

Zuckermais- und Paprikasalsa

250 g Zuckermais, tiefgekühlt
1 große rote Paprika
1 Fleischtomate
1 grüne Peperoni
2 Frühlingszwiebeln
2 EL Koriandergrün, fein gehackt
Saft von 1/2 Zitrone
Salz

Zuckermais auftauen, abtropfen. Paprika und Peperoni entkernen, in feine Würfel schneiden. Frühlingszwiebeln sehr fein würfeln. Tomaten überbrühen, Haut abziehen, Kerne ausdrücken, Tomatenfleisch fein würfeln. Alle Zutaten mischen, salzen und mit Zitronensaft abschmecken. 1 - 2 Std. durchziehen lassen, nochmals abschmecken. Schmeckt besonders gut zu gegrilltem Huhn oder Lammkoteletts.

Zuckermaiseintopf mit Tomaten und Zucchini

400 g Zuckermais, tiefgefroren
30 g Maismehl
250 g Zucchini, gewürfelt
2 Fleischtomaten
2 Schalotten, fein gewürfelt
1,5 l Milch
1/2 TL Koriandersamen, im Mörser zerstoßen
1 EL Koriandergrün, frisch gehackt
1 EL Minze, frisch gehackt
1 EL Basilikum, frisch gehackt
1 Stück Zimt
Saft von 1/2 Zitrone
Salz und Pfeffer

Mais auftauen. 250 g Mais mit 200 ml Milch pürieren, Maismehl darüberstäuben und verrühren. Mischung in einen großen Topf gießen, Schalotten, Koriandersamen, Zimt, die Hälfte der frischen Kräuter und den Rest der Milch hinzufügen, salzen, langsam zum Kochen bringen, dabei ständig rühren. Tomaten überbrühen, Haut abziehen, Tomatenfleisch grob hacken. Restlichen Mais, Zucchiniwürfel und die Hälfte der Tomaten in den Topf geben, 10 - 15 Min. sanft köcheln, bis Zucchini gar sind. Rest der Tomatenstücke in der Suppe erhitzen, mit Zitronensaft, Salz und Pfeffer abschmecken, Zimt entfernen. Mit dem Rest der frischen Kräuter bestreuen.

Zuckermais-Kartoffelgemüse

500 g Mais, tiefgefroren
400 g Kartoffeln, gewürfelt
150 g geräucherter Fisch,
z.B. Steinbutt oder Schillerlocken
150 ml Milch, 30 g Butter
125 g durchwachsener Speck, gewürfelt
5 Frühlingszwiebeln, gewürfelt
600 ml Hühnerbrühe, Rezept Seite 230
150 ml Sahne
1 Bund glatte Petersilie, fein gehackt
Salz und Pfeffer

Milch und Fisch aufkochen, dann sanft köcheln, bis der Fisch zerfällt. Fisch mit dem Schaumlöffel aus der Milch heben, Gräten und Haut entfernen, in kleine Stücke zerteilen, beiseite stellen, Milch aufheben. Butter in einem großen Topf erhitzen, Speck darin anbraten, bis er goldgelb ist, Kartoffelwürfel und Zwiebeln dazugeben, ein paar Min. rühren, bis die Zwiebeln glasig sind. Zuckermais, Fisch, Milch und Brühe hinzufügen, 10 - 15 Min. kochen, bis die Kartoffeln gar sind. Sahne einrühren, mit Salz und im Mörser zerstoßenem Pfeffer abschmecken. Mit Petersilie bestreut servieren.

Zuckermais mit getrockneten Aprikosen

Nachspeise

200 g Zuckermais, tiefgefroren
200 ml Milch
200 ml Sahne
100 g Honig
1 1/2 Vanillestangen
1 1/2 EL Stärkemehl
2 Eier
4 Eigelb
150 g Aprikosen, fein gewürfelt
1 Glas Weißwein
30 g Mandeln, gehackt
1/2 EL Puderzucker

Mais auftauen und abtropfen lassen. Aprikosen in Weißwein einweichen. Vanillestangen der Länge nach halbieren, Vanille auskratzen. Milch, Sahne, Honig, Vanille und Vanillestangen aufkochen, Mais ein paar Minuten mitkochen, dann durch ein Sieb geben, Mais beiseite stellen, Sahnemischung wieder erhitzen. Eier und Eigelb durchschlagen, Stärkemehl einrühren, nicht mehr kochende Sahnemischung nach und nach dazurühren und sanft kochen, bis die Masse dicklich wird. Aprikosen abtropfen lassen, mit Mais und Mandeln in die Creme rühren. Mit Puderzucker bestreut servieren.

Artischocke

Die Artischocke wächst an einer bis zu 2 Meter hohen distelartigen Staude, die wegen ihrer charakteristischen Blätter und blauen Blüten längst auch als Zierpflanze angebaut wird. Die Artischocken selbst, der als Gemüse genutzte Teil der Pflanze also, bilden die Blütenköpfe der Staude. Zum Verzehr geeignet sind die unteren, fleischigen Enden und - von Feinschmeckern besonders geschätzt - die fleischigen Böden der Artischocke. Kleine und ganz junge Artischocken können ganz zubereitet und gegessen werden.

Heute kommen die verschiedenen Artischockensorten vor allem aus dem Mittelmeerraum und aus der Bretagne. Wo die ursprüngliche Heimat dieses feinen Gemüses zu suchen ist, darüber kann man nur spekulieren. Vieles weist auf den östlichen Mittelmeerraum hin, auf Kleinasien und das alte Arabien. Fest steht hingegen, daß die Artischocke im vorchristlichen Rom als teures Gemüse bekannt war. Im Europa der Neuzeit dauerte es eine Weile, bis die Artischocke auf dem Speisezettel stand. Nach einigen Anlaufschwierigkeiten wurde das Gemüse im 18. Jahrhundert von den Adeligen entdeckt, die stets auf neue kulinarische Genüsse aus waren.

Ob Sie nach den großköpfigen grünen Artischocken aus der Bretagne suchen oder nach den grünen oder violetten kleineren Sorten etwa aus Italien oder Spanien: eine frische Artischocke hat keine ausgetrockneten Blattspitzen und ist nicht braun verfärbt. Frische Artischocken können, gut abgedeckt, im Kühlfach durchaus für einige Tage gelagert werden.

Bei der Zubereitung ganzer Artischocken entfernen Sie den Stiel und kappen mit einer Schere die rauhen Spitzen der Blätter. Um der Artischocke während des Kochens eine gewisse Standfestigkeit zu verleihen, können Sie ein Stück des Blütenbodens abschneiden. Reiben Sie die Fläche mit etwas Zitronensaft ein, damit sie nicht braun wird. Der Boden der Artischocke wird ausgelöst, indem Sie zunächst die oberen zwei Drittel der Blätter abschneiden. Dann entfernen Sie die rund um den Boden verbliebenen Blätter, bis das sogenannte Heu zum Vorschein kommt. Das Heu wird mit einem Löffel herausgehoben und weggeworfen. Schließlich schneiden Sie mit einem kleinen scharfen Messer die restlichen Blattansätze und harten Stellen am Boden weg. Generell gilt, daß Artischocken nicht in Aluminiumtöpfen zubereitet werden sollten, weil sie sonst ausbleichen und einen metallischen Beigeschmack annehmen.

Artischockenrisotto

Vorspeise

8 kleine Artischocken
2 Knoblauchzehen, fein gehackt
3 EL Olivenöl
1 Liter Hühnerbrühe, Rezept Seite 230
150 g Butter
4 Schalotten, fein gewürfelt
250 g Risottoreis
70 ml Wermut
150 g Parmesan, frisch gerieben
Salz und Pfeffer, frisch zerstoßen
Zitronensaft

Artischocken waschen. Stiele bis auf 5 cm abschneiden, schälen. Die harten, äußeren Blätter abbrechen, harte Spitzen der übrigen Blätter abschneiden. Schnittflächen rasch mit Zitronensaft einreiben. Artischocken halbieren, Heu eventuell entfernen, in kochendem Zitronen-Salzwasser 5 Min. blanchieren. Dann in feine Streifen schneiden und zusammen mit Knoblauch in 1 EL Olivenöl etwa 5 Min. sanft schmoren, dabei ständig rühren, 120 ml Wasser hinzufügen, Salz und Pfeffer dazugeben, köcheln, bis das Wasser fast verkocht ist. 75 g Butter und 2 EL Olivenöl in einem schweren Topf schmelzen, Schalotten darin 10 - 15 Min. weich dünsten. Reis dazugeben, Topf vom Herd nehmen und rühren, bis der Reis glasig wird. Topf wieder auf den Herd stellen, heiße Brühe zugießen und Reis eben damit bedecken. Kochen und rühren, bis der Reis fast die ganze Flüssigkeit absorbiert hat. Den Vorgang wiederholen, bis die Brühe aufgebraucht und der Reis gerade gar ist. Rest der Butter in kleinen Portionen zusammen mit Artischocken, Parmesan und Wermut in den Reis rühren, der noch eine cremige Konsistenz haben sollte.

Artischockenbarigoule - Provenzalische Artischocken

10 kleine Artischocken
200 g Pilze, vorzugsweise Steinpilze
2 Möhren, in feine Scheiben geschnitten
2 weiße Zwiebeln, in feine Scheiben geschnitten
6 Zehen Knoblauch
100 g durchwachsener Speck, in Streifen geschnitten
1 Zitrone
6 EL Olivenöl
1 Lorbeerblatt
Thymian
200 ml trockener Weißwein
Basilikum
Petersilie
Salz und Pfeffer

Artischockenstiele auf ca. 3 cm kürzen und schälen, harte Blattspitzen abschneiden, die äußere Reihe harter Blätter vom Boden wegbrechen, Blätter vorsichtig auseinanderbiegen und das Heu mit einem Löffel entfernen, dann Artischocken in Zitronenwasser legen. Olivenöl in einem schweren emaillierten Topf erhitzen. Zwiebeln, Speck, Möhren und 4 Knoblauchzehen hineingeben und goldbraun werden lassen. Pilze in Stücke schneiden und dazugeben, eine Weile mitschmoren. Artischocken abtropfen und auf dem Gemüse verteilen. Lorbeer und Thymian hinzufügen, mit Salz und Pfeffer abschmecken. Wein dazugießen und mit Wasser auffüllen, bis die Artischocken fast bedeckt sind. 15 Min. zugedeckt kochen, dann ohne Deckel weiterschmoren, bis die Soße etwas eingekocht ist. Währenddessen 2 Knoblauchzehen, Basilikum und Petersilie fein hacken. Das Gemüse vom Herd ziehen, abschmecken, mit der Kräutermischung bestreuen und sofort servieren.

Artischocken mit Kartoffeln und Sauerampfer

10 kleine Artischocken
6 mittelgroße neue Kartoffeln
4 Schalotten, klein gehackt
30 g durchwachsener Speck, gewürfelt
2 Handvoll Sauerampfer
4 EL Olivenöl
300 ml trockener Weißwein
100 ml Wasser
Salz, Pfeffer aus dem Mörser

Artischocken vorbereiten, harte Spitzen und den Stiel wegschneiden, die äußere Reihe harter Blätter vom Boden wegbrechen, Artischocken vierteln, Heu mit einem Löffel entfernen. Öl in einem großen, schweren Topf erhitzen, Schalotten und Speck goldgelb anbraten, Wasser zugießen, die Hälfte des Sauerampfers in den Topf geben, Artischocken drauflegen, mit restlichem Sauerampfer bedecken und Wein angießen. Mit Salz und Pfeffer würzen. Bei schwacher Hitze zugedeckt 30 Min. köcheln. Kartoffeln waschen, in Scheiben schneiden, dem Gemüse hinzufügen, vorsichtig umrühren, weitere 30 Min. köcheln. Vor dem Servieren nochmals mit Salz und Pfeffer abschmekken.

CHICORÉE

Zwar reklamieren die Belgier für sich, »Erfinder« des Chicorée zu sein, aber auch der Zufall hatte seine Hand mit im Spiel. Als belgische Bauern vor etwas mehr als hundert Jahren Zichorienwurzeln im Gewächshaus überwintern wollten, entdeckten sie nach einer Weile, daß aus den Wurzeln zarte, weisse Knospen trieben, die sich schnell zu einem kräftigen und wegen der Dunkelheit weiterhin bleichen Kolben entwickelten. Der erste Chicorée war geboren. Wirklich der erste? Sicherlich nicht, denn einiges weist darauf hin, daß man die weißen Blätter schon in den Gärten des 16. Jahrhunderts kultivierte. Schließlich wird die Zichorienwurzel, die Stammpflanze des Chicorée, schon seit langem als Nutzpflanze gezogen und etwa als Zusatz zum Bohnenkaffee verwendet. Die Methode, nach der Chicorée heute angebaut wird, nennt man Treiberei. Dabei werden die Zichorienwurzeln in feuchten Sand oder Torf, manchmal sogar nur in eine Nährlösung gesetzt und je nachdem mit leichter Erde oder mit einer lichtundurchlässigen Folie bedeckt. Wenn Goethes letzte Worte (angeblich) lauteten »mehr Licht!«, so sind des Chicorées erste Worte: »Kein Licht!« Tatsächlich ist es von zentraler Bedeutung, daß der Chicorée im Dunkeln heranwächst; anderenfalls werden die Kolben grün und sehr bitter. Aus diesem Grund ist der Chicorée auch ein Gemüse, das vor allem in der dunklen Jahreszeit, den Wintermonaten, gezogen und geerntet wird.
Heute kommen die meisten Importe für den deutschen Markt aus Belgien, zunehmend auch aus den Niederlanden.

Chicorée muß stets vor Licht geschützt werden. Dies gilt für den Anbau ebenso wie für den Transport bis zum Einzelhandel und die Lagerung dort. Schon nach wenigen Stunden beginnen die äußeren Blätter des Chicorée sogar bei Kunstlicht grün und bitter zu werden. Achten Sie also darauf, daß die Kolben fest geschlossen und gleichmäßig geformt sind, die Blätter müssen weiß, ihre Spitzen hellgelb sein.
Da die Sorten, die heute auf den Markt kommen, kaum noch bitter sind, kann man einen Chicoréekolben gut ganz verwenden, indem man ihn etwa für einen Salat in feine Ringe schneidet. Die unzerteilten Blätter, die nach und nach rundherum abgebrochen werden, eignen sich bestens zum Eintunken in einen Dip, und wer ein bißchen zusätzliche Optik schätzt, wird sicherlich einmal die roten Chicoréesorten ausprobieren wollen. Um die einzelnen Blätter besser entfernen zu können, empfiehlt es sich, zunächst kegelförmig in den Strunk einzuschneiden. Auch für warme Gerichte können Sie Chicorée verwenden, wobei sich seine bittere Note dabei etwas verstärkt. Aber benutzen Sie keine eisernen Kochtöpfe, denn dann verfärbt sich das weiße Gemüse - man glaubt es kaum - schnell schwarz!

Chicoréesalat mit Birne

VORSPEISE

4 Chicorée
1 Birne
Butter
100 ml Weißwein
40 g Roquefort
2 EL Olivenöl
Zitronensaft
Salz und Pfeffer

Chicorée waschen, trockenschleudern, mit dem Strunk in breite Ringe schneiden. Birne schälen, würfeln, in etwas Butter andünsten, mit Weißwein ablöschen. Birnenstücke und Sud über den Chicorée geben. Mit Salz, Pfeffer und Zitronensaft abschmecken. Roquefort darüber krümeln und mit Olivenöl beträufeln.

Chicorée-Orangensalat

VORSPEISE

4 Chicorée
100 g Feldsalat
2 Apfelsinen
40 g Walnußkerne
1 EL Sherryessig
3 EL Walnußöl
2 EL Distelöl
etwas Honig
Salz und Pfeffer

Chicorée waschen, putzen und in Ringe schneiden. Feldsalat waschen, gelbe Blätter aussortieren. Beides trockenschleudern. Apfelsinen schälen und die weiße Haut entfernen, Apfelsinenschnitze halbieren und unter den Chicorée geben. Vinaigrette aus Essig, Öl, Honig, Salz und frisch im Mörser zerstoßenem Pfeffer herstellen. Salat, Vinaigrette und Walnußhälften erst kurz vor dem Servieren mischen.

Chicoréesuppe mit Ingwer

VORSPEISE

5 Chicorée
3 große Kartoffeln
1 l Hühnerbrühe, Rezept Seite 230
2 EL frischer Ingwer, fein gehackt
1/2 TL Curry
1/2 TL Kümmelpulver
1 EL Zitronenmelisse, gehackt
150 ml Crème fraîche
Zitronensaft
Orangensaft
Salz

Chicorée und Kartoffeln waschen, schälen und fein würfeln. Mit Hühnerbrühe bedecken, Ingwer und Salz dazugeben, sanft köcheln lassen, bis das Gemüse nach 20-30 Min. gar ist. 1/3 des Gemüses mit dem Schaumlöffel rausfischen und aufheben, den Rest pürieren. Gemüsewürfel wieder in den Topf zurückgeben, mit Curry, Kümmel, Zitronen- und Orangensaft abschmecken. Kurz vor dem Servieren Crème fraîche unterrühren und alles mit gehackter Zitronenmelisse bestreuen.

Chicorée mit Ingwer

6 mittelgroße Chicorée
30 g eingelegter Ingwer
200 ml Hühnerbrühe, Rezept Seite 230
1 EL Sojasauce
etwas Ingwersirup
30 g Butter

Chicorée in Streifen schneiden und in Butter andünsten. Den fein gehackten Ingwer und etwas Ingwersirup dazugeben, Sojasauce und Hühnerbrühe angießen. Etwa 5 Min. sanft köcheln. Paßt gut zu Fisch und Hühnerfleisch.

4 Chicorée
2 EL Honig
1 Zitrone
30 g Butter
Salz und Pfeffer

Chicorée mit Honig glasiert

Chicorée putzen und halbieren. Butter in einer Pfanne zerlassen und Honig dazugeben, Chicorée darin wälzen, bis er rundum glasiert ist. Zitronensaft angießen, salzen, pfeffern. Köcheln, bis der Chicorée gar und nur noch dicklicher Sirup in der Pfanne ist. Eine Beilage, die gut zu Leber oder kurzgebratenem Fleisch paßt.

600 g Chicorée
300 g Radicchio
150 g geräucherter Schinkenspeck
2 EL Olivenöl
50 g Butter
4 Schalotten
2 EL frischer Thymian
2 Knoblauchzehen, fein gewürfelt
2 rote Chilischoten
100 ml Weißwein
150 ml Hühnerbrühe, Rezept Seite 230
120 g frisch geriebener Parmesan
250 g Bandnudeln
Salz und Pfeffer

Chicorée und Radicchio mit Bandnudeln

1 EL Olivenöl und Butter in einem großen Topf erhitzen, Schinkenspeck in feine Streifen schneiden und goldbraun werden lassen. Fein gewürfelte Schalotten zusammen mit Thymian in den Topf geben, in ca. 5 Min. goldbraun werden lassen. Chilis halbieren, Kerne entfernen. Chilis, Knoblauch und 1 EL Olivenöl in den Topf geben. Etwa 1-2 Min. rühren und dabei schmoren. Chicorée und Radicchio in feine Streifen schneiden und dazugeben. Ein paar Minuten rühren, bis der Radicchio welk wird. Wein und Hühnerbrühe zugießen und zum Kochen bringen. 20 Minuten ohne Deckel sanft köcheln, bis der Sud reduziert ist. Die Hälfte des Parmesankäses unterrühren. Inzwischen Nudeln kochen, gut abtropfen lassen und vorsichtig in die Chicoréesauce einrühren. Kräftig mit Salz und Pfeffer aus dem Mörser abschmecken. Zusammen mit dem Rest des Parmakäses servieren.

Chicoréegratin mit Schinken

8 mittelgroße Chicorée
1 1/2 Zitronen
8 dünne Scheiben gekochter Schinken
100 g Gruyère
3 Eigelb
250 ml Sahne
30 g Butter
Salz und Pfeffer

Chicorée putzen und längs halbieren. Saft einer halben Zitrone in Salzwasser geben, darin Chicorée 15 Min. kochen, bis sie fast gar sind. Chicorée aus dem Wasser nehmen, gut abtropfen lassen und mit Zitronensaft beträufeln. Die Hälften wieder aufeinanderlegen, mit je einer Scheibe gekochtem Schinken umwickeln und dicht nebeneinander in eine Auflaufform legen. Eigelb und Sahne verquirlen, Käse reiben und in die Sahnemischung rühren. Mit Salz und Pfeffer abschmecken. Sauce über den Chicorée gießen, Butterflöckchen darauf verteilen. Im Backofen bei 200 Grad goldbraun backen.

Chicorée und Knurrhahn mit Orangensauce

4 mittelgroße Chicorée
600 g Knurrhahnfilets (oder andere Fischfilets mit festem Fleisch)
30 g Butter
150 ml trockener Weißwein
300 ml frisch gepreßter Orangensaft
200 ml Fischbrühe, Rezept Seite 230
250 ml Sahne
1 ungespritzte Orange
1/2 Bund glatte Petersilie
Salz und Pfeffer

Wein, Orangensaft und Fischbrühe um die Hälfte einkochen. Sahne zugießen und weiter kochen, bis eine cremige Sauce entstanden ist. Butter in einem Topf schmelzen, Chicorée in feine Streifen schneiden und ein paar Minuten ohne Deckel darin dünsten, salzen. Sauce zugießen, vorsichtig erhitzen, nochmals abschmecken. Fisch würfeln, salzen und pfeffern, in den Topf zu Gemüse und Sauce geben und bei schwacher Hitze ca. 10 Min. gar ziehen lassen. Zum Servieren mit gehackter Petersilie und abgeriebener Orangenschale bestreuen.

Chicorée mit Jacobsmuscheln

8 lebende Jacobsmuscheln
600 g Chicorée
100 g Butter
Saft einer Apfelsine
1/2 EL Honig
4 EL Crème fraîche
Kerbel
Salz und Pfeffer

Muscheln aufschneiden, dabei den Muskel an der oberen Schale durchtrennen, sehnige Teile und den schwarzen Magen entfernen. Muschelfleisch abspülen und auf einem Tuch ausbreiten. Orangefarbene Teile der Jacobsmuscheln abtrennen. Chicorée in Ringe schneiden. Butter im Topf schmelzen, Honig einrühren. Chicorée dazugeben und rührend anschwitzen. Salzen, pfeffern, Apfelsinensaft angießen. 15 Min. köcheln lassen, ab und zu umrühren. Dann Crème fraîche einrühren und weiter kochen, bis eine dickliche Sauce entstanden ist. Muscheln salzen und pfeffern, die größeren Teile auf das Gemüse legen und bei kleiner Hitze zugedeckt 2 Min. ziehen lassen. Danach die orangefarbenen Teile ebenfalls auf das Gemüse betten, alles zusammen nur wenige Minuten ziehen lassen. Zum Servieren mit Kerbelblättchen bestreuen und mit Weißbrot auf den Tisch bringen.

FENCHEL

Husten, Schnupfen, Heiserkeit, aber auch Blähungen und Bauchkrämpfe - wer da nicht gleich zu starken Medikamenten greifen will, der wird die Auszüge des Süßen oder Gewürzfenchels als Alternative schätzen. Fencheltees und Fenchelöle sind Naturheilmittel, die sich seit vielen Jahrhunderten bewähren. Doch dies nur als Exkurs, und bei den nachfolgenden Rezepten geht es natürlich um den Gemüse- oder Knollenfenchel. Der Fenchel könnte ein Sommergemüse sein, das nur im Winter auf den Tisch kommt. Das hört sich merkwürdig an, hat aber seine Berechtigung. Der Fenchel ist nämlich eine sogenannte Langtagspflanze, die die langen Sommertage dazu nutzt, ins Kraut zu schießen. Was dabei herauskommt, kann man sich vorstellen: wenig Knolle und viel Kraut. In den südlichen Anbaugebieten Italiens, Spaniens und Griechenlands ist man aus diesem Grunde längst dazu übergegangen, Fenchel von Oktober bis Mai zu kultivieren, um den Hitzkopf vor übermäßigem Ausschlagen zu bewahren.

Mittlerweile wird der Fenchel, ursprünglich in Vorderasien und im Mittelmeer beheimatet, aber auch in unseren Breiten angebaut, so daß die Niederlande in den Sommermonaten als Hauptlieferanten auf den Plan treten; von Anfang September bis in den November hinein kommt auch die recht geringe deutsche Ernte auf den Markt.

Ein bißchen Spielraum hat Ihr Gemüsehändler schon, wenn er seinen Fenchel einkauft, denn in einem guten Kühlhaus läßt er sich durchaus zwei Wochen lagern. Dabei wird er hoffentlich nach wie vor darauf achten, Ihnen nur unversehrte und weiße Knollen anzubieten, von denen auch die Stielansätze, vor allem aber das grüne Fenchelkraut nicht entfernt worden sind. Weisen die äußeren Blätter braun verfärbte Stellen auf, so werden Sie beim Putzen wahrscheinlich das ganze Blatt opfern müssen, und das wäre schade.

Die Fenchelknollen werden gewaschen, die grünen Stielansätze je nach Zustand gekürzt oder ganz entfernt. Heben Sie das Fenchelkraut auf. Sie können es mitkochen oder klein geschnitten als würzige Beigabe unter einen Salat mischen. Mit einem großen scharfen Messer wird der Wurzelansatz am Boden der Knolle abgeschnitten. Bei einer frischen Knolle genügt es, die Fäden von den äußeren, harten Blättern abzuziehen; holzige oder braun verfärbte Außenblätter entfernt man besser ganz. Je nach Rezept wird der Fenchel nun zum Dünsten geviertelt oder etwa für einen Salat in dünne Streifen geschnitten.

Gebackener Fenchel mit Parmesan

4 Fenchelknollen
40 g Butter
3 EL frisch geriebener Parmesankäse
Pfeffer aus dem Mörser
Salz

Fenchel putzen, die äußeren, harten Schichten entfernen, Stengel kürzen und Knollen vierteln. In gesalzenem Wasser ca. 15 - 20 Min. fast gar kochen. Gut abtropfen. Backofen auf 200 Grad vorheizen. Eine flache Auflaufform buttern, Fenchel nebeneinander hineinlegen, mit Parmesan bestreuen, pfeffern, mit Butterflöckchen belegen und ohne Deckel bei 200 Grad 20 Min. backen, bis der Käse goldbraun ist. Mit etwas Brot als Vorspeise oder als Beilage zu kurzgebratenem Fleisch oder Huhn servieren.

Fenchel mit Feigen

8 junge Fenchelknollen
6 frische Feigen
Saft einer halben Zitrone
4 EL Butter
1 EL Mehl
2 Lorbeerblätter
1 Zimtstengel
Pfeffer, im Mörser zerstoßen
Salz

Fenchel putzen. Die ganzen Knollen in gesalzenem Wasser mit dem Saft einer halben Zitrone 30 Min. kochen. Fenchel im Kochwasser etwas abkühlen lassen, abgießen, trockentupfen und in Mehl wenden. 2 EL Butter erhitzen, Fenchel darin ca. 15 Min. goldbraun werden lassen. Fenchel nebeneinander in eine Auflaufform mit Deckel legen. Feigen halbieren. Feigen, Lorbeerblätter und Zimt zwischen den Fenchel legen. Salzen, pfeffern und den Rest der Butter als Flöckchen über dem Gemüse verteilen. Mit Pergamentpapier abdecken. Auflaufform mit dem Deckel verschließen und im vorgeheizten Backofen bei 200 Grad 30 Min. backen.

Fenchel mit Goldbrasse

4 kl. Goldbrassen, geschuppt und ausgenommen
4 Fenchelknollen, geviertelt
4 große Tomaten, in Scheiben geschnitten
2 rote Zwiebeln, in Scheiben geschnitten
1/2 EL Fenchelkraut
100 g Schinkenspeck, in Würfel geschnitten
2 Knoblauchzehen, durchgepreßt
1 Glas Weißwein, Olivenöl
Salz und Pfeffer

Olivenöl in einem großen Topf erhitzen. Zwiebeln und Schinkenspeck anschmoren. Fenchel, Knoblauch, Weißwein, Salz und Pfeffer hinzufügen, etwa 10 Min. schmoren. Dann Tomaten dazugeben und bei geschlossenem Deckel 20 Min. sanft kochen. Backofen auf 220 Grad vorheizen. Gemüse in einer geölten Auflaufform verteilen. Goldbrassen salzen, Fenchelkraut in den Bauch stecken, nebeneinander auf das Gemüse legen, mit Olivenöl einpinseln. 20 - 30 Min. im Backofen garen.

Fenchelcremesuppe mit Muscheln

3 kg Miesmuscheln
4 Fenchelknollen
2 kl. Lauchstangen
4 Schalotten, fein geschnitten
2 Knoblauchzehen
1 Bund glatte Petersilie
200 ml trockener Weißwein
800 ml Fischbrühe, Rezept Seite 230
3 EL Olivenöl
40 g Butter
30 g Mehl
1/2 Glas Pernod
2 Eigelb
200 ml Sahne
2 Zweige Fenchelkraut
Safran, Salz und Pfeffer

Miesmuscheln gründlich abbürsten, Bart entfernen und offene Miesmuscheln aussortieren. Schalotten, durchgepreßten Knoblauch, Petersilie und Weißwein zum Kochen bringen, Muscheln dazugeben und im geschlossenen Topf bei starker Hitze 10 Min. dämpfen. Muschelfleisch auslösen und warm stellen. Den Sud durch ein Tuch gießen und ebenfalls warm stellen. In einem zweiten Topf Butter zerlassen, Mehl einrühren, die heiße Fischbrühe nach und nach zugießen und etwa 30 Min. leicht köcheln. Fenchel und Lauch putzen, in feine Streifen schneiden und in einem großen Topf ca. 10 Min. in Olivenöl dünsten. Safran in heißem Wasser auflösen. Fischbrühe und Muschelsud zum Gemüse geben, mit Salz, Pfeffer, Safran und Pernod abschmecken und aufkochen. Sahne und Eigelb verquirlen und in die nicht mehr kochende Suppe rühren. Vorsichtig erhitzen, nicht mehr kochen, Eigelb wird sonst flockig. Muschelfleisch in die Suppe geben. Mit gehacktem Fenchelkraut bestreut servieren.

Kalte Ratatouille mit Fenchel

VORSPEISE

2 Fenchelknollen
1 Bund Frühlingszwiebeln
2 Zucchini, 1 Stange Lauch
4 Knoblauchzehen
1 1/2 ungespritzte Zitronen
1 Zweig Thymian, 1 Lorbeerblatt
250 ml Weißwein
150 - 200 ml Olivenöl
1 EL Zitronenmelisse, gehackt
Salz und Pfeffer

Gemüse putzen und in Streifen, Würfel oder Ringe schneiden. Knoblauch, Zwiebeln und Fenchel in 3 EL Olivenöl 5 Min. andünsten. Zucchini, Lauch, Lorbeer, Thymian, Salz, Pfeffer und 1 in Scheiben geschnittene Zitrone dazugeben, Weißwein angießen und fast gar schmoren. Mit Zitronensaft, Salz und Pfeffer abschmecken, restliches Olivenöl darübergießen und kalt stellen. Vor dem Servieren mit frischer Melisse bestreuen.

Fenchel auf griechische Art

VORSPEISE

4 Fenchelknollen
500 g Tomaten
100 ml trockener Weißwein
Saft von 2 Zitronen
150 ml Olivenöl
6 Schalotten
1 Knoblauchzehe, durchgepreßt
1 TL Koriandersamen, zerstoßen
1 Kräuterbündel aus Thymian, Lorbeer und Petersilie
Fenchelkraut
Zucker
Salz und Pfeffer

Fenchel putzen, in Streifen schneiden und in kochendem Wasser 5 Min. blanchieren. Tomaten überbrühen, Haut abziehen, Kerne ausdrücken, Tomatenfleisch grob hacken. Schalotten fein hacken und mit dem Knoblauch in 100 ml Olivenöl weich dünsten. Tomaten, Kräuter und Koriander hinzufügen und kurz schmoren, dann Weißwein und Zitronensaft angießen. Mit Salz, Pfeffer und Zucker abschmecken. 15 Min. sanft kochen. Fenchel dazugeben, eventuell etwas Wasser. Zugedeckt etwa 30 Min. kochen. Fenchel herausnehmen und in eine Schüssel legen, Kochsud abschmecken und bei hoher Hitze einkochen. Die heiße Sauce und den Rest des Olivenöls über den warmen Fenchel gießen. Abkühlen lassen und vor dem Servieren mit Fenchelkraut bestreuen.

Warmer Fenchel mit Vinaigrette

VORSPEISE

4 mittelgroße Fenchelknollen
4 Schalotten, fein gehackt
frisch geriebener Parmesankäse
150 ml Olivenöl
1 Zitrone
etwas Honig
Salz und Pfeffer

Fenchel putzen, die harten Teile entfernen, in Streifen schneiden. In gesalzenem Wasser mit dem Saft einer halben Zitrone etwa 10 - 15 Min. kochen. Vinaigrette aus Olivenöl, Zitronensaft, Honig, Salz, Pfeffer und Schalotten bereiten. Dann über den warmen, abgetropften Fenchel gießen. Vorsichtig durchschütteln, damit alles gut bedeckt ist. Zugedeckt 15 - 30 Min. ziehen lassen. Vor dem Servieren mit Parmesankäse und Fenchelkraut bestreuen.

Fenchel mit Zwiebeln

2 Fenchelknollen
2 rote Zwiebeln
30 g durchwachsener Speck
40 g Butter
3 EL Himbeeressig
1 EL frischer Thymian
Salz und Pfeffer

Fenchelknollen vierteln und putzen, harte Teile entfernen. Fenchelviertel in Streifen schneiden. Zwiebeln häuten und in Ringe schneiden. Butter in einem großen, schweren Topf schmelzen, in schmale Streifen geschnittenen Speck darin glasig werden lassen. Fenchel hinzufügen und 5 Min. sanft köcheln, ab und zu umrühren. Hitze erhöhen. Zwiebeln in den Topf geben und unter ständigem Rühren alles goldbraun werden lassen. Essig einrühren, schmoren lassen, bis der Essig fast eingekocht ist. Mit Salz und Pfeffer abschmecken. Mit frischem Thymian bestreut servieren - zum Beispiel zu gebratenem Fleisch oder zu Fisch.

Fenchel mit Tomaten

2 Fenchelknollen
6 Tomaten
80 g Butterfett
1 Zwiebel
1 Knoblauchzehe
1 TL Koriandersamen
1 Prise Zimt
2 EL Sesam
40 g Butter
1/2 TL Honig
100 ml saure Sahne
Salz und Pfeffer

Fenchel vierteln und putzen, harte Teile wegschneiden. Fenchelviertel in Streifen schneiden und 10 Min. blanchieren. Tomaten überbrühen, Haut abziehen, Kerne und Saft ausdrücken, beides aufheben. Zwiebel und Knoblauch fein würfeln, in Butterfett goldgelb braten. Koriander im Mörser zerstoßen. Koriander, Zimt, Honig, Salz und Pfeffer zu den Zwiebeln geben. Mit Tomatensaft ablöschen und etwas einkochen. Saure Sahne unterrühren, nochmals abschmecken. Flache Auflaufform buttern und mit den Fenchelstreifen auslegen. Tomatenstücke hacken und darauf verteilen. Sahnemischung darübergießen. Mit Sesam und frisch im Mörser zerstoßenem Pfeffer bestreuen, Butterflöckchen drauf verteilen. Bei 180 Grad etwa 30 Min. im Ofen backen. Ein bißchen Brot genügt, und der Fenchel kommt als eigenständiges Gericht voll zur Geltung. Als Beilage eignet er sich zu Geflügel und Fisch.

Fenchelkompott

NACHSPEISE

2 Fenchelknollen, zusammen ca. 450 g
300 ml frisch ausgepreßter Orangensaft
Saft von 1 Zitrone
2 EL Honig
2 EL Cognac
1 1/2 EL Speisestärke
Orangenschale von 1 unbehandelten Orange, fein abgerieben
1 Zweig Fenchelkraut

Fenchel putzen und in Streifen schneiden. Im Orangen-Zitronensaft 20 - 30 Min. weich kochen. Honig unterrühren. Cognac mit der Speisestärke verrühren und zusammen mit der Orangenschale dazugeben. Alles zusammen aufkochen und leicht andicken lassen. Abkühlen. Vor dem Servieren mit kleingezupftem Fenchelkraut garnieren. Schmeckt gut zu Vanilleeis.

KARDY

Wenn Sie im Spätherbst auf den Markt gehen, halten Sie doch einmal Ausschau nach einem Gemüse, das zwar einen recht unbekannten Namen trägt, so fremdartig aber gar nicht ist: dem Kardy. Tatsächlich war der Kardy im 19. Jahrhundert in Deutschland ein sehr geschätztes Gemüse, und in Kochbüchern aus dieser Zeit lassen sich eine ganze Reihe von Beispielen finden, wie man diesen nahen Verwandten der Artischocke früher zubereitet hat. Heute ist der Kardy eher ein Liebhabergemüse und wird zumeist im eigenen Garten angebaut, nicht zuletzt auch deshalb, weil die graugrünen bis silberweißen Blätter und blauen oder violetten Blüten sehr dekorativ sein können. Gerade im Spätherbst und im Winter, wenn die Auswahl an frischen Gemüsen nicht so groß ist, kann man von den Inhaltsstoffen des Kardy profitieren. Sein Gehalt an Vitamin C ist zwar nicht übermäßig hoch, aber das Cynarin, ein Bitterstoff, den auch die Artischocke vorweisen kann, wirkt sich sehr gut auf die Verdauung aus. Kardy ist insofern geeignet für den, der Diät halten muß - aber mit seinem leicht bitteren und nussigen Aroma keineswegs ein langweiliges Gemüse!

Der Kardy scheint, über viele Jahrhunderte hinweg, von Nordafrika aus bis in die Mittelmeerländer Spanien, Frankreich und Italien gewandert zu sein. In der regionalen Küche dieser Länder spielt er auch heute noch eine recht appetitanregende Rolle: Das Rezept Kardy mit Sardellensauce sollte dafür Beweis genug sein. Die wenigen Importe, die neben der geringen deutschen Ernte in unsere Läden kommen, stammen also aus dem Süden. Der Anbau der Stauden ist nicht einmal ganz unkompliziert: Anfang September muß man damit beginnen, die über einen Meter hohe Pflanze zu bleichen, indem man den unteren Teil in lichtundurchlässige Folie einwickelt oder mit Stroh umbindet.

Die Blätter des Kardy werden zwar nicht gegessen, aber ihr Aussehen gibt Auskunft darüber, wie frisch und knackig die inneren Stengel der Staude sein werden. Die Blätter sollten also nicht welk herunterhängen. Der Kardy ist zwar ein Wintergemüse, aber zum langen Lagern eignet er sich gleichwohl nicht. Schon nach wenigen Tagen werden die Stengel trocken und zäh.

Die äußeren, zumeist harten Stiele sollten schon bei der Ernte entfernt worden sein. Schneiden Sie also nur noch die Blätter und den Wurzelstock weg, um die gebleichten Stiele dann gut zu waschen und gegebenenfalls von Fäden zu befreien. Ganz frische und junge Stengel kann man auch roh zubereiten; ansonsten muß Kardy recht lange köcheln, um gar zu werden.

Kardy-Kartoffelsalat mit Muscheln

500 g Kardy, geputzt und 20 - 30 Min. blanchiert
500 g festkochende Kartoffeln
2 kg Muscheln
6 Schalotten
100 ml trockener Weißwein
200 ml Mayonnaise
100 ml saure Sahne
1 TL Senf
2 hartgekochte Eier, geviertelt
1 EL Dill, gehackt
Zitronensaft
Salz und Pfeffer

Kartoffeln in der Schale kochen, pellen, in Scheiben schneiden, warm halten. Muscheln bürsten, offene Muscheln aussortieren. Weißwein mit 2 gehackten Schalotten in einem Topf aufkochen. Muscheln dazugeben und bei hoher Hitze zugedeckt kochen, bis sich die Muscheln geöffnet haben. Muscheln aus den Schalen lösen. Sud durch ein Tuch geben und über Muscheln und Kartoffeln gießen. Abkühlen lassen. Salatsauce aus Mayonnaise, saurer Sahne, Senf, Zitronensaft, Salz und Pfeffer anrühren. 4 Schalotten fein hacken und mit Salatsauce, Kardy, Kartoffeln und den abgetropften Muscheln mischen. Mit Dill bestreuen, Eierviertel darauf verteilen.

Kardy mit Tomatensauce

1 kg Kardy
1 Zitrone
4 Fleischtomaten, gehäutet und grob gehackt
200 ml Fleisch oder Gemüsebrühe, Rezept Seite 230
100 ml trockener Weißwein
1 Zwiebel, fein gewürfelt
10 schwarze Oliven, entkernt und gehackt
2 EL Olivenöl
1 EL glatte Petersilie, gehackt
Zucker
Salz und Pfeffer

Blätter der Kardystiele entfernen, Stiele in 4 cm lange Stücke schneiden, dabei die harten Fäden entfernen, sofort 20 - 30 Min. in Zitronen-Salzwasser blanchieren. Gut abtropfen lassen. Zwiebel in Olivenöl goldgelb braten, gehackte Tomaten dazugeben, ständig rühren, einige Min. schmoren. Oliven dazugeben und kurz mitschmoren. Brühe und Weißwein angießen. Salzen, Pfeffern. Bei milder Hitze 20 Min. köcheln und eindicken lassen. Nochmals mit Zucker, Salz und Pfeffer abschmecken. Auflaufform einölen. Etwas Sauce auf dem Boden verteilen, Kardy in die Form geben und mit Sauce bedecken. Butterflöckchen darauf verteilen. Im Backofen bei 200 Grad 15 - 20 Min. backen. Mit Petersilie bestreuen und als Beilage zu gebratenem Fleisch oder mit etwas Brot als Zwischengericht servieren.

Kardygratin

800 g Kardy
1 Zitrone
1 Zwiebel, fein gewürfelt
2 Knoblauchzehen, fein gewürfelt
4 Anchovisfilets, fein gehackt
3 EL Olivenöl
40 g Mehl
500 ml Milch
4 EL geriebener Emmentaler
Salz und Pfeffer

Blätter der Kardystiele entfernen, in etwa 4 cm lange Stücke schneiden, sofort in Zitronen-Salzwasser 20 - 30 Min. blanchieren, gut abtropfen lassen. Zwiebeln, Knoblauch und Anchovis in Olivenöl andünsten, mit Mehl bestäuben, nach und nach Milch angießen, ständig rühren und eine Art Bechamelsauce bereiten. 20 - 30 Min. köcheln. Kardy dazugeben, mit wenig Salz (wegen der Anchovis) und Pfeffer würzen. Alles in eine Gratinform füllen, mit Käse bestreuen und bei 200 Grad 15 - 20 Min. überbacken.

Kardy mit Bagna Cauda (Sardellensauce)

Vorspeise für 6 - 10 Personen

1 kg Kardy
1 Zitrone
12 in Salz eingelegte Sardellen (Anchovis)
200 ml Olivenöl
5 EL Butter
6 Knoblauchzehen, fein gewürfelt

Kardyblätter entfernen, Stiel in etwa 4 cm lange Stücke schneiden und dabei die harten Fäden abziehen. Sofort in Zitronenwasser legen, dann in Zitronenwasser 20 - 30 Min. blanchieren. Sardellenfilets waschen, grob hacken. Olivenöl und Butter in einem emaillierten Topf erhitzen, Knoblauch unter ständigem Rühren weich garen, aber nicht bräunen. Sardellen hinzufügen und etwa 10 Min. garen, bis sie sich aufgelöst haben. Kardystücke bei Tisch in die warme Sauce tunken. Dazu schmeckt Weißbrot gut.

Mangold

Spinat oder Mangold? Für beide Gemüse gibt es so viele gute Gründe, daß man eigentlich heute das eine und morgen das andere zubereiten müßte. An dieser Stelle aber soll einmal dem Mangold das Wort geredet werden. Es ist nämlich gerade die Kombination aus den feinen grünen Blättern und knackig-weißen Stielen, die den Mangold zu einem Gesamtkunstwerk werden läßt: Während die Blätter ein nussiges Aroma beisteuern, sorgen die Stiele für eine kräftige und frische Note. Vom ganz jungen Mangold lassen sich die rohen Blätter auch alleine für einen Salat verwenden; ebensogut kann man nur aus den Stielen ein schmackhaftes Gemüsegericht zubereiten. Wie gesagt, der Mangold hat einiges zu bieten - nicht zuletzt einen hohen Eiweißgehalt und eine ganze Reihe von wichtigen Mineralstoffen wie Kalium, Kalzium und Eisen.

Die ursprüngliche Heimat des Mangold ist wohl in der Mittelmeerregion zu suchen. Die alten Römer und Griechen schätzten dieses Gemüse nicht nur als Bereicherung der täglichen Küche, sondern auch als Heilpflanze, die gegen Nervosität und Erregbarkeit wirken sollte. Auch heute wird Mangold schwerpunktmäßig in den Mittelmeerländern angebaut, und so kommen die relativ geringen Mengen, die der deutsche Markt verkraftet, überwiegend aus Italien.

Mangold ist ein Saisongemüse, das von Mai bis in den September hinein geerntet wird. Am Aussehen der Blätter werden Sie insofern schnell merken, wenn seine Qualität nachläßt. In unsere Geschäfte kommt vor allem der Stiel- oder Rippenmangold, also die dicken Bündel mit ihren charakteristischen weißen Stielen und kräftig-grünen Blättern. Weitaus seltener erhältlich ist der Blattmangold, der im Aussehen einige Ähnlichkeit mit dem Spinat aufweist. Seine Blätter sind allerdings recht empfindlich, so daß die Händler den Import etwa aus Italien scheuen. Für beide Sorten gilt, daß sie schnell auf den Ladentisch kommen und dort alsbald sehr frisch verkauft werden müssen - zum langen Lagern eignet sich der Mangold nicht, denn seine Blätter werden schnell welk und unansehnlich. Zur Not wickeln Sie das Bündel gut in Zeitungspapier ein und legen es ins Gemüsefach des Kühlschranks. Ein oder zwei Tage lassen sich auf diese Art und Weise schon einmal überbrücken.

Mangold muß gut gewaschen werden, weil sich zwischen den Blättern meist noch einige Erde verbirgt. Braune Stellen an den Stielansätzen werden weggeschnitten, und es lohnt sich auch, etwas ältere oder sehr feste Stiele von Fäden zu befreien, bevor die Blätter je nach Rezept kleingeschnitten werden. Und wer über die nachfolgenden Vorschläge hinaus ein wenig experimentieren möchte, könnte sich einige schöne, große Blätter nehmen und diese, kurz blanchiert, ähnlich wie Weinblätter um Fleisch- oder Gemüsefüllungen wickeln.

Mangoldsuppe mit Joghurt

500 g Mangoldblätter ohne Stiele
1 weiße Zwiebel
4 Frühlingszwiebeln
8 Champignons
120 g Vollkornreis
2 EL Butter
500 ml Joghurt
3 Knoblauchzehen
Zitronensaft
Salz und Pfeffer

Mangold sorgfältig waschen, in Streifen schneiden. Pilze waschen, fein hacken. Zwiebel und Frühlingszwiebeln fein hacken und in Butter glasig werden lassen. Pilze hinzufügen, kurz andünsten und mit Reis in einen Topf geben. 1 l Wasser auffüllen, 30 Min. kochen. Mangold dazugeben, mit Salz und Pfeffer würzen, weitere 15 Min. kochen. Durchgepreßten Knoblauch in den Joghurt schlagen. Suppe vom Herd ziehen, Joghurt mit dem Schneebesen in die Suppe schlagen, nicht mehr aufkochen, weil Joghurt sonst gerinnt. Mit Salz, Pfeffer und Zitronensaft abschmecken.

Mangold-Omelett

200 g Mangoldblätter
8 Eier
1/2 TL Thymian, frisch gehackt
2 rote Zwiebeln
4 EL Parmesan, frisch gerieben
5 EL Olivenöl
Salz und Pfeffer

Mangold in 2 EL Olivenöl dünsten, bis das Wasser verdunstet ist. Grob hacken, restliches Wasser eventuell noch ausdrücken. Zwiebeln fein würfeln, dann dünsten, aber nicht bräunen. Eier mit Salz, Thymian und Pfeffer verschlagen, Zwiebeln, Mangold und Parmesan dazugeben, alles verrühren. 2 EL Olivenöl in einer beschichteten Pfanne erhitzen, Eiermischung hineingießen, bei mittlerer Temperatur stocken lassen. Sobald der Boden goldbraun ist, etwas Olivenöl auf die Oberseite tröpfeln, Omelett mit einem großen Deckel wenden und fertigbraten. Schmeckt heiß, lauwarm und kalt - zum Beispiel als kleines Zwischengericht.

Mangold-Linsensuppe

400 g Mangold, gewaschen
300 g geschälte getrocknete Linsen
1 Stange Lauch
6 Frühlingszwiebeln, fein gehackt
80 g Butter
2 EL Olivenöl
1 Fleischtomate
1/2 TL Safranfäden
Salz und Pfeffer

Linsen waschen, in 1 1/2 l leicht gesalzenem Wasser etwa 40 Min. kochen. Mangoldblätter in feine Streifen schneiden, Stiele entfernen. Lauch gründlich waschen, in feine Streifen schneiden. Tomate überbrühen, Haut abziehen, entkernen, Tomatenfleisch fein hacken. In einem großen Topf Butter und Olivenöl erhitzen, Zwiebeln darin bei schwacher Hitze garen, aber nicht bräunen. Mangoldstreifen und Lauch dazugeben, etwa 10 Min. dünsten, Tomatenwürfel unterrühren. Mit Salz und Pfeffer abschmekken. Die Hälfte der gekochten Linsen mit etwas Kochwasser pürieren und in den Topf zurückschütten. Übriges Gemüse und Safran dazugeben, alles nochmals kurz aufkochen und abschmecken.

Mangoldstiele in Blättersauce

1 kg Mangold
1/2 Zitrone
100 g Austernpilze, fein gewürfelt
2 Schalotten, fein gewürfelt
2 Knoblauchzehen, fein gehackt
60 g Butter
125 ml Sahne
150 ml Crème fraîche
2 EL geriebener Schweizer Käse
Salz und Pfeffer

Mangold waschen. Stiele rausschneiden und in 5 cm lange schmale Stücke teilen. Stiele 10 Min., Blätter 1/2 Min. in Salzwasser blanchieren. 30 g Butter erhitzen, Zwiebeln und Knoblauch glasig dünsten, Pilze dazugeben und bei mittlerer Hitze 5 Min. schmoren. Sahne und Mangoldblätter pürieren, in die Pilz-Zwiebelmischung rühren und kurz einkochen, Crème fraîche dazugeben. Mit Zitronensaft, Salz und Pfeffer abschmecken. Auflaufform einfetten, Mangoldstiele darin verteilen, Mangold-Pilzesauce darübergießen. Mit Käse bestreuen und Butterflöckchen verteilen. Bei 180 Grad 20 - 30 Min. backen.

1 kg Blattmangold
6 mittelgroße Kartoffeln
250 g große getrocknete weiße Bohnen, z.B. Butterbohnen
1 kg Lammschulter am Stück, mit Knochen
3 Zwiebeln
2 Möhren
3 Lorbeerblätter
8 Knoblauchzehen
3 Zweige Rosmarin
6 Zweige Thymian
6 Nelken
1 TL Koriandersamen, zerstoßen
Saft von 1/2 Zitrone
Schale von 1/2 Zitrone
150 ml Crème fraîche
Salz und Pfeffer

Mangoldeintopf mit Lammfleisch und weißen Bohnen

Bohnen in reichlich Wasser aufkochen und dann auf der abgeschalteten Herdplatte stehen lassen. Über Nacht einweichen. Mit 1 Zwiebel, 1 Möhre, 1 Lorbeerblatt, 4 Knoblauchzehen, 1 Zweig Rosmarin, 2 Zweigen Thymian, Salz und Pfeffer 1 - 2 Std. kochen, bis die Bohnen gar sind. Lammfleisch in kaltem Wasser mit 1 Zwiebel, 1 Möhre, 2 Lorbeerblättern, Koriander, 2 Zweigen Rosmarin, 4 Zweigen Thymian, 4 Knoblauchzehen, 6 Nelken, Salz und Pfeffer aufsetzen und 1 1/2 - 2 Std. bei mittlerer Hitze kochen. In der Zwischenzeit Mangold waschen, dicke Stiele entfernen, Blätter in Streifen schneiden. Kartoffeln schälen und würfeln. 1 Zwiebel würfeln. Brühe durch ein Sieb abgießen und aufheben. Fleisch in mundgerechte Stücke schneiden und warm stellen. Kartoffeln, Zwiebeln und Mangold in der Brühe 15 - 20 Min. garen. Bohnen und Fleisch dazugeben, erhitzen, Crème fraîche einrühren. Mit Zitronensaft, abgeriebener Zitronenschale, Salz und frisch im Mörser zerstoßenem Pfeffer abschmecken.

etwa 12 große Mangoldblätter
40 g Reis
1 EL Rosinen
4 Frühlingszwiebeln, fein gehackt
1 EL Mehl
300 ml Hühner- oder Gemüsebrühe, Rezept Seite 230
4 EL Olivenöl
4 EL Butter
1 EL Pinienkerne
frisch im Mörser zerstoßener Pfeffer
Salz

Gefüllte Mangoldblätter

Reis 15 Min. kochen, abkühlen. Rosinen 10 Min. in Wasser einweichen, abtropfen. Mangold waschen, Stiele aus den Blättern schneiden und in 4 cm lange Stücke teilen. 1 EL Mehl in Salzwasser einrühren, Stiele darin 10 - 15 Min. kochen. Stiele abtropfen und grob hacken. Mangoldblätter 1/2 Min. blanchieren, in kaltem Wasser abschrecken und auf einem Tuch ausbreiten. 4 EL Öl erhitzen, Frühlingszwiebeln darin glasig werden lassen. Mangoldstiele dazugeben, weitere 5 Min. dünsten, dabei öfter umrühren. Mangoldstiele und Zwiebeln in einer Schüssel mit Pinienkernen, Rosinen und gekochtem Reis mischen, mit Salz und Pfeffer abschmecken. Jeweils etwa 1 EL Füllung auf die Mangoldblätter setzen und dann einrollen. Mangoldpäckchen dicht nebeneinander in eine geölte Auflaufform setzen, Brühe 1 cm hoch angießen. Butter zerlassen und über das Gemüse gießen. Bei 150 Grad 30 - 35 Min. backen.

Mallorcinischer Mangoldeintopf

Blätter von den breiten Mangoldstielen abtrennen und in feine Streifen schneiden, die Hälfte der Stiele in kleine Stücke teilen. Tomaten mit kochendem Wasser überbrühen, Haut abziehen, grob hacken. Öl in einem schweren Topf erhitzen. Frühlingszwiebeln, Mangoldstiele und Knoblauch darin gar dünsten, aber nicht bräunen. 1 EL gehackter Majoran und die Hälfte der Tomaten hinzufügen und einkochen. Mangoldstreifen, Salz, Pfeffer dazugeben, heiße Brühe angießen und köcheln, bis das Gemüse gar ist. Rest der gehackten Tomaten in den Topf geben und erhitzen. Nochmals abschmecken mit Salz und Pfeffer. Brotscheiben in Stücke brechen und in eine Terrine legen, mit dem Gemüseeintopf auffüllen, ein paar Minuten ziehen lassen. Mit kaltgeschlagenem Olivenöl und dem Rest Majoran servieren.

800 g Mangold
4 Knoblauchzehen
500 g Tomaten
1 Bund Frühlingszwiebeln, fein gehackt
50 ml Olivenöl
1/2 Pitta-Brot,
in Scheiben geschnitten und getrocknet
1 Bund Majoran, fein gehackt
400 ml Gemüse- oder Hühnerbrühe,
erhitzt, Rezept Seite 230
6 EL kaltgeschlagenes Olivenöl
Salz und Pfeffer

Gratinierte Mangoldstiele mit Tomaten und Oliven

Mangold waschen, Blätter von den Stielen abtrennen, harte Fasern der Stiele wegschneiden. Nach dem Putzen sofort in Zitronenwasser legen. Die Blätter lassen sich für ein anderes Gericht verwenden. Stiele in gesalzenem Zitronenwasser 10 - 20 Min. kochen, bis sie gar sind. Abtropfen. Tomaten überbrühen, Haut abziehen, Kerne und Saft ausdrücken, Tomatenfleisch grob hacken. Öl erhitzen, Zwiebeln darin goldgelb dünsten, Weißwein angießen, einkochen. Tomaten, Knoblauch, Salz dazugeben und einkochen, bis eine dickliche Soße entstanden ist. Mangoldstiele in die Sauce rühren, kurz mitschmoren. In Scheiben geschnittene Oliven dazugeben. Mit Salz und Pfeffer abschmecken. Alles in eine eingefettete Gratinform füllen, mit Käse bestreuen, im Backofen bei 200 Grad etwa 30 Min. backen. Mit frischem Oregano bestreut servieren.

1 kg Mangold
1 Zitrone
3 Fleischtomaten
4 Frühlingszwiebeln, fein gewürfelt
2 Knoblauchzehen
150 ml trockener Weißwein
2 EL Olivenöl
10 schwarze Oliven, entkernt
100 g Schweizer Käse, gerieben
1 EL frischer Oregano
Salz und Pfeffer

Süße Mangoldtorte

NACHSPEISE FÜR 6 - 8 PERSONEN

Für das Vorbereiten und Vorbacken des Mürbeteigs siehe Rezept Kürbiskuchen auf Seite 33, hier aber mit einer 26-cm-Springform. 1/3 des Teiges für den Deckel verwenden. Füllung: Korinthen in Rum einweichen. Mangold 1 Min. blanchieren, abschrecken, gut abtropfen. Mangold, Aprikosenmarmelade, abgetropfte Korinthen, Rosenwasser, Pinienkerne, gemahlene Mandeln, Zucker und Ei in einer Schüssel mischen. Füllung auf den Teig streichen. Äpfel in dünne Scheiben schneiden und auf der Füllung verteilen. Teigdeckel auf die Füllung legen, Ränder anfeuchten und aufeinanderpressen. Mit einem scharfen Messer mehrfach in den Deckel stechen. Bei 220 - 240 Grad 30 Min. backen. Mit Puderzucker bestreuen. Schmeckt warm und auch kalt.

Füllung:
500 g Mangoldblätter
4 EL Aprikosenmarmelade
100 g Korinthen
4 EL Rum
4 EL Rosenwasser
3 säuerliche Äpfel
50 g Pinienkerne
30 g gemahlene Mandeln
2 EL Zucker
1 Ei
Puderzucker
Für Mürbeteig:
300 g Mehl
150 g kalte Butter
1 Ei
3 EL Zucker
kaltes Wasser

SPARGEL

»Ogni frutto vuol la sua stagione« - jedes Gemüse zu seiner Zeit, so lautet ein toskanisches Sprichwort. Dieses Diktum trifft gerade für den Spargel zu. Die Spargelernte beginnt je nach Wetterlage im April oder Mai und erstreckt sich genaugenommen exakt bis zum 24. Juni; danach läßt man ein gutes Spargelfeld ruhen. Im Frühjahr eines jeden Jahres kommt also von neuem Spannung auf: Wie verläuft die Spargelernte? War es nicht zu kalt, zu trocken? Und vor allem: Was kostet denn das Pfund Spargel in dieser Saison?

Für den weißen, den Bleichspargel gibt es in der Bundesrepublik eine Handvoll Anbauzentren, von denen jedes eine regelrechte Schar von Anhängern hinter sich versammelt. Ein echter Spargelspezialist wird mit Vergnügen darüber diskutieren, ob nun der Schwetzinger Spargel besser als der Bornheimer oder der rheinhessische aromatischer als der südhessische ist.

Doch der Spargel an sich ist keineswegs ein deutsches Phänomen. Die nährstoffreichen und kalorienarmen Wurzeln, deren Wildform ursprünglich vom Osten Europas bis über das Vordere und Mittlere Asien verbreitet war, werden heute fast überall dort in Europa angebaut, wo es leichte, sandige Böden gibt und ein mildes Klima vorherrscht. Frankreich, Spanien und Griechenland importieren große Mengen des weißen, aber auch des dünneren und sehr aromatischen grünen Spargels nach Deutschland.

Spargeln sind sehr heikel, was ihren Weg bis in den Handel anbelangt. Optimalerweise werden sie in den frühen Morgenstunden gestochen, um bis zum Abtransport an einem kühlen, dunklen Ort zwischengelagert zu werden. Hier verfügen inländische Anbaubetriebe über einen echten Vorteil, denn ihr Spargel kommt mit einiger Sicherheit schon am nächsten Morgen in die Geschäfte.

Man bekommt schnell heraus, worauf man beim Einkauf achten muß. Der Spargelkopf muß fest und geschlossen sein; wenn man mit zwei Fingern Druck auf ihn ausübt, darf kein Wasser hervortreten. Diese Ware ist beim Putzen zu lange gewässert worden, so daß nicht nur ein Teil der wertvollen Inhaltsstoffe verloren gegangen, sondern auch das Gewicht der Stangen künstlich erhöht worden ist. Alter Spargel hat einen unverkennbar üblen Geruch an sich; die weichen und meist verfärbten Köpfe faulen dann bereits, die Stangen selbst sind gelblich und fleckig. Da kann der Preis noch so gut sein: Man läßt besser die Finger weg. Nehmen Sie sich zwei gut gewachsene, gerade Stangen und reiben Sie sie aneinander: wenn Sie ein hohes Quietschen hören, ist der Spargel frisch und elastisch und läßt sich im Kühlschrank durchaus noch ein oder zwei Tage aufbewahren, indem man sie in ein leicht angefeuchtetes Tuch einschlägt.

Wer das Spargelschälen als lästige Arbeit empfindet, kann grünen Spargel zubereiten, denn dieser muß in der Regel kaum geschält werden und schmeckt überdies sehr kräftig. Ebensogut könnte man seine Gäste für das nächste große Spargelessen kurzerhand eine halbe Stunde früher einladen: Wenn Sie genügend Schälmesser bereitlegen und die erste Flasche guten Weißweins gleich mit auf den Tisch stellen, dann dürfte sich die ganze Angelegenheit recht lustig entwickeln. Die Schalen sowie die holzigen Enden, um die man den Spargel kürzt, sollten dabei unbedingt aufgehoben und mitgekocht werden - der Kochsud eignet sich hervorragend als Basis für die nächste gute Suppe und läßt sich tiefgefroren monatelang aufbewahren.

Spargelsalat

Vorspeise

1 kg gemischter Spargel
1 Kopfsalat
4 Eier
20 g Butter
1 Glas Weißwein
1 EL Weißwein
1 EL Weißweinessig
1 EL Spargelfond
4 EL Distelöl
Kerbel
Zucker
Salz und Pfeffer

Eier hartkochen und würfeln. Salat waschen und trockenschleudern. Spargel schälen, holzige Enden abschneiden. Endstücke und Schalen des Spargels zusammen mit Salz, Zucker, Butter, 1 Glas Weißwein und Wasser 15 Min. zu einer Brühe kochen. Gebündelten Spargel darin 10 Min. kochen. Spargel auf einem Tuch gut abtropfen lassen. Vom unteren Ende der Spargel 1/3 abschneiden und im Mixer pürieren. Vinaigrette aus Distelöl, Essig, 1 EL Spargelfond, Weißwein, Salz, Pfeffer und Zucker bereiten und mit dem Spargelpüree verquirlen. Salatblätter auf 4 Teller verteilen und darauf den Spargel anrichten. Gewürfelte Eier auf dem Spargel verteilen, Spargelsoße darübergießen, mit Kerbel bestreuen und sofort servieren.

Spargelcremesuppe

500 g weißer Spargel
100 g Schalotten, fein gewürfelt
1 TL Zucker
60 g Butter
1 EL Mehl
200 ml Milch
200 ml Sahne
1 Eigelb
1/2 Bund glatte Petersilie, gehackt
Salz und Pfeffer

Spargel schälen. Spargelspitzen 4 cm lang abschneiden und in 1/2 l Salzwasser, 20 g Butter und 1 TL Zucker 5 Min. knapp gar kochen, dann herausnehmen. Spargelfond aufheben. Spargelstiele in dünne Scheiben schneiden und mit Schalotten in Butter dünsten, mit Mehl bestäuben, mit Milch und Spargelfond auffüllen, etwa 30 Min. kochen, dann im Mixer pürieren. Mit Salz und Pfeffer würzen. Eigelb mit Sahne aufschlagen und zur Suppe geben, vorsichtig erhitzen, nicht kochen. Spargelspitzen dazugeben und wärmen, Petersilie einrühren, sofort servieren.

Spargel mit Eiersauce und Paprika

1 1/2 kg weißer Spargel, zu 4 Bündeln geschnürt
1 rote Paprika
1/2 gelbe Paprika
1 Bund Schnittlauch
140 g Butter
6 Eier
1 TL Zucker
Salz und Pfeffer

Spargel schälen und in 1 1/2 l Salzwasser mit 40 g Butter und 1 TL Zucker garen. Inzwischen Eier weich kochen. 100 g Butter im Wasserbad weichrühren, nicht schmelzen. Eier pellen und in einer Schüssel zerkleinern, die weichgerührte Butter mit einem Schneebesen unterschlagen, salzen, pfeffern, warm halten. Paprika vierteln, Kerne und weiße Rippen entfernen, dann klein würfeln. Schnittlauch in Röllchen schneiden. Spargel gut abtropfen lassen und auf vier warme Teller verteilen, Sauce, Paprika und Schnittlauch darübergeben, sofort auf den Tisch bringen. Dazu rohen oder gekochten Schinken servieren.

Mürbeteig:

- *250 g Mehl*
- *1 Eigelb*
- *120 g kalte Butter*
- *Eiswasser*
- *Salz*

Füllung:

- *400 g Spargel, weiß, grün oder gemischt*
- *3 Frühlingszwiebeln*
- *100 g Gruyère*
- *35 g Butter*
- *2 Eier*
- *250 ml Sahne*
- *1/2 Bund Schnittlauch*
- *1 TL Zucker*
- *Salz und Pfeffer*

Spargelquiche

Vorspeise oder kleines Zwischengericht

Für das Vorbereiten und Vorbacken des Mürbeteigs siehe Rezept Kürbiskuchen auf Seite 33, aber mit einer 26-cm-Springform. Spargel schälen und in Stücke schneiden, Spargelspitzen beiseite legen. 1/2 l Salzwasser, 1 TL Zucker und 20 g Butter zum Kochen bringen, Spargelstücke darin 5 Min. kochen, dann Spargelspitzen dazugeben und weitere 2 - 3 Min. kochen. Spargel abtropfen lassen. Frühlingszwiebeln in längliche Stücke schneiden und mit dem Rest der Butter dünsten, aber nicht bräunen. Käse reiben. Eier mit Sahne verquirlen und Salz, Pfeffer, Käse und Schnittlauch dazugeben. Teigrand in die Springform drücken, Spargel und Zwiebeln auf dem Boden verteilen, Sauce darübergießen. Im Backofen bei 180 Grad 30 - 40 Min. backen. Schmeckt gut warm und auch kalt.

- *600 g Spargel, weiß, grün oder gemischt*
- *300 g gekochter Schinken*
- *250 g frische gepalte Erbsen*
- *100 g Champignons*
- *80 g Butter*
- *30 g Mehl*
- *1 TL Zucker*
- *250 ml Spargelwasser*
- *125 ml trockener Weißwein*
- *125 ml Schlagsahne*
- *1 EL frischer Estragon, gehackt*
- *Zitronensaft*
- *Salz und Pfeffer*

Spargelfrikassee mit Erbsen und Schinken

Spargel schälen und in 1/2 l Salzwasser, 1 TL Zucker und 20 g Butter 5 Min. garen, dann abtropfen lassen. Spargelwasser aufheben. Pilze in Scheiben schneiden und in 20 g Butter leicht bräunen, Erbsen hinzufügen und zusammen kurz dünsten. 40 g Butter schmelzen, 30 g Mehl dazugeben, mit heißem Spargelwasser aufgießen, 20 Min. köcheln, von Zeit zu Zeit umrühren. Weißwein dazugeben, Sahne schlagen und unter die Sauce ziehen, mit Salz, Pfeffer und Zitronensaft abschmecken. Schinken in Streifen schneiden und in der Sauce wärmen, Gemüse und Estragon dazugeben, erhitzen, aber nicht mehr kochen. Eine klassische Beilage ist Reis.

- *600 g grüner Spargel*
- *200 ml Crème fraîche*
- *60 g Butter*
- *4 Knoblauchzehen*
- *2 EL Olivenöl*
- *1 Bund Basilikum*
- *200 g Bandnudeln*
- *100 g Parmesan, frisch gerieben*
- *Salz und Pfeffer*

Grüner Spargel mit Bandnudeln

Spargel schälen, in schräge Stücke schneiden, Köpfe beiseite legen. Spargelköpfe in 1/2 l kochendem Wasser mit 20 g Butter 1/2 Min. blanchieren und gut abtropfen lassen. Danach die Spargelstücke im selben Wasser 1 Min. blanchieren und gut abtropfen lassen. Crème fraîche und 2 ganze Knoblauchzehen kochen, bis der Knoblauch gar ist. Knoblauch rausfischen und wegwerfen. 2 Knoblauchzehen in Scheiben schneiden und in Öl und 40 g Butter goldgelb braten. Hälfte des Basilikums hacken und zusammen mit den Spargelstücken, nicht aber den Spargelköpfen, zum Knoblauch geben und verrühren, bis der Spargel rundum mit Butter überzogen ist. Crème fraîche zugießen und einkochen, bis die Sauce dickflüssig wird, salzen und pfeffern. Nudeln in Salzwasser garen, gut abtropfen lassen. Mit Sauce und Parmesan mischen, Spargelspitzen und Basilikum darauf verteilen.

Grüner Spargel in Spargelsauce

2 kg frischer grüner Spargel
40 g Butter
1 Eigelb
1 Zitrone
200 ml Crème fraîche
1/4 TL Senf
1 Bund Kerbel, fein gehackt
1/2 Bund glatte Petersilie, fein gehackt
1 TL Zucker
Salz und Pfeffer

Spargel geschält in 1 1/2 l Salzwasser mit 1 TL Zucker und 40 g Butter garen, abtropfen. Die untere Hälfte der Spargelstangen abschneiden, pürieren und durch ein Sieb streichen. Das warme Püree mit Eigelb mischen, Zitronensaft, Senf und Crème fraîche einrühren. Mit Salz und im Mörser zerstoßenem Pfeffer abschmecken. Kräuter untermischen. Sauce über die Spargelspitzen gießen. 1 - 2 Std. durchziehen lassen.

Spargel mit Zitronen-Estragonsauce

1 kg frischer Spargel
250 g Butter
100 ml Crème fraîche
3 Eigelb
2 EL trockener Weißwein
Saft von 1/2 - 1 Zitrone
Schale von 1/2 Zitrone, abgerieben
1 TL Estragon, frisch geschnitten
Zucker
Salz und Pfeffer

Spargel bündeln, in Wasser mit Salz, Zucker und 20 g Butter garen. Eigelb, Wein und 2 EL Zitronensaft in eine Schüssel füllen, die Schüssel in einen Topf mit wenig kochendem Wasser hängen, so daß die Schüssel im Dampf, aber nicht im Wasser hängt. Eiermischung in der Schüssel schlagen, bis eine dickliche Sauce entstanden ist. Butter einzeln und in kleinen Stücken hinzufügen, dabei ständig schlagen, bis die Sauce die Konsistenz von Mayonnaise hat. Mit Salz, Zitronensaft, Zitronenschale, Estragon und Pfeffer abschmecken. Zum Schluß Crème fraîche unterziehen, nochmals abschmekken. Sauce getrennt zum Spargel servieren. Dazu passen Kartoffeln und Schinken.

Spargelrisotto mit Morcheln

10 Stangen grüner Spargel
25 g getrocknete Morcheln
200 g frische, ausgepalte Erbsen
2 Schalotten
150 g Butter
300 g Risottoreis
200 ml Weißwein
700 ml Hühnerbrühe, Rezept Seite 230
2 EL Madeira
2 EL Parmesankäse, frisch gerieben
4 EL geschlagene Sahne
Salz und Pfeffer

Morcheln 4 Std. einweichen. Aus dem Einweichwasser nehmen, Wasser durch ein Tuch gießen, Wasser aufheben. Morcheln unter fließendem Wasser gründlich abspülen und trockentupfen. 1/3 der Pilze hacken, den Rest halbieren oder vierteln. Schalotten fein würfeln. Spargelenden schälen, Spargel in Stücke schneiden. Die Hälfte der Butter aufschäumen, Schalotten, gehackte Morcheln und Reis andünsten, bis der Reis glasig wird. Mit Weißwein ablöschen und einkochen. Brühe und Einweichwasser erhitzen, nach und nach angießen, von Zeit zu Zeit rühren oder schwenken. Nach knapp 20 Minuten sollte der Reis die Brühe absorbiert haben. In der Zwischenzeit Spargel und Erbsen blanchieren, kalt abbrausen und abtropfen lassen. Die restlichen Morcheln in etwas Butter braten, mit Madeira ablöschen, salzen, pfeffern. Butter unter den Reis rühren, Spargel, Erbsen, Morcheln und geriebenen Parmesan unterheben. Sahne unterziehen, nochmals abschmecken.

SPINAT

Beim Gemüsehändler wird frischer Spinat zumeist in großen Holzsteigen angeboten - richtige Berge von saftigen, hell- oder dunkelgrünen Blättern türmen sich da auf. Wieviel darf es denn nun sein für vier Personen? Das Ergebnis ist meist eine große, prall gefüllte Plastiktüte. Aber keine Angst, das Volumen nimmt rapide ab, wenn der Spinat erst einmal im Kochtopf gelandet ist. Das Kilo Spinat, aus dem sich eine gute Portion für jeden der vier Esser gewinnen läßt, schrumpft beim Dünsten oder Blanchieren auf weniger als ein Pfund zusammen. Bis es soweit ist, braucht es allerdings schon ein großes Spülbecken, in dem man die Blätter gut wäscht und möglicherweise auch von langen Stielen befreit, sowie mehrere Durchgänge mit dem Sieb, um sie abtropfen lassen zu können.

Der Name, den das grüne Gemüse trägt, ist uns so vertraut, daß man annehmen möchte, er gehöre von jeher in unsere Sprache. Tatsächlich stammt er aus dem Arabischen - »isbanah« -, und mit einiger Wahrscheinlichkeit waren es die Mauren, die den Spinat nach dem 8. Jahrhundert mit nach Spanien brachten. Spinat ist heute ein europäisches Gemüse, das in großen Mengen in Frankreich, Italien und in der Bundesrepublik angebaut wird.

Die erste Aussaat im Jahr bringt den Frühjahrsspinat mit seinen feinen Blättern hervor, die sich besonders gut für Salate eignen. Bis in den Herbst hinein folgen die etwas kräftigeren Sommersorten, und erst im November wird nicht mehr aus dem Freiland geerntet. Dann kommt der Treibspinat in die Geschäfte, zum Teil aus deutscher Produktion, zum Teil aus Importen. Der allergrößte Teil der Spinaterträge geht übrigens in die Verarbeitungsindustrie: Spinat läßt sich gut tiefgefrieren (auch wenn dabei viele Vitamine verloren gehen), so daß man sich auch im Supermarkt einmal spontan für dieses Gemüse entscheiden kann.

Frischer Spinat muß beim Transport sorgfältig behandelt werden und schnell zum Endverbraucher gelangen. Er läßt sich beim Erzeuger nicht lagern, und auch im Kühlschrank sollte er in einer Plastiktüte nicht länger als ein oder zwei Tage aufbewahrt werden. Der Verlust an wertvollen Inhaltsstoffen vollzieht sich rapide. Guter Spinat wird frisch und jung geerntet worden sein. Die Farbe der Blätter muß von einem fleckenlosen, kräftigen Grün sein, und natürlich darf der Spinat nicht welk und kraftlos daherkommen.

Die Inhaltsstoffe des Spinats fördern die Tätigkeit der Bauchspeicheldrüse und der Galle - um also möglichst wenig von diesen Vitaminen und Mineralstoffen zu verschenken, ist es ratsam, beim Dünsten der Blätter kaum zusätzliches Wasser zu verwenden.

Die Flüssigkeit, die sich nach dem Abtropfen noch zwischen Blättern hält, genügt meist, um das Gemüse gar werden zu lassen. Um ganz sicher zu gehen, daß nichts anbrennt, schüttelt man den Topf bei geschlossenem Deckel ab und an kräftig, so daß sich das Kochwasser besser verteilt.

Spinat-Sauerampfersuppe

800 g Spinat
200 g Sauerampfer
1 l Gemüsebrühe, Rezept Seite 230
3 Kartoffeln
6 Knoblauchzehen
3 EL Butter
2 Zwiebeln
125 ml Crème fraîche
Muskat, frisch gerieben
1 Bund Schnittlauch
Salz und Pfeffer

Kartoffeln in der Schale kochen. Sauerampfer und Spinat waschen, dicke Stiele entfernen. Zwiebeln und Knoblauch fein würfeln und in Butter goldbraun dünsten. Spinat und Sauerampfer hinzufügen, rühren und andünsten, dann mit Brühe aufgießen und mit Salz, Pfeffer und Muskat würzen. Kartoffeln pellen, die noch warmen Kartoffeln durch ein Sieb oder eine Kartoffelpresse in die Suppe geben. Nochmals aufkochen. Crème fraîche in die nicht mehr kochende Suppe einrühren, Schnittlauch in Röllchen schneiden und über die Suppe streuen.

Spinatsalat

Vorspeise

500 g geputzter junger Spinat
200 g Champignons
2 Eier, hartgekocht
6 Scheiben durchwachsener Speck
1 EL brauner Zucker
1 EL Rotweinessig
1/2 Paket Kresse
Salz und Pfeffer

Spinat waschen und trockenschleudern. Pilze in Scheiben schneiden. Eier würfeln. Speck in Streifen schneiden und bei mittlerer Temperatur in einer Pfanne kroß braten. Speck auf Küchenpapier abtropfen lassen. Zucker zum Speckfett in die Pfanne geben und rühren, bis Zucker geschmolzen ist, Essig und Salz hinzufügen, mit Pfeffer abschmecken. Sauce mit Spinat, Eiern, Pilzen, Speck und Kresse mischen. Dazu geröstetes Brot.

Spinat mit Champignons und getrockneten Aprikosen

Vorspeise

1 kg frischer Spinat
4 EL Sonnenblumenöl
3 Schalotten, fein gewürfelt
30 g Butter
2 Knoblauchzehen, durchgepreßt
300 g Champignons, fein gehackt
1 EL Zitronensaft
1 EL Preiselbeermarmelade
250 g getrocknete Aprikosen, geviertelt
1 EL Rosenwasser

Spinat waschen, dicke Stengel abschneiden, in 2 EL Öl kurz dünsten. Abtropfen lassen, restlichen Kochsud ausdrücken. Schalotten in einem weiten Topf in 2 EL Öl goldgelb dünsten. Butter darin zerlassen, Spinat, Knoblauch, Champignons hinzufügen und bei mittlerer Hitze köcheln, dabei ständig rühren. Preiselbeermarmelade, Zitronensaft, Salz und Pfeffer aus dem Mörser unter Rühren dazugeben, Aprikosen untermischen. Wasser und Rosenwasser angießen, bis das Gemüse bedeckt ist. Bei sehr schwacher Hitze 1 - 1 1/2 Std. zugedeckt kochen. Nochmals abschmecken. Abgekühlt servieren.

Spinat mit Joghurt und Koriander

700 g frischer Spinat
3 Frühlingszwiebeln, fein gewürfelt
2 Knoblauchzehen, fein gewürfelt
1 Stück frischer Ingwer, gerieben
2 TL Koriandersamen
1 getrocknete Chilischote
2 EL Butterschmalz
200 ml Joghurt
2 EL Sesamsamen
Zucker
Salz

Spinat waschen, dicke Stiele abknipsen. Koriander und Chili im Mörser zerstoßen. Butterschmalz in einer großen Pfanne erhitzen, darin Zwiebeln, Ingwer und Knoblauch andünsten. Koriander, Chili, Salz und Zucker hinzufügen, gut verrühren. Spinat dazugeben und rühren, bis der Spinat zusammengefallen ist. Pfanne von der Herdplatte ziehen, Joghurt schlagen und unter das Gemüse rühren. Nochmals abschmecken. Sesam in einer beschichteten Pfanne ohne Fett goldgelb rösten und über den Spinat streuen, sofort servieren. Paßt gut zu Fischgerichten.

Spinat-Champignongratin

1 kg Spinat
300 g Champignons
3 Knoblauchzehen, fein gewürfelt
3 EL Butter
2 EL Sonnenblumenöl
200 ml Sahne
2 Eigelb
Muskatnuß, frisch gerieben
Zitronensaft
Salz und Pfeffer

Spinat waschen, dicke Stengel abschneiden, in Öl kurz gar dünsten. Spinat abtropfen lassen, restliche Flüssigkeit ausdrücken. Pilze nicht waschen, sondern abbürsten, dann in Scheiben schneiden. 3 EL Butter in einer Pfanne erhitzen, Knoblauch darin goldgelb braten. Pilze und Zitronensaft hinzufügen, salzen, pfeffern und dann dünsten, bis die Flüssigkeit verdampft ist. Sahne und Eigelb verquirlen, mit Salz, Pfeffer und Muskat würzen. Auflaufform einfetten, Spinat und Pilze mischen und hineingeben, Sahne darübergießen, Butterflocken darauf verteilen. Im vorgeheizten Backofen bei 250 Grad kurz bräunen.

Spinat mit Öl und Zitronensaft

1 kg frischer Spinat
3 El kaltgeschlagenes Olivenöl
Zitronensaft von 1/2 Zitrone
Salz und Pfeffer

Spinat gründlich waschen, dicke Stengel entfernen. Öl in einem weiten Topf erhitzen, den nassen Spinat hineingeben, salzen, pfeffern, umrühren, dann zugedeckt 1 Min. dünsten. Deckel abnehmen und Flüssigkeit verdampfen lassen. Zitronensaft über den Spinat tröpfeln, sofort servieren. Paßt als Beilage gut zu Fisch.

Spinatreis mit Zitrone

1 kg frischer Spinat
400 g Frühlingszwiebeln, fein gehackt
5 EL Olivenöl
175 g Risottoreis
3 Knoblauchzehen, fein gewürfelt
1 unbehandelte Zitrone
1 Bund glatte Petersilie, gehackt
1 Prise Muskat, frisch gerieben
Salz und Pfeffer

Zitronenschale abreiben. Spinat gründlich waschen, dicke Stiele entfernen. In einem großen Topf Zwiebeln und Knoblauch im Olivenöl bei schwacher Hitze glasig werden lassen, nassen Spinat dazugeben und dünsten, bis der Spinat zusammenfällt. Reis, Zitronenschale, Petersilie, Muskat, Salz und Pfeffer hinzufügen, umrühren, 400 ml Wasser angießen, alles gut verrühren. Zugedeckt sanft köcheln, bis sich nach etwa 15 Min. im Reis Trichter bilden. Topf vom Herd nehmen, ein Tuch zwischen Topf und Deckel legen, auf der ausgeschalteten Herdplatte 15 - 20 Min. ausdampfen lassen. Mit Zitronensaft beträufelt servieren. Gut als eigenständiges Gericht, paßt aber auch als Beilage zu Fisch.

Spinat mit Kichererbsen

Kichererbsen 8 Std. einweichen, dann mit 1 EL Olivenöl und 1 Knoblauchzehe etwa 45 Min. kochen. Kochflüssigkeit aufheben. Spinat waschen, dicke Stengel abschneiden, 2 Min. in Salzwasser blanchieren, in kaltem Wasser abkühlen, Flüssigkeit sorgfältig ausdrücken, dann grob hacken. Sonnenblumenöl und Butter erhitzen, darin 3 gewürfelte Zwiebeln bei milder Hitze 25 Min. goldbraun braten. 2/3 des Ingwers schälen, grob hacken, zusammen mit Knoblauch und 2 El Wasser pürieren und zu den Zwiebeln geben. 10 Min. köcheln. Kurkuma, Kümmel, Koriander und Cayennepfeffer hinzufügen, Hitze reduzieren, grob gehackte Tomaten, Spinat, Kichererbsen mit ca. 250 ml Kochflüssigkeit und Salz hinzufügen. Alles zusammen bei milder Hitze 30 Min. kochen. Eventuell mehr Wasser angießen. Rest des Ingwers und der Zwiebeln zusammen mit rotem Chili sehr fein hacken oder mit dem Mixstab pürieren, mit Zitronensaft mischen und kurz vor dem Servieren unter das Gemüse mischen. Nochmals mit Salz und Pfeffer abschmecken, heiß servieren.

1 kg frischer Spinat
2 EL Butter
1 EL Olivenöl
3 EL Sonnenblumenöl
4 Zwiebeln, gewürfelt
1 Stück frischer Ingwer, ca. 6 cm
8 Knoblauchzehen
1/2 TL Kurkuma
3/4 TL Kreuzkümmel (Cumin)
1 TL Koriander, im Mörser zerstoßen
1/4 TL Cayennepfeffer
1 Dose geschälte Tomaten, 800 g
175 g Kichererbsen
Saft von 1 Zitrone
1 rote frische Chili
Salz und Pfeffer

Spinattorte

Für das Vorbereiten und Vorbacken des Mürbeteigs siehe Rezept Kürbiskuchen auf Seite 33, aber mit einer 26-cm-Springform. Spinat waschen, dicke Stengel entfernen, in Öl gar dünsten. Spinat in einem Sieb abtropfen und ausdrücken, grob hacken. Eier verquirlen, mit Quark, Salz, Pfeffer aus dem Mörser und frisch geriebener Muskatnuß mischen. Spinat und Käse dazugeben und gut durchmischen. Sahne hinzufügen, nochmals durchmischen und abschmecken. Rand in die Springform drücken und Spinatmasse hineingeben. Im vorgeheizten Backofen bei 180 Grad 45 Min. backen.

Füllung: 1200 g frischer Spinat oder 600 g Tiefkühlspinat
3 Eier
250 g Quark
250 g Schweizer Käse, z.B. Gruyère, gerieben
100 ml Sahne
2 EL Sonnenblumenöl
1/2 Muskatnuß, frisch gerieben
Salz und Pfeffer
Mürbeteig: 250 g Mehl, 120 g kalte Butter
1 Ei, Salz , Eiswasser

Süße Spinattorte
Nachspeise

Für das Vorbereiten und Vorbacken des Mürbeteigs siehe Rezept Kürbiskuchen auf Seite 33, aber mit einer 26-cm-Springform. Teigreste ausrollen und in Streifen schneiden. Füllung: Spinat waschen, kochen, abtropfen, Flüssigkeit ausdrücken, grob hakken. Milch, Sahne, Zucker und Vanilleschote in einem Topf zum Kochen bringen. 4 Eigelb mit Stärkemehl verquirlen, etwas warme Milch dazugeben, in den Topf gießen und mit der Milch-Vanillemischung verrühren. Aufkochen und dabei ständig rühren, bis eine Art Pudding entsteht. Abkühlen, Vanilleschote entfernen, Spinat unterrühren. Aprikosen würfeln und mit Zitronensaft in die Spinatmischung rühren. Teigrand in die Springform drücken, Spinatmischung auf dem vorgebackenen Boden verteilen. Teigstreifen gitterförmig darüberlegen und mit Eigelb bepinseln. Im Backofen bei 180 Grad 40 - 45 Min. backen. Heiß oder warm zusammen mit Schlagsahne servieren.

Füllung: 500 g frischer Spinat
250 ml Sahne
250 ml Milch
100 g Zucker
1 Vanilleschote, längs halbiert
5 Eigelb
50 g Speisestärke
15 getrocknete Aprikosen
3 EL Zitronensaft
Mürbeteig: 300 g Mehl
150 g kalte Butter
1 EL Zucker
1 EI
Eiswasser

Kartoffel

Von allen Feld- und Gartenfrüchten, die in diesem Buch vorgestellt werden, kann die Kartoffel wohl auf die aufregendste Geschichte zurückblicken. Da sind die alten Inkas mit im Spiel, dann natürlich die spanischen Eroberer, der Seefahrer Sir Walter Raleigh, ja sogar gekrönte Häupter wie die englische Königin Victoria I. und der Preußenherrscher Friedrich Wilhelm I. Ganze Auswanderungsbewegungen gingen auf das Konto der braunen Knolle - in den 1840ern wanderten große Teile der irischen Bevölkerung nach Amerika aus, weil die Kartoffelernten über mehrere Jahre hinweg verfault waren.

In Europa ist die Kartoffel als Grundnahrungsmittel nicht mehr wegzudenken. Die Kartoffel ist ein Sattmacher - doch wenn man es bei diesem Qualitätsmerkmal belassen würde, täte man der Knolle unrecht. Da ist das Eiweiß, das die Kartoffel enthält und das der menschliche Körper besonders gut verwerten kann, sodann der hohe Gehalt an Mineralstoffen wie etwa Kalzium, Eisen oder Magnesium. Ihren Ruf als Dickmacher hat die Kartoffel glücklicherweise ein bißchen verloren - es sei denn, man ißt sie weiterhin nur mit viel Butter und Salz (was zugegebenermaßen sehr lecker ist).

Die Geschichte der Kartoffel umfaßt sicherlich 5.000 Jahre, und wie bereits angedeutet kam sie aus Süd- und Mittelamerika über einige Umwege nach Europa - vermutlich gegen Ende des 16. Jahrhunderts. Heute wird sie weltweit angebaut. Für den deutschen Markt ist nicht nur der inländische Ertrag von Bedeutung. Gerade in den ersten Monaten des Jahres kommen umfangreiche Importe aus Marokko, Griechenland und Zypern in unsere Läden, im April und Mai folgen die frühen Sorten etwa aus Frankreich und Italien. Ende Juni beginnt dann die Ernte in Deutschland; späte Sorten werden bis in den November hinein aus dem Boden geholt.

Ein müßiges Unterfangen, die vielen Kartoffelsorten aufzuzählen: der Sortenkatalog der Europäischen Union nennt bis zu 500 verschiedene Sorten. Wichtig hingegen ist sicherlich die Entscheidung für eine festkochende oder eine mehligkochende Sorte - je nachdem, was Sie mit den Knollen machen wollen. Beim Einkauf muß man darauf achten, daß Kartoffeln fest und unverletzt sind; bei den späten Sorten, die auch beim Bauern über den Winter hinweg eingelagert werden, sollten sich keine Keime gebildet haben, und grün verfärbte Stellen sind ein untrügliches Zeichen dafür, daß die Lagerbedingungen schlecht waren. Dann hat sich ein giftiger Stoff gebildet, das Solanin, das wir auch als den Bitterstoff der Aubergine kennen. So verfärbte Stellen sollten unbedingt weggeschnitten werden.

Neue Kartoffeln erfordern keinen großen Aufwand. Beim Abbürsten unter fließendem Wasser lassen sich Erdreste schnell entfernen; die dünne Schale kann man getrost an der Knolle lassen, denn sie verleiht beispielsweise einem Gratin zusätzliches Aroma und enthält überdies einen Teil der wertvollen Inhaltsstoffe. Erst die späten, die gelagerten Sorten also, werden geschält. Wer Salzkartoffeln vorbereitet, sollte von der weitverbreiteten Gewohnheit Abstand nehmen, die geschälten und zerteilten Kartoffeln länger in Wasser aufzubewahren - der Anteil an Vitaminen und Mineralien, der dabei verlorengeht, ist groß.

Rote Kartoffelsuppe

1 kg neue festkochende Kartoffeln
10 kleine Rote-Bete-Blätter
1 kl. Rote Bete, roh
500 ml Hühnerbrühe, Rezept Seite 230
125 ml Sahne
200 ml Milch
30 g Butter
1 EL Kartoffelmehl
1 kl. Bund Schnittlauch
1 Prise Piment
Pfeffer, im Mörser zerstoßen
Salz

Rote-Bete-Blätter ohne Stiele in Streifen schneiden, kurz blanchieren, in kaltem Wasser abschrecken. Kartoffeln gut abbürsten und in kleine Würfel schneiden. Hühnerbrühe erhitzen, salzen, Kartoffelwürfel und Rote-Bete-Blätter darin 10 Min. kochen. Sahne und Milch dazugießen, weitere 5 Min. kochen. Kartoffelmehl in etwas Milch glattrühren, die Suppe damit leicht andicken. Mit Piment, Pfeffer und Salz abschmecken. Rote Bete schälen, raffeln, in die Suppe geben, nochmals kurz aufkochen. Vom Herd nehmen, Butterflöckchen in die Suppe rühren. Mit Schnittlauchröllchen bestreut servieren.

Kartoffelsalat mit Parmesankäse

1 kg festkochende neue Kartoffeln
1/2 Tl Kümmelkörner
8 EL Walnußöl
4 EL Estragonessig
2 Knoblauchzehen, zerdrückt
40 g Rucola
40 g Feldsalat
100 g Champignons
150 g Parmesankäse
Salz und Pfeffer

Kartoffeln sorgfältig bürsten und waschen. In Wasser mit Salz und Kümmel 15 - 20 Min. gar kochen. Abgießen, warm stellen. Öl, Essig, Salz, Pfeffer und Knoblauch verquirlen. Kartoffeln mit dicker Schale pellen. Kartoffeln in Scheiben schneiden und mit der Marinade mischen. Während des Abkühlens von Zeit zu Zeit wenden. Champignons mit einem Tuch abreiben und in feine Scheiben schneiden. Die Hälfte des Parmesankäses reiben, mit den Champignons unter die Kartoffeln mischen. 30 Min. durchziehen lassen. Rucola und Feldsalat waschen, trockenschleudern, in mundgerechte Stücke rupfen und kurz vor dem Essen unter die Kartoffeln mischen. Mit dem Rest des geriebenen Parmesankäses servieren.

Himmel und Erde
Kartoffeln mit Äpfeln und Speck

1 kg mehlige Kartoffeln
500 g säuerliche Kochäpfel
1 EL Zucker
Salz
150 g durchwachsener Speck
2 EL Butter
2 rote Zwiebeln

Kartoffeln schälen, in grobe Würfel schneiden. Äpfel schälen, entkernen, in Scheiben schneiden. Beides mischen und in einen Topf geben, mit Wasser auffüllen, so daß Äpfel und Kartoffeln eben bedeckt sind, Salz und Zucker hinzufügen, 15 - 20 Min. kochen. Speck und Zwiebeln fein würfeln und in einer Pfanne mit Butter goldbraun braten. Warm halten. Überschüssiges Wasser der Kartoffel-Apfel-Mischung abgießen, Äpfel und Kartoffeln zu Püree stampfen. Mit heißer Specksauce übergießen und sofort servieren. Für den ganz großen Hunger empfehlen sich dazu Bratwürste.

Kartoffelsuppe mit Sauerampfer

750 g mehlige Kartoffeln
1 Lorbeerblatt
1 Zweig Thymian
1 EL Butter
8 EL Crème fraîche
2 dicke Bund Sauerampfer
1 l Gemüse- oder Hühnerbrühe, Rezept Seite 230
Salz und Pfeffer

Kartoffeln schälen und in Würfel schneiden. In der Brühe mit Thymian, Lorbeerblatt und Salz weich kochen. Kartoffeln herausfischen, durch ein Sieb streichen oder durch eine Kartoffelpresse drücken, wieder in die Brühe geben, unter Rühren aufkochen. Sauerampfer waschen, von den dicken Stielen befreien, in den Topf geben, kurz köcheln, bis die Blätter zerfallen sind. Mit Butterflöckchen und Crème fraîche verrühren.

Kartoffeln in Koriandersahne

1 kg kl. festkochende neue Kartoffeln
250 ml Gemüsebrühe, Rezept Seite 230
2 Knoblauchzehen, fein gewürfelt
2 EL Korianderkörner
200 ml Crème fraîche
150 ml Joghurt
1/2 Zitrone, unbehandelt
100 g Möhren
1 Bund Koriandergrün
50 g Butter und Butter zum Einfetten
Salz und Pfeffer

Kartoffeln sorgfältig abbürsten, nicht schälen, halbieren. Große Auflaufform einfetten, Kartoffeln mit der Schnittfläche nach unten dicht nebeneinander hineinsetzen. Etwas salzen und pfeffern, 125 ml Brühe angießen, bei 200 Grad 40 Min. garen. Nach und nach Rest der Brühe angießen. Koriander im Mörser zerstoßen, in einer Pfanne zusammen mit Knoblauch in 20 g Butter rösten, dabei ständig rühren. Joghurt und Crème fraîche verrühren, mit Salz, Pfeffer, Zitronensaft und abgeriebener Zitronenschale abschmecken. Mischung über die Kartoffeln gießen und Rest der Butter in Flöckchen verteilen. Weitere 15 Minuten im Backofen garen. In der Zwischenzeit Möhren schälen und grob raspeln. Koriandergrün grob hacken und mit den Möhren mischen, kurz vor dem Servieren über die Kartoffeln streuen. Dazu ißt man ein kräftiges Bauernbrot.

Kartoffelsalat mit Wurstscheiben und Specksauce

1,5 kg festkochende Kartoffeln
100 g geräucherter Speck, gewürfelt
3 Knoblauchzehen, in Scheiben geschnitten
250 ml Crème fraîche
2 EL Estragonessig
2 TL Senf
etwas Honig
4 Bratwürste
1 Bund Schnittlauch
Salz und Pfeffer, im Mörser zerstoßen

Kartoffeln kochen. Speckwürfel in einer Pfanne auslassen, bis sie goldgelb sind, Knoblauch kurz mitbraten, Crème fraîche, Essig, Senf, Honig, Salz und reichlich im Mörser zerstoßenen Pfeffer hinzufügen. Bratwürste braten, in Scheiben schneiden und mit der Soße vermischen. Kartoffeln pellen, rasch in dicke Scheiben schneiden, mit der Sauce vermengen. Möglichst heiß und mit Schnittlauchröllchen bestreut servieren.

Kartoffelpastete

800 g festkochende Kartoffeln
450 g Blätterteig, tiefgefroren
125 ml Sahne
125 ml Crème fraîche
Zitronensaft
1 Bund Schnittlauch
2 Knoblauchzehen
1 Ei
Salz und Pfeffer

Blätterteig auftauen. Kartoffeln fast gar kochen, pellen, sobald man sie anfassen kann, in dicke Scheiben schneiden und warm halten. Blätterteig ausrollen, mit 2/3 des Teigs eine Quicheform auslegen, 1/3 für den Teigdeckel aufheben. Kartoffeln auf dem Teigboden ausbreiten, salzen, pfeffern, überhängenden Teig über die Kartoffeln legen und mit dem zusammengeschlagenen Ei bepinseln. Deckel auf die Pastete legen und an den Rändern festdrücken. Deckel mit Teigresten dekorieren und mit Ei bepinseln. Bei 200 Grad 30 Min. backen. Sahne und Crème fraîche mit Salz, Pfeffer, Zitronensaft, durchgepreßtem Knoblauch und Schnittlauchröllchen würzen. Ein Loch in den Teigdeckel schneiden und die Sahnemischung hineinschütten, noch etwa 15 Min. backen. Ein frischer, bunter Salat rundet das Gericht ab.

Kartoffelgratin mit Champignons und Schafskäse

1 kg festkochende Kartoffeln
400 g Champignons
150 g Schafskäse
4 Schalotten, fein gewürfelt
1 Knoblauchzehe, durchgepreßt
50 g Butter
2 EL Zitronensaft
1 EL Tomatenmark
250 ml Sahne
150 ml saure Sahne
Muskat
Salz und Pfeffer

Kartoffeln schälen, in sehr dünne Scheiben hobeln, trockentupfen, in eine Schale legen. Sahne und Saure Sahne mit Salz, Pfeffer, Knoblauch, Muskat würzen und über die Kartoffeln gießen. Champignons putzen, sehr fein hacken, mit einem Küchentuch gut auspressen. Schalotten bei milder Hitze in 1 EL Butter gar dünsten, Rest der Butter dazugeben. Champignons zusammen mit den Schalotten wenige Minuten braten, Schafskäse hineinkrümeln, mit Zitronensaft, Tomatenmark und Pfeffer würzen. Gratinform buttern und mit der Hälfte der Kartoffelscheiben auslegen. Darüber die Champignonmasse verteilen und wiederum mit einer zweiten Lage Kartoffeln bedecken. So viel Sahne angießen, daß sie eben zu sehen ist. Butterflöckchen auf der Oberfläche verteilen. Im Backofen bei 180 Grad ca. 50 Min. backen, nach etwa 40 Min. mit Alufolie abdecken.

Kartoffelnachspeise

500 g Kartoffeln
90 g Butter
100 g Rosinen
120 ml Sahne
1 EL Mehl
90 g Honig
Zimt
1 EL Rum
3 Eigelb, 3 Eiweiß
80 g Pinienkerne
Puderzucker zum Bestäuben
Schlagsahne

Rosinen in lauwarmem Wasser quellen lassen. Kartoffeln weich kochen, pellen, durch eine Kartoffelpresse oder durch ein Sieb in eine Schüssel geben. Sofort Butter, Sahne, Rum, Mehl unterrühren. Honig, Zimt, Eigelb hinzufügen und sorgfältig unterrühren. Rosinen abtropfen und mit den Pinienkernen in die Masse rühren. Eiweiß steif schlagen und vorsichtig unterheben. Gratinform mit Butter einfetten, Teigmasse einfüllen. Im Backofen bei 180 Grad etwa 40 Min. backen. Mit Puderzucker bestäuben und heiß servieren. Dazu geschlagene Sahne.

Kartoffelkuchen

Für 6 - 8 Personen

100 g weiche Butter
100 g Honig
3 Eigelb
3 Eiweiß
50 g Zucker
150 g gekochte Kartoffeln
150 g gemahlene Mandeln
6 gemahlene Bittermandeln
1 EL Puderzucker

Butter und Honig schaumig rühren, Eigelb nach und nach dazugeben, Kartoffeln durchpressen und in die Buttermasse einrühren. Gemahlene Mandeln und Bittermandeln in den Teig rühren. Eiweiß und Zucker steif schlagen und unter den Teig heben. Boden einer 23-cm-Springform einfetten, Teig hineinfüllen. Im Backofen bei 175 Grad 40 - 50 Min. backen. Mit Puderzucker bestreuen.

Möhre

Wollte man den Zeitpunkt genau bestimmen, wann die Möhre definitiv als Kulturpflanze genutzt wurde, müßte man sich als Zeitreisender weit, weit in die Vergangenheit zurückversetzen lassen. In der Schweiz stieß man vor einigen Jahren auf Pfahlbauten aus dem 2. Jahrtausend vor Christus - und fand dort auch Möhrensamen. Ob diese Möhren als Heilpflanze oder schon als Gemüse genutzt wurden, ist unklar, und ganz bestimmt handelte es sich damals noch nicht um die langen, rotgelben Möhren, wie wir sie heute kennen. Ihre Urformen waren wohl sehr viel kleiner und blasser und beschränkten sich in ihrer Verbreitung keineswegs auf die Schweiz: ihr Vorkommen im gesamten südeuropäischen Raum und auf dem asiatischen Kontinent hat dafür gesorgt, daß die Möhre heute zu den Gemüsen zählt, die weltweit in großen Mengen angebaut werden. Die Kreuzung von roten und weißen Möhren, aus der »unsere« orangerote Karotte entstanden ist, muß wohl um 1800 gelungen sein. Genug aber mit der Geschichte der Möhre - viel interessanter ist die Gegenwart.

Abgesehen davon, daß die Möhre roh wie gekocht eine wohlschmeckende Bereicherung unseres Speisezettels ist, sind ihre Inhaltsstoffe wichtige Faktoren für eine gesunde Ernährung. Vor allem Sonnenanbeter werden wissen, daß die Möhre viel Karotin enthält, einen Stoff, der zur Bräunung der Haut beiträgt. Aber das ist nur eine angenehme Begleiterscheinung, denn das Karotin ist vor allem für das Auge und die Reinigung des Blutes gut.

Heute werden Möhren fast überall auf der Welt angebaut. In Europa sind sie aufgrund der frühen Aussaat und mehreren Folgeaussaaten das ganze Jahr über erhältlich; die inländische Ernte kann dabei eine gute Hälfte des Bedarfs in Deutschland decken. Dazu kommen Importe aus den Niederlanden, Belgien, Italien, Frankreich und Spanien.

Frühmöhren kommen im Juni in den Handel und werden - sehr dekorativ! - meist bundweise mit ihrem Grün verkauft. Wenn Sie ein Bund Möhren ein paar Tage im Kühlschrank aufbewahren wollen, empfiehlt es sich allerdings, den schönen Busch abzuschneiden, da er den Möhren Feuchtigkeit entzieht. In den Sommer- und Herbstmonaten folgen die sogenannten Waschmöhren. Sie sind nach der Ernte von ihrem Grün befreit, nach Größe sortiert und gesäubert worden. Genau wie die Frühmöhren lassen sie sich nur für eine begrenzte Dauer aufbewahren. Erst die späten Sorten, die bis Anfang November geerntet werden, können bis ins Frühjahr hinein eingelagert werden - weniger allerdings im heimischen Kühlschrank, sondern meist noch beim Bauern, der sie in einem geeigneten Keller oder sogar im Freien ähnlich wie Kartoffeln einmietet. Beim Einkaufen sollten Sie zu jeder Jahreszeit darauf achten, daß sich der Kopf der

Möhre nicht grün verfärbt hat; weiche oder gar matschige Spitzen sind Grund genug, sich beim Händler zu beschweren.
Früh- und Waschmöhren befreit man von Kopf und Spitze; danach genügt es meist schon, sie mit einer Gemüsebürste unter fließendem Wasser kräftig abzureiben.
Wintermöhren - manchmal auch Sandmöhren genannt, weil man sie in feuchtem Sand lagern kann - wird man gründlich waschen und dann mit einem Sparschäler schälen wollen.

Möhrensalat mit Apfel und Fenchel

4 große Möhren
3 mittelgroße säuerliche Äpfel
2 kleine Fenchelknollen
2 - 3 EL Sesam
5 EL Distelöl
1 Zitrone
1 Messerspitze Honig

Gemüse und Äpfel putzen. Fenchelgrün aufheben. Sesam in einer beschichteten Pfanne kurz rösten. Öl, Zitronensaft, Honig verquirlen und abschmecken. Gemüse und Äpfel grob raspeln und sofort mit der Öl-Zitronensauce mischen. Fenchelgrün und Sesam darüberstreuen.

Möhren- und Apfelsuppe

800 g Möhren, fein gewürfelt
4 Äpfel, z. B. Cox Orange
4 weiße Zwiebeln, fein gewürfelt
2 EL Distelöl
20 g Butter
1 Bund Majoran, gehackt
1,5 l Hühner- oder Gemüsebrühe, Rezept Seite 230
Salz und Pfeffer

Öl erhitzen, Zwiebeln darin dünsten, bis sie weich sind. Butter und Möhren dazugeben, weitere 10 Min. dünsten. Äpfel schälen, würfeln und zusammen mit den Möhren 5 - 10 Min. dünsten, bis die Äpfel langsam zerfallen. Brühe angießen, salzen und auf niedriger Flamme 15 - 20 Min. kochen. Die Hälfte des Gemüses mit dem Schaumlöffel herausfischen, die andere Hälfte in der Brühe pürieren. Gemüse wieder in den Topf geben, mit Salz und reichlich Pfeffer abschmecken. Mit Majoran bestreut servieren.

Omelett mit Möhren, Kartoffeln und Minze

4 Möhren, gehobelt
2 Kartoffeln, gehobelt
8 Eier
Butter
1 TL Koriandersamen
1 EL Minze, in Streifen geschnitten
Salz und Pfeffer

Möhren und Kartoffelscheiben in Butter fast gar dünsten. Etwas abkühlen. Koriander und Salz im Mörser zerstoßen. Eier mit einer Gabel verrühren, nicht schaumig schlagen. Gemüse, Koriander, Salz, Minze, Pfeffer und Eier mischen. Abschmecken. Eine beschichtete Pfanne einölen, Eier-Gemüsemischung hineingießen. Bei milder Hitze stocken lassen, ohne zu rühren. Wenn der Boden goldbraun ist, Omelett mit Hilfe eines Deckels wenden und fertigbraten. Dazu paßt gut ein grüner Salat.

Möhren mit Pilzen

800 g Möhren
200 g Champignons
100 g Shiitakepilze
300 ml Rinderbrühe, Rezept Seite 230
200 ml Sahne
50 g Butter
1/2 TL Zucker
Muskat, frisch gerieben
1/2 Bund Dill
1/2 Bund Petersilie
Zitronensaft
Salz und Pfeffer

Möhren und Pilze in feine Scheiben schneiden. 1 EL Butter in einem weiten Topf erhitzen, Möhren hineingeben, kurz andünsten, dann so viel Brühe angießen, daß die Möhren bedeckt sind. Zucker, etwas Salz und Muskat hinzufügen und bei offenem Topf garen, bis die Brühe zu einer cremigen Glasur eingekocht ist. Währenddessen Pilze in 1 EL Butter goldbraun braten, Sahne hinzufügen und einkochen, dann zusammen mit den gehackten Kräutern zu den Möhren in den Topf geben. Vorsichtig umrühren, bis sich die Saucen gut vermischt haben. Mit Salz, Pfeffer und Zitronensaft abschmecken. Die Beilage paßt gut zu gebratenem Rind, Lamm oder Geflügel.

Persische Möhren mit Reis

750 g Möhren
4 Schalotten, fein gehackt
3 EL Butter
1 - 2 EL Honig
1/4 TL Zimt
500 g Langkornreis
2 EL Rosenwasser

Möhren waschen und raspeln. 2 EL Butter erhitzen, Schalotten darin goldgelb dünsten. Geraspelte Möhren, Honig und Zimt dazugeben, etwa 10 Min. sanft dünsten. Reis in einem zweiten Topf fertiggaren. In einem schweren Topf 1 EL Butter schmelzen und abwechselnd Reis und Möhren einschichten, wobei die unterste und oberste Schicht jeweils aus Reis besteht. Rosenwasser darübertröpfeln. Topf zuerst mit einem Tuch abdecken und dann mit dem Deckel. Bei sehr schwacher Hitze 30 Min. ziehen lassen. Schmeckt gut zu gebratenem Lamm oder zu Hackbällchen.

Marokkanischer Möhreneintopf mit Lamm

1 kg Lammschulter ohne Knochen
1 Zwiebel, fein gewürfelt
2 Knoblauchzehen, fein gewürfelt
1 Stück frischer Ingwer, geraspelt
1 TL Zimtpulver
1/4 TL Safran
1 EL Honig
100 g Schalotten, halbiert
1 kg Möhren, in Stifte geschnitten
1 Petersilienwurzel, gewürfelt
1 Bund glatte Petersilie, gehackt
1 EL Koriandergrün, gehackt
2 EL Butter
Zitronensaft
Salz und Pfeffer

Fleisch würfeln, dann mit Zwiebeln und Knoblauch in einen sehr weiten, schweren Topf geben, mit Ingwer, Zimt, Safran, Salz und Pfeffer würzen. Wasser angießen, bis Fleisch und Gemüse fast bedeckt sind. Zugedeckt etwa 50 Min. sanft kochen, bis das Fleisch fast gar ist. Möhren, Schalotten, Petersilienwurzel, die Hälfte der gehackten Petersilie und Honig zum Fleisch in den Topf geben. Gut umrühren, nochmals abschmekken. 30 bis 40 Min. weiterkochen, bis die Flüssigkeit zu einer sirupartigen Sauce eingekocht ist, von Zeit zu Zeit umrühren. Mit Salz, Pfeffer und Zitronensaft abschmecken. Butter unterrühren. Vor dem Servieren mit Koriandergrün und dem Rest der Petersilie bestreuen.

Möhren mit Joghurt und Sahne

1 kg Möhren
100 g Butterfett
1 Stück frischer Ingwer, fein gerieben
5 Kardamomkapseln
1 Becher Joghurt
1 Becher süße Sahne
Zitronensaft
Salz und Pfeffer

Möhren putzen, in dünne Scheiben schneiden und in Butterfett anbraten. Kardamomkapseln im Mörser zerquetschen, Schalen herausnehmen, Samen zerstoßen und zu den Möhren in die Pfanne geben, kurz mitbraten. Mit Salz, Pfeffer und Ingwer abschmecken. Auflaufform buttern, Möhren darin verteilen. Joghurt und Sahne verquirlen, mit Salz und Zitronensaft abschmecken und über die Möhren gießen. Im Backofen bei 200 Grad etwa 30 Min. überbacken. Mit etwas Brot hat man schnell ein eigenständiges Gericht, die Möhren passen aber auch gut zu Bratwürsten.

Glasierte Möhren

1 kg Möhren
40 g Butter
350 ml Rinderbrühe, Rezept Seite 230
1 EL Zucker
1/2 Bund Dill, gehackt
Salz

Möhren schälen und in schmale Stifte schneiden. Butter in einer Pfanne erhitzen, Möhren darin hin- und herrühren, aber nicht bräunen, Brühe angießen, bis die Möhren fast bedeckt sind, Zucker dazugeben, salzen und zugedeckt 10 Min. kochen. Dann die Brühe ohne Deckel bei hoher Hitze unter ständigem Rühren einkochen, bis die Möhren glasiert sind. Mit Dill bestreut als Beilage zu Fisch oder Geflügel servieren.

Englische Möhrentorte

NACHSPEISE FÜR 6-8 PERSONEN

Füllung: 100 g gemahlene Mandeln
400 g Möhren, fein geraspelt
60 g Weißbrotkrümel
2 Eier, 1 Eigelb
150 ml Schlagsahne
60 g Butter
2 EL Weinbrand
1 EL Rosenwasser
80 g Zucker
Muskat, frisch gerieben
Mürbeteig: 250 g Mehl
125 g kalte Butter
1 Ei, 2 EL Zucker
1 Prise Salz, kaltes Wasser

Für das Vorbereiten und Vorbacken des Mürbeteigs siehe Rezept Kürbiskuchen auf Seite 33, aber mit einer 26-cm-Springform. Füllung: Butter schmelzen, abkühlen. Eier und Eigelb mit Zucker schaumig rühren, Butter einrühren. Möhren, Mandeln, Brotkrümel, Muskat, Rosenwasser und Brandy dazugeben, alles gut verrühren. Sahne unterrühren. Abschmecken, eventuell mehr Zucker dazugeben. Füllung in die Springform gießen. Bei 180 Grad 35 - 45 Min. backen. Warm mit Schlagsahne servieren, schmeckt aber auch kalt.

Möhrenkuchen

FÜR 6 - 8 PERSONEN

200 g Möhren
200 g Haselnüsse, gemahlen
50 g Speisestärke
5 Eigelb
4 Eiweiß
100 g Honig
50 g Puderzucker
1 unbehandelte Zitrone
Butter

Möhren schälen und reiben. Honig und Eigelb schaumig rühren, Zitronensaft und abgeriebene Zitronenschale unterrühren. Möhren und Haselnüsse hinzufügen, gut verrühren. Eiweiß zu sehr festem Eischnee mischen und einsieben, weiterschlagen, bis alles verbraucht ist. Eiweiß unter die Möhrenmischung heben. Eckige Kuchenform ausbuttern, Teig einfüllen. Im Backofen bei 180 Grad etwa 60 Min. backen.

Pastinake

Es mag schon sein, daß die Pastinake mit ihrem etwas fremdartigen Namen bei uns recht unbekannt ist. Aber erstens ist das noch gar nicht lange der Fall, und zweitens ist sie ebensowenig exotisch wie die gute alte Möhre. Erst als Möhre und Kartoffel nämlich im 18. Jahrhundert über die Pastinake siegten, geriet dieses nahrhafte Wurzelgemüse im deutschsprachigen Raum nach und nach ins Hintertreffen. In England und in Skandinavien hingegen wird die Pastinake auch heute noch in nennenswertem Umfang angebaut. Gerade die feine Küche in diesen Ländern experimentiert immer öfter mit der Pastinake, die sich bei kreativen Genießern einiger Beliebtheit erfreut. In den Vereinigten Staaten ist sie überdies Bestandteil vieler Rezepte für festliche Weihnachtsessen.

Das weiße bis gelbliche Fleisch der Pastinake ist überaus aromatisch. Dafür ist zum einen der hohe Gehalt an Zucker verantwortlich, der sogar noch zunimmt, wenn die Wurzeln nach dem ersten Frost geerntet werden. Die Süße wird ergänzt durch eine sehr würzige, an Nüsse und Sellerie erinnernde Note, die von den ätherischen Ölen der Pastinake herrührt. Die Pastinake schmeckt also nicht nur sehr intensiv, sie verbreitet auch einen kräftigen Geruch - Grund genug, auch das Kraut zum Würzen von Suppen oder von gekochtem Fleisch zu verwenden.

Die Pastinake zählt von jeher zu den Feldfrüchten, die zunächst gesammelt und bald auch kultiviert wurden. Ihre Verbreitung reicht vom gesamten europäischen Raum bis weit nach Asien hinein. Geerntet werden sie vom Spätherbst an bis ins Frühjahr hinein. In Deutschland allerdings wird das Wurzelgemüse nur sehr selten angebaut. Dabei wäre es mit seinen Kohlehydraten, Vitaminen und Mineralstoffen gerade für die Wintermonate eine geeignete Ergänzung unseres Speisezettels, der doch dem Angebot der verschiedenen Jahreszeiten auf ganz natürliche Art folgen sollte. Wenn man also auf dem Wochenmarkt einmal das Glück hat, Pastinaken zu finden, stammen sie meist aus irgendeiner Ecke im Garten eines Gemüseliebhabers. Vermutlich ist damit wenigstens sichergestellt, daß er Ihnen auch frische, feste Wurzeln mit straffer Haut anbietet.

Ähnlich wie bei Möhren genügt es bei gerade geernteten jungen Pastinaken, die Haut unter fließendem Wasser kräftig mit der Bürste zu bearbeiten. Nur wenn Sie ein paar sehr rauhe Gesellen erwischt haben, müssen Sie das Schälmesser ansetzen.

Pastinaken-Fenchelsuppe

500 g Pastinaken, gewürfelt
300 g Fenchelknollen, gewürfelt
4 Schalotten, gewürfelt
30 g Butter
1 l Hühnerbrühe, Rezept Seite 230
200 ml Sahne
Saft von 1 Orange
1 EL Fenchelkraut, gehackt
Salz und Pfeffer

Butter erhitzen. Pastinaken, Schalotten und Fenchel darin kurz andünsten, salzen und pfeffern, bei schwacher Hitze 10 - 15 Min. dünsten. Heiße Brühe zugießen, weitere 20 Min. kochen. Mit einem Schaumlöffel die Hälfte des Gemüses herausnehmen. Rest in der Brühe pürieren. Sahne zugießen. Gemüsewürfel wieder in die Suppe geben. Mit Salz, Pfeffer und Orangensaft abschmecken. Fenchelkraut darüberstreuen.

Fritierte Pastinaken

1 kg Pastinaken
Öl zum Fritieren
Salz

Pastinaken waschen und in längliche Stücke schneiden, den holzigen Kern eventuell entfernen. In Salzwasser fast gar kochen. Gut abtrocknen. Im Öl goldbraun backen. Auf Küchenpapier abtropfen lassen. Mit Salz bestreut zu Fleisch oder Geflügel servieren.

Pastinaken-Kartoffelbrei

500 g Pastinaken
400 g mehlige Kartoffeln
150 - 250 ml Milch
6 Schalotten, geviertelt
60 g Butter
Muskatnuß, frisch gerieben
1 Bund glatte Petersilie, gehackt
Salz und Pfeffer

Kartoffeln waschen und in einem Siebeinsatz gar dämpfen. Pastinaken sorgfältig bürsten und waschen, in gleich große Stücke schneiden, in Salzwasser gar kochen. Abtropfen, stampfen, warm stellen. 150 ml Milch aufkochen, Schalotten darin garen. Kartoffeln pellen, mit der heißen Milch stampfen. Je nach Konsistenz mehr heiße Milch dazugeben. Mit Muskat, Salz und Pfeffer würzen. Pastinaken- und Kartoffelbrei mischen, Petersilie und Butter dazugeben. Nochmals abschmecken und zu Lamm, Schwein oder Fisch servieren.

Glasierte Pastinaken

600 g kleine Pastinaken
40 g Butter
4 EL Orangensaft
abgeriebene Schale von 1 Orange
1 EL Zucker
1 EL Zitronensaft
1 EL gehackte Zitronenmelisse
1/2 Bund glatte Petersilie
1 EL Sesam
Salz und Pfeffer

Sesam in einer beschichteten Pfanne leicht rösten. Pastinaken gut abbürsten und waschen, in Salzwasser 5 - 10 Min. blanchieren, bis sie fast gar sind. Gut abtropfen. In gleich große, längliche Stücke schneiden. Butter in einem weiten Topf schmelzen, Pastinaken darin goldgelb braten. Zucker darüberstreuen und dabei ständig rühren, dann Orangensaft und Schale dazugeben. Flüssigkeit einkochen, bis die Pastinaken mit einer Glasur überzogen sind. Mit Zitronensaft, Salz und Pfeffer abschmecken. Mit Sesam, gehackter Zitronenmelisse und Petersilie bestreut servieren. Eignet sich als Beilage zu gebratenem Fleisch oder zu Innereien.

Rettich und Radieschen

Mit dem »Radi« und seinem kleinen Bruder, dem Radieschen, sind Sie erstmals bei einem echt bayerischen Gemüse angelangt - endlich. Wie groß aber zugleich die Brücke sein kann, die sich mit diesen deftig-scharfen Rüben bis weit in den Norden hinein schlagen läßt, wird Ihnen das Rezept für das Rettich-Matjestartar verraten. Überhaupt können die Bayern den Rettich keineswegs für sich alleine reklamieren. In China und Japan, aber auch in anderen asiatischen Ländern wird ungleich viel mehr davon angebaut und verzehrt als bei uns. Der Weg, den die Rettichsorten genommen haben, bis sie in Europa angelangten, ist geradezu klassisch zu nennen. Die alten Ägypter und Griechen kannten sie, und die Römer sorgten schließlich dafür, daß Rettich bald auch im Norden ihres Reiches kultiviert wurde.

Daß Rettiche vom Altertum bis in die Gegenwart hinein so sehr geschätzt wurden und werden, liegt nur zum einen an ihrem frischen und saftigen, vor allem aber pfeffrig-würzigen Charakter. Darüber hinaus werden ihren ätherischen Ölen auch Heilkräfte zugeschrieben, die bei Leberproblemen, aber auch bei Gicht oder Erkältungskrankheiten helfen. Die Vitamine und Mineralstoffe des Rettichs tun ein übriges, um ihn zu einem durch und durch gesunden Gemüse zu machen.

Bei uns werden Rettich und Radieschen hauptsächlich in Süddeutschland angebaut - zum kleineren Teil unter Glas, vor allem aber im Freiland. Ergänzende Importe kommen aus den Niederlanden. Erstaunlicherweise ist die Treibhausware einmal nicht unbedingt zarter als die Freilandernte - die geschützt angebauten Rüben neigen eher zum Verholzen. Freilandrettiche sind überdies aromatischer und damit auch schärfer, was ein echter Radi-Freund sicherlich schätzen wird.

Ein bildschöner Radi sollte folgendermaßen aussehen: gerade gewachsen, sauber, glatthäutig und unverletzt. Die Rettiche, die im Frühjahr und zu Beginn des Sommers geerntet werden, kommen meist mit ihrem Laub in den Handel, das nicht gelb und welk aussehen darf. Dasselbe gilt für ein properes Bund Radieschen.

Weder Rettiche noch Radieschen werden vor ihrer Zubereitung geschält; eine feste Gemüsebürste und fließendes Wasser genügen zum Putzen völlig. Eine Ausnahme sind nur die Winterrettiche mit ihrer schwarzen und unverdaulichen Haut. Und wem sein Rettich zu scharf ist, weiß sich zu behelfen, indem er ihn in viele dünne Scheiben auffächert (aber nicht auseinanderschneidet!) und unter Zugabe von Salz kräftig ausweinen läßt.

Radieschensuppe

10 Radieschen in Stifte schneiden und in Salzwasser kurz blanchieren. Rest der Radieschen waschen und kleinschneiden, auch die Blätter. Schalotten in Butter anschwitzen, Kartoffeln ein paar Min. mitdünsten, dann Radieschen und Blätter dazugeben, kurz köcheln, mit heißer Brühe auffüllen und 30 Min. sanft kochen. Mit Salz, Pfeffer, Muskat und Zitronensaft abschmecken. Mit dem Pürierstab pürieren. Topf vom Herd nehmen. Eigelb und Crème fraîche verquirlen, in die Suppe rühren. Die Suppe zum Schluß mit Radieschenstiften bestreuen.

2 Bund frische Radieschen
2 Schalotten, fein gehackt
4 Kartoffeln, grob geraspelt
2 EL Butter
1 l Gemüse- oder Hühnerbrühe, Rezept Seite 230
1 Prise Muskatnuß, frisch gerieben
Zitronensaft
200 ml Crème fraîche
1 Eigelb
Salz und Pfeffer

Radieschensalat mit Frühlingszwiebeln

Radieschen waschen, putzen, zarte Blätter aufheben. Radieschen in Scheiben schneiden, mit Salz und Zucker bestreuen, 30 Min. marinieren, abtropfen lassen. 4 EL des Radieschensaftes aufheben. Radieschensaft, Essig, Öl, Senf und Pfeffer verquirlen. Frühlingszwiebeln in feine Ringe schneiden, Birne schälen und in kleine, dünne Scheiben schneiden. Radieschen, Zwiebeln und Birne mit der Sauce mischen, 5 Min. ziehen lassen. Blätter in Streifen schneiden, über den Salat streuen und servieren.

3 Bund Radieschen
2 Frühlingszwiebeln
1/2 EL Salz
1 EL Zucker
1 EL Balsamessig
4 EL Distelöl
1/2 TL Senf
1 Birne
Pfeffer

Rettich-Radieschensalat mit Orangen

Wasserkresse waschen, harte Stengel entfernen, trockenschleudern. Rettiche waschen, zarte Radieschenblätter aufheben. Rettiche in dünne Scheiben hobeln. Orangen sorgfältig schälen, auch die innere, weiße Haut, Segmente auslösen. Orangen, Rettiche und Wasserkresse mischen. Vinaigrette aus Öl, Zitronensaft, Salz und Pfeffer anrühren. Zitronenmelisse und Radieschenblätter in feine Streifen schneiden. Alle Zutaten mischen und servieren.

1 kleiner weißer Rettich
1 kleiner roter Rettich
1 Bund Radieschen
1 Bund Wasserkresse
2 Orangen
2 EL Zitronensaft
4 EL Distelöl
1 EL frische Zitronenmelisse
Salz und Pfeffer

Rettich-Matjestartar

Vorspeise

Matjes wässern, falls sie zu salzig sind. Rettich und Matjes fein würfeln und miteinander vermischen, mit Zitronensaft und Pfeffer aus dem Mörser abschmecken, eventuell salzen. Schnittlauch in Röllchen schneiden und untermischen. 1/2 Std. durchziehen lassen. Schmeckt gut mit geröstetem Vollkornbrot.

200 g scharfer Rettich oder Radieschen
200 g milde Matjesfilets
1 Bund Schnittlauch
Zitronensaft
Salz und Pfeffer

Rote Bete

Der Rettich oder etwa der Knoblauch lehren uns, daß Gemüse mit ausgeprägtem Geruch oder Geschmack nicht nur Freunde haben. Bei der Roten Bete ist das ähnlich, nur daß hier vermutlich der alles überdeckende rote Farbstoff für Befremden sorgt. Die Nachfrage nach dieser Feldfrucht mit ihrem hohen Anteil an Vitaminen und Mineralstoffen ist in Deutschland also recht gering. Ein großer Teil der Ernte und der Importe etwa aus Holland wird hingegen zu sauer eingelegten Konserven verarbeitet; so zubereitet scheint sich die Rote Rübe, die in ihrer jetzigen Kulturform überhaupt ein recht junges Gemüse ist, fast größerer Beliebtheit zu erfreuen.

Die Roten Rüben aus der neuen Ernte kommen in den Monaten Mai, Juni und Juli auf den Markt. Sie werden oft mit Blättern verkauft, und Blätter sind immer ein gutes Indiz für den Zustand der ganzen Pflanze. (Sie müssen die Blätter nicht einmal wegwerfen; suchen Sie sich ein schönes Spinat-Rezept aus und nehmen Sie statt seiner die Blätter der Roten Bete.) Den gesamten Rest des Jahres bestimmen eher die ausgewachsenen Rüben ohne Laub den Markt. Aber auch hier können Sie mit einem Drucktest feststellen, ob Sie gute Ware vor sich haben. Rote Beten dürfen nicht weich sein und keine Verletzungen aufweisen. Die Stielansätze sollten noch vorhanden sein, anderenfalls verliert die Rübe an Saft, wird weich und faulig.

Für die Zubereitung von Roten Beten sollten Sie ein paar Stunden veranschlagen - wobei Sie die meiste Zeit davon gar nicht viel tun müssen. Die Roten Beten werden vorsichtig abgewaschen, aber nicht abgebürstet, weil sonst die Haut verletzt werden und Saft austreten könnte. Die Blätter nebst Stielen sollten nicht direkt an der Knolle angeschnitten werden; lassen Sie ein paar Zentimeter stehen, da sonst auch in diesem Fall Saft verloren geht. Das ungeschälte Gemüse muß nun etwa eine bis anderthalb Stunden in gesalzenem Wasser kochen; die genaue Zeit hängt vom Alter und von der Größe der Knollen ab. Sie können Rote Beten auch bei etwa 150 Grad im Backofen garen lassen, indem Sie sie zusammen mit ein wenig Wasser in eine feuerfeste Form geben. Das dauert länger, nämlich drei oder vier Stunden, aber das Aroma der Roten Beten bleibt bei der verhältnismäßig niedrigen Temperatur besser erhalten. Ob gekocht oder gebacken, wenn die Knollen einmal gar sind, läßt man sie einen Moment abkühlen, um sie schälen zu können. Wie es dann weitergehen kann, verraten Ihnen die nachfolgenden Rezepte.

Pürierte Rote-Bete-Suppe

Rote Bete schälen, grob raffeln. Apfel und Birnen schälen und in kleine Stücke schneiden. Ingwer raffeln. Rote Bete, Apfel, Birnen und Ingwer bei schwacher Hitze 2 - 3 Std. gar ziehen lassen. Alles pürieren. Speisestärke in Rotwein verrühren und damit die Suppe leicht andicken. Mit Salz abschmekken. Crème fraîche und saure Sahne verquirlen, getrennt zur Suppe servieren.

500 g rohe Rote Bete
1 säuerlicher Apfel
2 reife Birnen
1 1/2 l Hühnerbrühe, Rezept Seite 230
3 EL Rotwein
frische Ingwerwurzel
1 - 2 TL Speisestärke
1/2 Becher Crème fraîche
1/2 Becher saure Sahne
Salz

Rote-Bete-Salat mit Matjes

VORSPEISE

Rote Bete in Scheiben schneiden. Matjesfilets kalt abspülen und in mundgerechte Stücke schneiden. Salat waschen und trockenschleudern. Orangen schälen, weiße Haut entfernen, in Scheiben schneiden und dann vierteln. Zwiebeln fein würfeln. Rote Bete, Matjes, Salat, Orangen und Zwiebeln in einer flachen Schüssel gleichmäßig verteilen, aber möglichst nicht mischen, weil sonst der Salat durch die Rote Bete dunkelrot wird. Aus Olivenöl, Zitronensaft, Orangensaft, Senf, Salz, Pfeffer eine Salatsauce bereiten und über den Salat träufeln. Mit Schnittlauchröllchen bestreuen.

2 mittelgroße Rote Beten, gekocht
100 g Feldsalat
8 Matjesfilets
2 Orangen
2 rote Zwiebeln
1 Bund Schnittlauch
5 EL Olivenöl
2 EL Orangensaft
2 EL Zitronensaft
1/2 TL Senf
Salz und Pfeffer, im Mörser zerstoßen

Ukrainischer Borschtsch (Rote-Bete-Eintopf)

FÜR 8 PERSONEN

Rote Bete, Möhre und Sellerie grob raspeln, Kartoffeln würfeln, Kohl in Streifen schneiden, Zwiebeln und Knoblauch fein hacken, Tomaten enthäuten und grob hacken. In einem großen Topf Butter schmelzen, Zwiebeln und Knoblauch glasig werden lassen. Rote Bete, Möhre, Sellerie und die Hälfte der Tomaten dazugeben, mit Zucker, Essig, Salz und Pfeffer würzen. 500 ml Brühe dazugeben, umrühren und zugedeckt bei schwacher Hitze 50 Min. kochen. 1 1/2 l Brühe in einem zweiten großen Topf zum Kochen bringen. Kohl und Kartoffeln dazugeben, halb zugedeckt 10 - 15 Min. kochen, bis die Kartoffeln gar sind. Beide Gemüsemischungen im größeren Topf zusammenschütten, Rest der Tomaten hinzufügen und weitere 5 Min. kochen. Mit Salz, Pfeffer, Zucker und Essig abschmecken. In einer Schale saure Sahne mit gehackter Petersilie vermischen. Getrennt zur Suppe servieren.

500 g rohe Rote Bete
400 g Kartoffeln
1 kl. Weiß- oder Wirsingkohl
2 kl. Zwiebeln
2 Knoblauchzehen
1/2 Sellerieknolle
1 Möhre
4 Tomaten
2 l Rinderbrühe, Rezept Seite 230
50 g Butter
1 TL Zucker
3 - 5 EL Rotweinessig
300 ml saure Sahne
1 Bund glatte Petersilie
Salz und Pfeffer, im Mörser zerstoßen

Rote-Bete-Mischmasch

300 g gekochte oder gebackene Rote Bete
400 g gekochte Kartoffeln
1 rote Zwiebel, fein gehackt
1 EL Majoran, frisch gehackt
350 g Corned Beef aus der Dose
50 g Butter
Zitronensaft
Salz und Pfeffer

Rote Bete, Kartoffeln und Corned Beef würfeln, mit der gehackten Zwiebel, wenig Salz, etwas Zitronensaft und Pfeffer mischen und dann für einige Std. zum Durchziehen kühl stellen. Butter in einer schweren Pfanne aufschäumen, Gemüsemischung dazugeben, kurz umrühren und dann mit einem Kochlöffel zusammendrücken. Hitze reduzieren, ca. 15 Min. braten, bis sich am Boden eine hellbraune Kruste bildet. Umrühren, so daß die Kruste aufbricht. 4 EL Wasser hinzufügen, die Masse wieder zusammendrücken und weiter braten, bis sich eine zweite Kruste gebildet hat. Vor dem Servieren mit Majoran bestreuen. Zusammen mit Spiegelei und einem grünen Salat servieren.

Rote-Bete-Sauce mit Pernod

2 mittelgroße Rote Beten, gekocht
6 EL Himbeeressig
1 TL Honig
200 ml dicke Sahne (Crème double) oder Crème fraîche
2 EL Pernod
125 ml Hühnerbrühe, Rezept Seite 230
1 EL Senf
6 Blätter Salbei
Salz und Pfeffer, frisch aus dem Mörser

Rote Bete schälen, in kleine Würfel schneiden. Essig in einen Topf geben, dann Rote Bete, Salz und Honig hinzufügen und zugedeckt 10 Min. köcheln. Dann ohne Deckel kochen, bis die Flüssigkeit verdampft ist. Sahne erhitzen und zusammen mit der Roten Bete pürieren. Nach und nach solange Hühnerbrühe dazugeben, bis eine cremige Sauce entsteht. Mit Pernod, Salz, Senf und Pfeffer abschmecken. Vor dem Servieren mit Salbeistreifen garnieren. Schmeckt gut zu gebratenem Fisch, z.B. Kabeljau, Scholle, Rotbarsch, oder zu gebratenen Nieren.

Rote Bete mit Apfel

2 mittelgroße Rote Beten, gekocht
2 säuerliche Äpfel
30 g Butter
1 EL Öl
3 EL Zitronensaft
1 TL frischer geriebener Meerrettich
1 kl. Bund glatte Petersilie oder Schnittlauch
Salz und Pfeffer, im Mörser zerstoßen

Rote Bete schälen, in Scheiben schneiden und vierteln. Gekochte Äpfel schälen, Kerngehäuse entfernen, in große Scheiben oder Würfel schneiden. Öl und Butter in einer schweren Pfanne aufschäumen, Apfelscheiben hinzufügen und goldbraun werden lassen. In eine Schüssel füllen, warm halten. Rote-Bete-Scheiben in der gleichen Pfanne schmoren, bis sie heiß sind, dann zu den Äpfeln in die Schüssel geben. Zitronensaft und Meerrettich in die Pfanne geben, mit Schmorflüssigkeit und Fett zusammenrühren, salzen und pfeffern, über das Gemüse gießen, eventuell nachwürzen. Vor dem Servieren mit gehackter Petersilie oder Schnittlauchröllchen bestreuen. Eignet sich als Beilage hervorragend zu Lammkoteletts.

Rote Bete mit Meerrettich

800 g rohe Rote Bete
2 rote Zwiebeln
30 g Butter
3 EL Crème fraîche
1 EL frisch geriebener Meerrettich
1 TL Senf
1/2 TL frisch geriebener Ingwer
1 TL Honig oder Zucker
Salz und Pfeffer, im Mörser zerstoßen

Rote Bete waschen, schälen und mit einem Gurkenhobel in dünne Scheiben hobeln. Zwiebeln fein würfeln, in Butter glasig werden lassen. Rote Bete hinzufügen, salzen, mit wenig Wasser etwa 40 Min. garen. Dann die restlichen Zutaten hinzufügen, alles verrühren, abschmecken. 1/2 Std. durchziehen lassen. Vor dem Essen vorsichtig aufwärmen und zu kurzgebratenem Fleisch oder auch nur zu Kartoffeln servieren.

Rote Bete mit Kartoffelbrei

4 mittelgroße Rote Beten, gekocht
Kartoffelbrei von 1 kg Kartoffeln
2 kl. rote Zwiebeln
60 g Butter
1 EL Mehl
3 - 4 EL Zucker
2 EL Weißweinessig
4 EL Crème fraîche
1 Bund Dill
150 ml Milch
150 ml Sahne
Salz und Pfeffer, im Mörser zerstoßen

Butter in einer Pfanne aufschäumen, Zwiebeln fein würfeln und darin zugedeckt weich dünsten. Rote Bete schälen, in kleine Würfel schneiden, auf die Zwiebeln geben, Mehl darüberstäuben. Milch und Sahne mischen und unter das Gemüse rühren. Weitere 15 Min. kochen, dabei von Zeit zu Zeit umrühren. Mit Salz, Pfeffer, Zucker und Essig abschmecken. Crème fraîche mit gehacktem Dill mischen und in das Gemüse rühren. Den heißen Kartoffelbrei in eine vorgewärmte Schüssel geben, die Mitte etwas vertiefen, Rote Bete einfüllen und zum Beispiel zu kurzgebratenem Fleisch servieren.

Rote-Bete-Püree

300 g Rote Bete, gekocht
300 g mehlige Kartoffeln, gekocht
100 ml saure Sahne oder Crème fraîche
50 g Butter
1 Bund Dill
Salz und Pfeffer, frisch aus dem Mörser

Frisch gekochte Rote Bete und Kartoffeln grob zerhacken und mit saurer Sahne, Salz und Pfeffer pürieren. Mit Butter vorsichtig wieder erhitzen. Kurz vor dem Servieren gehackten Dill darüberstreuen. Paßt als Beilage gut zu Fisch.

Rübchen

Was ist los mit dem Rübchen, daß ihm ein so schlechter Ruf vorauseilt? Vielleicht rührt dies aus den Zeiten großer Not in den vergangenen Jahrhunderten, als allein die Speiserübe noch eine Chance bot, satt zu werden. Und dann hängt der Rübe natürlich auch das Etikett »Viehfutter« an - keine gute Basis, um sie Freunden der feinen Küche schmackhaft zu machen. Tatsächlich hatte dieses Gemüse in den vergangenen Jahrzehnten eine eher geringe Bedeutung, was seine kreative Verarbeitung in Rezepten angeht.

Es sieht so aus, als könnte sich das ändern, denn die Landwirtschaft hat die schnellwachsenden Mairübchen insofern wiederentdeckt, als daß sie sich im Frühjahr hervorragend für die erste Bewirtschaftung eines Feldes eignen, und dasselbe gilt für die letzte Aussaat im Jahr, da Herbstrüben winterfest sind.

In den nachfolgenden Rezepten werden Sie mit den zartesten Sorten der Speiserübe in Berührung kommen, dem jungen Mairübchen, der Herbstrübe (auch Weiße Rübe genannt) und dem Teltower Rübchen - eine gute Gelegenheit, neue Entdeckungen zu machen.

Die Speiserübe hat sich, was ihre Geschichte angeht, schnell auf der ganzen Welt verbreitet. Sie diente, wie schon erwähnt, Mensch und Tier als billiges Nahrungsmittel. Heute werden die drei genannten Sorten der Speiserübe eher in geringem Umfang angebaut. Spitzenreiter ist das Rheinland, wo sich dieses vitaminreiche, aber sehr kalorienarme Gemüse in der regionalen Küche wieder zunehmender Beliebtheit erfreut. Aber auch die Niederlande beliefern den deutschen Markt mit kleinen Mengen. Junge Mairüben kommen - wie könnte es anders sein - im Mai in die Geschäfte, die kleinen und zarten Teltower Rübchen vom Frühsommer bis in den Spätherbst hinein. Im Oktober und November beginnt die Ernte der Weißen Rüben. Mairüben und Teltower Rübchen müssen jung geerntet und möglichst rasch in den Handel kommen; sie eignen sich nicht zum Einlagern und sollten auch zu Hause nicht länger als ein paar Tage im Kühlfach liegen. Beide Rübensorten sind in der Regel desto besser, je kleiner sie sind. Die Blätter, die man bei der Ernte an den Rüben beläßt, dürfen nicht welk aussehen. Im übrigen müssen die Rübchen fest und gleichmäßig gewachsen sein, ihre Schalen ohne Risse oder Verletzungen sein. Gleiches gilt für die Herbst- oder Weiße Rübe, die man möglichst gleich zu Beginn der Saison kaufen sollte, weil sie dann am zartesten ist.

Rüben werden grundsätzlich geschält und meist gekocht verwendet; rohe Rübchen besitzen einen erfrischenden Geschmack, der an Kohlrabi erinnert, so daß man sie auch einmal so essen kann. Die frischen, feinen Blätter der Mairübe können mitgekocht oder sogar als ganz eigenes Gemüse etwa wie Spinat zubereitet werden.

Rübchen- und Pampelmusensalat

500 g sehr junge Rübchen
4 EL Olivenöl
1/2 gelbe Pampelmuse
1 rosa Pampelmuse
2 Knoblauchzehen, durchgepreßt
Honig
ein paar Blättchen Zitronenmelisse
Salz und Pfeffer

Rübchen waschen und in sehr dünne Scheiben hobeln. Olivenöl, Saft der gelben Pampelmuse, Knoblauch, Honig, Salz und Pfeffer verquirlen und Rübchen darin 1 Std. marinieren. Rosa Pampelmuse schälen, dabei auch die weiße Haut entfernen. Pampelmuse in Schnitze zerteilen, grob hacken und unter den Salat mischen. Melisseblättchen in Streifen schneiden und über den Salat streuen.

Weiße Rübchensuppe

400 g junge Rübchen
200 g Kartoffeln
2 EL Butter
1 Bund Frühlingszwiebeln
1 l Rinderbrühe, Rezept Seite 230
200 ml dicke Sahne (Crème double)
2 Eigelb
Muskat, frisch gerieben
Salz und Pfeffer

Rübchen und Kartoffeln schälen und würfeln. Frühlingszwiebeln mitsamt dem grünen Teil in Ringe schneiden. Butter in einem schweren Topf erhitzen, Zwiebeln, Rübchen und Kartoffeln darin anschwitzen. Mit Brühe auffüllen, salzen, Muskat hinzufügen, 20 - 30 Min. garen, bis das Gemüse weich ist. Die Hälfte des Gemüses herausfischen, den Rest in der Brühe pürieren. Gemüse wieder dazugeben, Brühe angießen, bis die Suppe die gewünschte Konsistenz hat. Vorsichtig erhitzen, Suppe vom Herd ziehen. Sahne und Eigelb verquirlen und mit nicht mehr kochender Suppe vorsichtig auffüllen, dann in den Topf zurückgießen. Eventuell erneut erhitzen, aber nicht kochen, dabei rühren. Nochmals mit Salz, Pfeffer und Muskat abschmecken.

Auflauf mit weißen Rübchen, Kartoffeln, Fenchel und Knollensellerie

4 weiße Rübchen
2 Kartoffeln
2 Fenchelknollen
1/2 Sellerieknolle
400 ml Crème fraîche
1 Prise Muskat, frisch gerieben
100 g Gruyère, gerieben
40 g Butter
Salz und Pfeffer

Gemüse waschen, in Salzwasser fast gar kochen oder dämpfen. Etwas abkühlen lassen, dann in gleich große Scheiben schneiden. Crème fraîche mit Salz, Pfeffer, Muskat würzen und in einem großen Topf zum Kochen bringen, Gemüsescheiben vorsichtig einrühren, so daß sie nicht brechen, und kurz ziehen lassen. Gratinform buttern, Gemüsemischung mit Sahne einfüllen und mit geriebenem Käse bestreuen, Butterflöckchen darauf verteilen. Im Backofen bei 180 Grad 20 - 30 Min. backen.

Teltower Rübchen

500 g kl. Teltower Rübchen
2 EL Zucker
2 EL Distelöl
200 ml Gemüsebrühe, Rezept Seite 230
1 TL Stärkemehl
1 Bund glatte Petersilie, fein gehackt
Salz und Pfeffer

Rübchen schälen und waschen. Öl im Topf erhitzen, Zucker dazugeben, bei ständigem Rühren langsam goldgelb werden lassen. Rübchen in den Topf geben, rühren, bis sie goldgelb sind. Heiße Brühe zugießen und zugedeckt 30 - 40 Min. sanft garen. Von Zeit zu Zeit umrühren. Stärke in etwas Wasser glattrühren, dann in den Gemüsesud einrühren. Noch einmal aufkochen, mit Salz und Pfeffer abschmecken. Mit Petersilie bestreut zu kurzgebratenem Fleisch oder zu Geflügel servieren.

Madrid

Schwarzwurzel

Um es vorwegzunehmen: Ein Spaß ist es nicht gerade, Schwarzwurzeln zu schälen. Die langen, elastischen Wurzeln müssen unter fließendem Wasser gut abgebürstet und danach mit einem Sparschäler von ihrer dicken, manchmal fast korkigen Schale befreit werden. Dabei tritt der weißliche Saft der Schwarzwurzel aus, der zum einen schnell braun wird und dabei auch die Hände klebrig macht. Was das Gemüse selbst angeht, so kann die unschöne Verfärbung dadurch verhindert werden, daß man die geschälte und in Stücke geschnittene Wurzel sogleich in Essigwasser legt. Hinsichtlich Ihrer Hände bleibt zum einen nur der Tip, Gummihandschuhe zu tragen, zum anderen aber auch die Möglichkeit, die abgebürsteten Wurzeln gute zehn Minuten kochen zu lassen. Danach läßt sich die Schale leichter abziehen.

Wer diese Mühen nicht scheut, wird mit einem Gemüse belohnt, das mit seinem sahnig-milden, an Mandeln erinnernden Geschmack einen ganz eigenen Charakter besitzt. Immer öfter möchte man sich außerdem beim Kochen bewußt nach den Jahreszeiten richten, und hier wird man in der Schwarzwurzel ein nährstoffreiches Wintergemüse entdecken, das zart und leichtverdaulich ist.

Die historischen Spuren der Schwarzwurzel lassen sich nur bis nach Spanien und auch nur bis in das späte 16. Jahrhundert zurückverfolgen. Aus dieser Zeit rührt ihr Ruf als Heilpflanze, deren Inhaltsstoffe gegen die Pest und gegen Schlangenbisse wirken sollten. Gegen derartige Unpäßlichkeiten muß man die Schwarzwurzel heute nicht mehr einsetzen, aber als leichte Kost für magenempfindliche Esser und - wegen des hohen Gehaltes an Inulin - auch für Zuckerkranke eignet sie sich allemal. Heute wird die Schwarzwurzel in Deutschland nur in kleinen Mengen angebaut; die Tendenz scheint allerdings im Steigen begriffen zu sein. Was der Markt darüber hinaus benötigt, kommt vor allem aus Belgien und Frankreich.

Eigentlich müßte die Schwarzwurzel immer frisch in die Geschäfte kommen. Sie ist winterhart und kann, solange die Böden nicht gefroren sind, je nach Bedarf schnell geerntet werden und ohne Verzug in den Handel kommen. Auch zum Einlagern beim Erzeuger eignet sie sich durchaus.

Achten Sie beim Einkauf insbesondere darauf, daß die Wurzel unverletzt ist; hat sie bereits Risse, so ist auch ein Teil ihres milchigen Saftes ausgetreten, und sie wird vermutlich schon recht ausgetrocknet sein. Ansonsten sollen die Stangen gerade gewachsen und möglichst dick sein, weil dann das Schälen leichter von der Hand geht. Lassen Sie Ihren Gemüsemann eine Wurzel anschneiden: wenn dann reichlich weiße Flüssigkeit austritt, haben Sie gute Ware vor sich.

Schwarzwurzelsuppe mit Anis

500 g Schwarzwurzeln
500 ml Wasser
500 ml Milch
100 ml Crème fraîche
1 Eigelb
4 EL Vollkornreis
1 unbehandelte Zitrone
1 Prise Anis
1 EL Fenchelkraut, fein gehackt
Salz

Schwarzwurzeln schälen, in kurze Stücke schneiden und sofort in Essigwasser legen, damit sie nicht braun werden. Reis in Milch und Wasser zum Kochen bringen, dann 15 Min. kochen. Schwarzwurzeln abtropfen und hineingeben, weitere 30 Min. garen. Schwarzwurzeln und Reis mit dem Pürierstab pürieren. Salz und Anis dazugeben. Suppe aufkochen und vom Herd nehmen. Zitronenschale abreiben. Eigelb, Crème fraîche und Zitronenschale mischen und in die nicht mehr kochende Suppe rühren. Mit Zitronensaft und frischem Fenchelkraut abschmecken.

Schwarzwurzelpastete mit Huhn

700 g Schwarzwurzeln
400 g gekochtes Hühnerfleisch
450 g Tiefkühlblätterteig, aufgetaut
200 g Champignons
2 kl. Zwiebeln
100 ml Sahne
2 EL Butter
1 Ei
1 Bund Estragon, fein gehackt
Saft von 2 Zitronen
Muskat, frisch gerieben
Salz und Pfeffer

Hühnerfleisch in Stücke schneiden. Schwarzwurzeln schälen, sofort in Essigwasser legen, damit sie nicht braun werden. Schwarzwurzeln in Salzwasser mit dem Saft einer Zitrone 20 Min. kochen. Champignons abreiben, in Scheiben schneiden, mit Zitronensaft beträufeln. Zwiebeln fein würfeln und in 2 EL Butter andünsten. Hitze erhöhen, Pilze dazugeben und goldgelb braten. Zitronensaft dazugeben, einkochen. Pilze in die Schüssel mit Hühnerfleisch geben. Schwarzwurzeln abtropfen, in kleine Stücke schneiden und mit Hühnerfleisch und Pilzen mischen. Mit Salz, Pfeffer und Muskat würzen. Estragon hinzufügen, gut durchmischen. 2/3 des Blätterteigs ausrollen und eine 26-cm-Springform damit auslegen. 1/3 des Teigs für den Deckel ausrollen. Fleisch-Gemüse-Mischung in die Springform geben. Teigdeckel mit Eiweiß an den Rand kleben, in die Deckelmitte ein Loch schneiden. Pastete mit Eigelb einpinseln. Im Backofen bei 180 Grad 30 Min. backen. Sahne durch das Loch in die Pastete gießen, weitere 10 Min. backen.

Schwarzwurzeln in Orangensirup

1 kg Schwarzwurzeln
60 ml Weißweinessig
2 EL Mehl
1 Zitrone
1 unbehandelte Orange
125 ml Orangensaft
50 g Butter
1 TL Zucker
Kerbel
Salz und Pfeffer

Schwarzwurzeln schälen, in 4 cm lange Stücke schneiden, sofort in Essig legen. Mehl in 2 l Wasser einrühren, Zitronensaft und Salz dazugeben und Schwarzwurzeln darin 5 Min. kochen. Herdplatte ausschalten, Topf zugedeckt 20 Min. auf dem Herd stehen lassen. Die Hälfte der Orangenschale mit einem Zestenschneider von der Orange ziehen, kurz in kochendem Wasser blanchieren, abkühlen lassen. Schwarzwurzeln abgießen, trockentupfen. Butter erhitzen, Schwarzwurzeln darin goldgelb braten, mit Zucker bestreuen und umrühren, bis der Zucker karamelisiert. Orangensaft zugießen und zu einem dicklichen Sirup einkochen. Mit Salz und Pfeffer abschmecken, Kerbel und Orangenzesten darüberstreuen. Eine schöne Beilage zu Ente oder Lamm.

Sellerie

Was wäre das Bund Suppengrün, das man für eine gute Gemüsebrühe unbedingt benötigt, ohne ein Stück Knollensellerie? Nichts, denn der Sellerie mit seinen ätherischen Ölen trägt viel dazu bei, daß die Brühe eine gehaltvolle und kräftige Note erhält. Nun kann der Knollensellerie keineswegs nur Suppen oder Eintöpfe aromatisieren. Mittlerweile gibt es rein weißfleischige Sorten, die sich beim Kochen nicht mehr so verfärben, wie das früher einmal der Fall war.

Gegenüber dem Stangen- oder Bleichsellerie scheint der Knollensellerie der weitaus ältere der beiden Brüder zu sein, zumindest was seine Kultivierung durch den Menschen angeht. Ursprünglich im Mittelmeerraum beheimatet, galt er schon bei den alten Römern und Griechen als wertvolle Heilpflanze, und auch heute wird er zur Herstellung pharmazeutischer Präparate etwa gegen Erkältungskrankheiten oder zur Förderung des Stoffwechsels verwendet.

Ende Mai gelangt die neue Ernte des Knollenselleries zum Verkauf. Die jungen, oft noch sehr kleinen Knollen sind köstlich und eignen sich besonders gut für einen Waldorfsalat. Die Erträge steigern sich im Laufe des Sommers stetig und erreichen ihren Höhepunkt in der Regel im November, weil dann auch die Lagerware geerntet wird, die sich beim Bauern den ganzen Winter über hält. Was der Markt darüber hinaus verkraftet, wird aus Holland, Frankreich und Belgien angeliefert.

Die deutsche Freilandernte des Stangenselleries (den man genaugenommen nicht unter den Knollen-, sondern unter den Stielgemüsen behandeln müßte) beginnt etwas später, nämlich im Juli; auch sie hält bis in den November hinein an. Stangensellerie ist allerdings kein Lagergemüse, so daß wir in den Wintermonaten auf die Importe aus Spanien und Italien angewiesen sind. Auch Großbritannien, wo Bleichsellerie außerordentlich beliebt ist, exportiert dieses Gemüse.

Den Sommer über sollten Erzeuger und Händler darauf achten, daß sie die langen Blätter des Selleries an der Knolle belassen. Zum einen geben sie Auskunft über die Qualität der Ware; zum anderen eignen sie sich als zusätzliches Würzmittel. Ansonsten muß die Knolle einem Fingerdruck standhalten können und insgesamt ohne Verletzungen und faule Stellen sein. Beim Bleichsellerie erkennt man schnell, womit man es zu tun hat. Die Stangen müssen glatt und ohne Flecke sein, das Laub frisch und von kräftiger Farbe.

Knollensellerie wird, bis auf wenige Ausnahmen, meist gekocht zubereitet. Dazu bürstet man die Knolle unter fließendem Wasser kräftig ab, schält sie und schneidet sie je nach Rezept in Stücke oder Stifte. In das Kochwasser kann man durchaus eine Handvoll klein gehackter Sellerieblätter geben. Roher Stangensellerie eignet sich bestens zum Dippen - als Vorspeise beispielsweise, aber auch zum Aperitif oder einfach zwischendurch. Vorbereitet sind die Stengel schnell. Die Wurzelenden einer Staude werden abgeschnitten, die einzelnen Stangen gut gewaschen und möglicherweise von allzu dicken Fäden befreit. Alles andere verraten Ihnen die nachfolgenden Rezepte.

Waldorfsalat

2 kl. Sellerieknollen
3 säuerliche Äpfel
5 EL Orangensaft
2 Eigelb, zimmerwarm
200 ml Walnußöl
3 EL Zitronensaft
1/4 TL Zucker
Cayennepfeffer
20 g Walnüsse, gehackt
Salz

Sellerie schälen und in streichholzfeine Streifen schneiden, Äpfel sehr klein würfeln und alles in Orangensaft marinieren. Eigelb mit Zitronensaft verquirlen, tropfenweise Öl einschlagen, bis das Öl verbraucht und eine Mayonnaise entstanden ist. Mit Salz, Cayennepfeffer und Zucker abschmecken. Sellerie und Sauce mischen, mit Walnüssen bestreut servieren.

Holländische Fischsuppe mit Knollensellerie

500 g Knollensellerie
1 l Fischbrühe, Rezept Seite 230
300 g Aal
300 g Rotbarschfilet
300 g Seehechtfilet (oder anderes Fischfilet mit festem Fleisch)
100 ml Sahne
1/2 Bund glatte Petersilie
1 Zitrone
Zitronensaft
Salz und Pfeffer

Fisch in mundgerechte Stücke schneiden und mit Zitronensaft beträufeln. Sellerie schälen, eine Hälfte würfeln, die andere Hälfte in sehr dünne Streifen schneiden. Gewürfelten Sellerie in der Brühe weich garen, dann in der Brühe fein pürieren. Fisch und Selleriestreifen in der heißen Suppe 5 - 8 Min. gar ziehen lassen. Fisch herausnehmen und in eine vorgewärmte Terrine legen. Suppe nochmals aufkochen, Sahne angießen, mit Salz, Pfeffer und Zitronensaft abschmecken, in die Terrine gießen, mit grob gehackter Petersilie bestreuen.

Kartoffel-Selleriepfannkuchen

Kleines Zwischengericht

1 Sellerieknolle
3 große Kartoffeln
2 EL Butter
2 EL Traubenkernöl
1 Becher saure Sahne
1 Becher Crème fraîche
2 Knoblauchzehen
1 Bund Schnittlauch
Zitronensaft
1/4 TL Honig
Salz

Sellerie und Kartoffeln schälen, fein raspeln, mischen und salzen, 6 kleine, flache Puffer formen und in Butter und Öl von beiden Seiten goldbraun braten. Warm halten. In der Zwischenzeit saure Sahne und Crème fraîche verrühren, Knoblauch durchpressen und dazugeben, mit Salz, Honig und Zitronensaft abschmecken, Schnittlauch in Röllchen schneiden, darüberstreuen. Zu den Pfannkuchen servieren.

Geschmorter Stangensellerie mit Morcheln

Vorspeise

2 Stauden Stangensellerie
50 g getrocknete Morcheln
2 EL Butter
200 ml Kalbsbrühe, Rezept Seite 230
2 EL Sherryessig
1 Bund Kerbel
4 EL Olivenöl extra
Salz und Pfeffer

Morcheln mindestens 4 Std. in warmem Wasser einweichen. Sellerie putzen, in 4 cm lange Stücke schneiden und in Butter kurz andünsten, aber nicht bräunen. Kalbsbrühe angießen, salzen und pfeffern, Sellerie bei schwacher Hitze 20 Min. garen. Morcheln gründlich abspülen und in etwa gleich große Stücke schneiden. Einweichwasser durch ein Tuch gießen. Morcheln und Einweichwasser zum Sellerie geben und weitere 10 Min. garen. Gemüse mit einer Schaumkelle aus dem Topf nehmen und beiseite stellen. Kochsud auf die Hälfte einkochen, mit Essig, Salz und Pfeffer abschmecken, dann über Sellerie und Pilze gießen. Kurz vor dem Servieren Kerbel und Olivenöl über dem Gemüse verteilen.

Selleriegratin mit Kartoffeln, Steinpilzen und Tomaten

800 g Knollensellerie
700 g Kartoffeln
15 g getrocknete Steinpilze
500 g Tomaten
4 Knoblauchzehen, fein gehackt
20 g Butter
150 ml Crème fraîche
Saft von 1 Zitrone
2 EL Olivenöl
Salz und Pfeffer

Backofen auf 180 Grad vorheizen. Steinpilze einweichen. Kartoffeln ungeschält knapp gar kochen, pellen und in Scheiben schneiden. Sellerie schälen, vierteln, in Scheiben schneiden, in Salzwasser mit dem Saft einer halben Zitrone 10 Min. knapp garen, abtropfen. Etwas Kochwasser aufheben. Tomaten überbrühen, Haut abziehen, Kerne und Saft ausdrücken. Tomatenfleisch grob hacken. Butter in einem Topf erhitzen, Tomaten, Knoblauch und Steinpilze 5 - 10 Min. darin andünsten, dann das Pilzwasser, etwas Selleriewasser und Crème fraîche dazugeben und alles zusammen ohne Deckel weiterkochen, bis die Flüssigkeit halb eingekocht ist. Mit Zitronensaft, Salz und Pfeffer abschmecken. Gratinform ausbuttern und mit einer Schicht Selleriescheiben auslegen, salzen, pfeffern. Dann eine Schicht Kartoffeln darüberlegen, salzen und pfeffern. Zuletzt den Rest Sellerie einschichten und mit der Tomaten-Pilzsauce übergießen, bis die Sellerieschicht eben bedeckt ist. Mit einer Schicht Kartoffelscheiben abschließen, mit Olivenöl beträufeln, salzen und pfeffern. Im Backofen bei 180 Grad 30 - 40 Min. backen.

Selleriepüree

1 große Sellerieknolle
Saft von 1 Zitrone
4 EL dicke süße Sahne
2 EL Butter
Salz und Pfeffer

Sellerie schälen, in Würfel schneiden, 15 Min. in Wasser kochen, bis die Würfel weich sind, dann abgießen und mit einem Pürierstab pürieren. Die Flüssigkeit im Püree verdampfen lassen, dabei ständig umrühren, denn das Püree brennt leicht an. Mit Zitronensaft, Salz und Pfeffer aus dem Mörser abschmecken, Sahne und Butter dazugeben und gut einrühren. Das Selleriepüree schmeckt gut zu Fleisch.

Stangenselleriesuppe mit Blauschimmelkäse

500 g Stangensellerie
4 Schalotten, fein gewürfelt
45 g Butter
1 l Hühnerbrühe, Rezept Seite 230
80 g milder Blauschimmelkäse
1/2 Bund glatte Petersilie, gehackt
100 ml Crème fraîche
Salz und Pfeffer

Sellerie waschen, harte Fasern mit dem Kartoffelschäler entfernen, Stangen in kleine Würfel schneiden und zusammen mit den Schalotten 10 Min. in Butter andünsten, aber nicht bräunen. Brühe angießen, 30 Min. garen. Käse und Crème fraîche zu einer Creme rühren. Topf vom Herd nehmen, Käsesahne in die Suppe rühren, nicht mehr kochen. Mit Salz und Pfeffer abschmecken und mit Petersilie bestreut servieren.

Stangensellerie mit Walnüssen

4 Bündel Staudensellerie
40 g Walnüsse, grob gehackt
500 ml Hühnerbrühe, Rezept Seite 230
3 EL Butter
4 EL Walnußöl
1 Handvoll Sellerieblättchen aus der Mitte
Zitronensaft
Salz und Pfeffer

Die äußeren, harten Stangen des Selleries entfernen, faserige Teile mit dem Kartoffelmesser abschälen, die oberen Endstücke abschneiden, Wurzelansätze putzen, dann Stauden längs halbieren. Brühe erhitzen, Butter einrühren. Sellerie in einen weiten Topf legen, salzen, Brühe darüber gießen und aufkochen. Im Backofen bei 180 Grad zugedeckt 30 - 40 Min. garen. Sellerie aus der Flüssigkeit nehmen, Brühe bei starker Hitze einkochen, bis eine cremige Sauce entstanden ist. Topf vom Herd nehmen, mit dem Schneebesen Walnußöl unterschlagen. Mit Salz, Zitronensaft und Pfeffer abschmecken. Sellerie mit Walnüssen und Sellerieblättchen bestreuen, Sauce darübergießen und servieren.

Süßsaurer Stangensellerie mit Tomaten

500 g Stangensellerie
6 EL Olivenöl
1/2 Bund Frühlingszwiebeln, fein gewürfelt
400 g Fleischtomaten
3 EL Himbeeressig
2 EL Honig
4 Nelken
1 Zimtstange
15 schwarze Oliven, ohne Kerne
1 Bund glatte Petersilie
Salz und Pfeffer

Selleriestangen waschen, in gleich große längliche Stücke schneiden und nacheinander in einer großen Pfanne in Olivenöl goldbraun braten. Sellerie zur Seite stellen. Zwiebeln in der gleichen Pfanne leicht bräunen. Tomaten überbrühen, Haut abziehen, Tomatenfleisch grob hacken und zu den Zwiebeln in die Pfanne geben. Bei starker Hitze einkochen, Essig, Honig, Nelken, Zimt, Salz und im Mörser zerstoßenen Pfeffer dazugeben, kurz schmoren. Sellerie dazugeben, weitere 10 Min. kochen. Oliven in Scheiben schneiden, mit der gehackten Petersilie in das Gemüse rühren. Nochmals abschmecken. Lauwarm servieren.

Steckrübe

Mit der Steckrübe lassen sich deftige Eintöpfe, aber auch Gemüsebeilagen zubereiten, die bestens zu einem knusprigen Schweinebraten oder etwa zu Lammfleisch passen - und genau darin besteht auch die Chance der Steckrübe, von der guten Küche wiederentdeckt zu werden. Ähnlich wie dem Rübchen hing auch ihr nämlich lange der Ruf an, allein als billiges Futter fürs Vieh und in Notzeiten auch für den Menschen zu dienen. Erst seitdem die Profi- und Hobbyköche verstärkt alte Rezeptbücher nach neuen Impulsen für ihr Tun durchforsten, gelangt auch die Rübe wieder zu Ehren.

Die Familie der Rübe kann auf eine lange Geschichte zurückblicken, denn die Knollen gehören von jeher zu den Pflanzen, die der Mensch kultiviert hat. Die Steckrübe selbst ist wiederum ein relativ junges Gemüse, dessen Herkunft nicht lückenlos zu rekonstruieren ist. Vermutlich handelt es sich bei dieser Rübenart, die so groß wie ein Fußball und drei Pfund schwer werden kann, um eine Kreuzung von Kohlrabi und Herbstrübe.

Die Steckrübe ist ein schmackhaftes, kalorienarmes Gemüse, das eine ganze Reihe von Mineralstoffen und viel Vitamin C enthält. Ihr zumeist gelbliches Fleisch erinnert mit seinem hohen Zuckeranteil an das Aroma von Karotten, weist dabei aber auch eine herbe Note auf. Die neuen Steckrüben kommen in der Regel vom September an in den Handel; auf guten Wochenmärkten findet man in den Sommermonaten auch jung geerntete kleine Rüben, die zumeist von Kleingärtnern gezogen werden. Steckrüben vertragen Minustemperaturen sehr gut, so daß sie den ganzen Winter über aus dem Boden geholt und später in geeigneten Erdmieten oder Kellern auch gelagert werden können. Diese Reserven, die der Erzeuger für den Markt anlegt, werden bis in den Mai hinein verkauft.

Steckrüben sind nicht sehr empfindlich, und sie werden auch bei der Ernte recht unsanft aus dem Boden geholt. Insofern gibt es kaum äußerliche Warnzeichen für schlechte Ware. Erst beim Aufschneiden können Sie sehen, ob das Fleisch eine gelbliche Farbe hat (weißfleischige Rüben werden eher als Viehfutter verwendet) und nicht holzig ist.

Um das Gemüse fürs Kochen vorzubereiten, wird es gut gewaschen und großzügig geschält. Danach schneiden Sie die Speiserüben je nach Rezept und eigenen Vorlieben in Würfel oder Stifte.

Steckrübeneintopf mit Äpfeln

1 kg Steckrüben
500 g Kartoffeln
750 g Schweinerippchen
100 g durchwachsener geräucherter Speck, gewürfelt
2 Zwiebeln, gewürfelt
3 EL Öl
2 Lorbeerblätter
1 l Rinderbrühe, Rezept Seite 230
600 g Äpfel, 2 EL Zitronensaft
1 Bund Schnittlauch
1 EL frischer Majoran, gehackt
Salz und Pfeffer

Kartoffeln und Steckrüben schälen und würfeln. Äpfel in schmale Schnitze schneiden und mit Zitronensaft beträufeln. Rippchen zerteilen, würzen und in 2 EL Öl anbraten. Zwiebeln und Speck in 1 EL Öl glasig braten. Überschüssiges Öl aus dem Topf schütten. Rippchen, Speck und Zwiebeln in den Topf geben, mit heißer Brühe auffüllen. Salz, Pfeffer, 1/2 EL Majoran und Lorbeer hinzufügen, 30 Min. garen. Steckrüben dazugeben und weitere 10 Min. kochen, dann Äpfel und Kartoffeln in den Topf geben, alles umrühren und weitere 20 - 25 Min. garen. Mit Salz und frisch im Mörser zerstoßenem Pfeffer abschmecken. Mit Schnittlauchröllchen und 1/2 EL Majoran bestreut servieren.

Steckrübeneintopf mit Lammfleisch

1 kg Steckrüben, geschält und gewürfelt
1 kg Lammfleisch aus der Schulter, gewürfelt
800 g Kartoffeln, geschält und gewürfelt
100 g Schalotten, halbiert
3 Knoblauchzehen
200 ml trockener Weißwein
3 EL Olivenöl
1 EL Butter
1 Bund frischer Majoran, fein gehackt
1 TL Majoran, getrocknet
1 Lorbeerblatt,
Salz und Pfeffer

Fleisch salzen und pfeffern, mit getrocknetem Majoran bestreuen und in Olivenöl goldbraun braten. Fleisch warm stellen, Öl wegschütten. Im gleichen Topf Butter erhitzen, Knoblauch und Schalotten in Scheiben schneiden und darin goldgelb braten, mit Wein ablöschen. Fleisch wieder in den Topf legen, 300 ml heißes Wasser, Lorbeer, Salz, Pfeffer hinzufügen. 1 Std. zugedeckt sanft schmoren. Steckrübenwürfel dazugeben, 10 Min. kochen, dann Kartoffelwürfel dazugeben, eventuell nachwürzen. Weitere 15 Min. kochen, dabei von Zeit zu Zeit umrühren. Mit frischem Majoran bestreut servieren.

Steckrübenpüree mit Äpfeln und Majoran

1 kg Steckrüben
3 EL Crème fraîche
80 g Butter
3 EL Semmelbrösel
2 Äpfel (Boskop)
1 EL getrockneter Majoran
Salz und Pfeffer

Steckrüben schälen, würfeln, in 1/2 l Salzwasser 20 - 25 Min. garen, dann mit Crème fraîche und wenig Kochwasser pürieren. Mit Salz und Pfeffer abschmecken. Äpfel in Scheiben schneiden, von beiden Seiten ca. 1 Min. in Butter braten. Butter zerlassen, Semmelbrösel und Majoran darin anbraten. Püree in eine vorgewärmte Schüssel geben, Apfelscheiben darauf verteilen, mit Semmelbröselbutter begießen, sofort servieren. Das Püree paßt gut zu Lamm- und Schweinefleisch.

Steckrüben in Schnittlauchcremesauce

1 kg Steckrüben
2 Kartoffeln
1 Knoblauchzehe, durchgepreßt
200 ml dicke Sahne (Crème double)
1 Prise Muskatnuß, frisch gerieben
2 Bund Schnittlauch
Salz und Pfeffer

Steckrüben und Kartoffeln schälen und würfeln. Steckrüben 20 Min. in Salzwasser kochen, abtropfen lassen und warm halten. Kartoffeln 5 Min. in Salzwasser kochen, dann abtropfen lassen. Sahne zum Kochen bringen, die noch warmen Kartoffelwürfel dazugeben und köcheln, bis die Würfel zerfallen. Steckrüben, Knoblauch, Muskat hinzufügen, vorsichtig rühren und langsam erhitzen, bis die Steckrüben heiß sind. Mit Salz und Pfeffer abschmecken. Schnittlauch in Röllchen schneiden, untermischen, sofort servieren. Schmeckt gut zu Bratwurst und kurzgebratenem Fleisch.

Topinambur

Es mag zwar sein, daß Topinambur bei uns kaum eine Rolle spielt; ein Exot ist er deshalb noch lange nicht. Als Heimat der Knolle gilt die Neue Welt - aber nicht die tropischen Regionen Mittel- und Südamerikas, sondern der Norden des Kontinents. Dort ist diese Pflanze, eine Verwandte der Sonnenblume übrigens, von Kanada bis in die Südstaaten der USA verbreitet, und von dort aus gelangte sie nach 1800 durch französische Reisende nach Europa. Hier stand ihr keine lange Karriere bevor: Es dauerte nicht lange, und die Erdbirne (ein damals gebräuchlicher Name für den Topinambur) wurde durch den Erdapfel, die Kartoffel also, aus dem Rennen geworfen.

In Nordamerika wird Topinambur auch heute noch kultiviert, zum Teil als Viehfutter, zum Teil aber auch als Gemüse für den Frischmarkt. Die Anbaumengen in Deutschland hingegen sind äußerst gering; erwähnenswert ist immerhin, daß es in der Nähe der niedersächsischen Stadt Celle ein Saatzentrum gibt, das sich mit neuen Züchtungen der Knolle beschäftigt. Möglicherweise trägt dies dazu bei, das Interesse eines stets auf Neuigkeiten erpichten deutschen Marktes bald zu wecken.

Experimentieren können Sie schon jetzt - vorausgesetzt natürlich, Sie stoßen auf einem guten Bauernmarkt einmal auf dieses Gemüse. Die Topinambur-Ernte setzt in der Regel zu Beginn des Herbstes ein und reicht, da die kälteunempfindliche Knolle im Boden bleiben kann, bis ins Frühjahr hinein.

Topinambur sollte taufrisch eingekauft werden. Die dünne Haut des Gemüses ist nämlich kein guter Schutz gegen Feuchtigkeitsverlust, die Knolle verliert an Volumen und fault dann auch schnell.

Wer sich für die Inhaltsstoffe des Topinamburs interessiert, den erwartet eine gute Nachricht. Anstelle von Stärke, wie sie etwa die Kartoffel in hohem Maße speichert, enthält Topinambur das sogenannte Inulin, das der Organismus insbesondere zuckerkranker Menschen gut in wertvollen Fruchtzucker umwandeln kann. Wer also auf diätetische Lebensmittel angewiesen ist, wird mit dem Topinambur und seinem nussigen Aroma neue Entdeckungen machen können.

Topinamburknollen müssen mit Hilfe einer Gemüsebürste unter fließendem Wasser gut gesäubert werden, bis auch die letzten Erdreste von der rauhen und schrundigen Haut entfernt sind. Zum Schälen blanchiert man die Knolle ein paar Minuten, dann läßt sich die Haut leicht abziehen. Um eine Verfärbung des frisch geschälten und kleingeschnittenen Gemüses zu verhindern, gibt man die Stücke bis zum Kochen in Zitronen- oder Essigwasser.

Topinambursuppe

Topinambur schälen, in Scheiben schneiden und sofort in Zitronenwasser legen. Butter schmelzen, Schalotten und abgetropfte Topinamburscheiben 10 - 15 Min. in Butter dünsten, nicht bräunen. Reis dazugeben, mit Gemüsebrühe und Milch aufgießen, aufkochen, mit Zimt, Muskat und Salz würzen, dann bei niedriger Temperatur 15 - 20 Min. garen. Mit dem Pürierstab fein pürieren. Sahne zugießen, mit Salz und Zitronensaft abschmecken. Zum Servieren mit Kerbel bestreuen.

500 g Topinamburknollen
40 g Butter
4 Schalotten, fein gehackt
1 EL Reis
600 ml Gemüsebrühe, Rezept Seite 230
300 ml Sahne
100 ml Milch
1 Zitrone, 1/4 TL Zimt
1 Prise Muskat
Kerbel, Salz

Topinamburgemüse mit Huhn

Hühnerfleisch in Scheiben schneiden, Topinambur in dicke Scheiben schneiden. 30 g Butter schmelzen, Schalotten darin 10 Min. dünsten, aber nicht bräunen. Hühnerfleisch und Topinambur hinzufügen und umrühren, bis alles mit Butter überzogen ist. Weißwein und Hühnerbrühe angießen, bis Fleisch und Topinambur eben mit Flüssigkeit bedeckt sind. Salz, Pfeffer und Lorbeer hinzufügen. 15 - 20 Min. kochen. Huhn und Gemüse aus der Sauce nehmen, warm stellen. Sauce bei hoher Hitze zu einer sirupartigen Creme einkochen. Topf vom Herd nehmen, Crème fraîche einrühren. Erbsen in Butter, Salz, Zucker, Estragon 2 - 3 Min. dünsten. Huhn, Topinambur und Erbsen in der Sauce mischen , nochmals aufkochen und 2 - 3 Min. köcheln. Mit Salz, Zitronensaft und Pfeffer abschmecken. Dazu paßt Reis sehr gut.

500 g Topinambur
4 Hühnerbrüstchen
4 Schalotten, geviertelt
200 g Tiefkühlerbsen
40 g Butter
250 ml trockener Weißwein
200 ml Hühnerbrühe, Rezept Seite 230
2 Lorbeerblätter
200 ml Crème fraîche
Zitronensaft
1 EL frischer Estragon, gehackt
Zucker
Salz und Pfeffer

Topinambur mit Räucherspeck

Topinambur schälen, in Salzwasser mit dem Saft einer halben Zitrone eben gar kochen, dann in Scheiben schneiden und warm halten. Öl in einer Pfanne erhitzen, Speck in Streifen schneiden und im Öl goldbraun braten. Auf Küchenpapier abtropfen lassen. Brotkrumen im Speckfett goldbraun braten, anschließend aus der Pfanne nehmen, dann die Topinamburscheiben darin braten, eventuell etwas Butter dazugeben, mit Paprikapulver, Salz und Pfeffer würzen. Topinamburscheiben mit Brotkrumen und Speckstreifen bestreut servieren.

800 g Topinamburknollen
200 g durchwachsener Räucherspeck, dünn geschnitten
Saft von 1/2 Zitrone
2 TL Paprikapulver
6 EL Brotkrumen
1 EL Traubenkernöl
Salz und Pfeffer

Topinambur-Kartoffelsalat mit Tintenfisch

Topinambur ungeschält 20 - 30 Min. kochen oder dämpfen, dann schälen, in Scheiben schneiden und warm halten. Kartoffeln ungeschält kochen oder dämpfen, pellen, in Scheiben schneiden und warm halten. Aus 6 EL Olivenöl, Saft einer halben Zitrone, Salz und Pfeffer eine Vinaigrette zubereiten. angießen, stark einkochen, dann Tintenfisch dazugeben, 5 - 8 Min. ohne Deckel garen, öfter umrühren. Mit Salz, Pfeffer und Zitronensaft abschmecken. Heiße Kartoffel- und Topinamburscheiben mit der Vinaigrette vermischen, Tintenfisch, Kochsud und Kräuter hinzufügen und sorgfältig

800 g Topinambur
500 g festkochende Kartoffeln
2 Schalotten, fein gewürfelt
150 ml trockener Weißwein
250 g frischer kochfertiger Tintenfisch (nicht tiefgekühlt)
8 EL Olivenöl
Saft von 1 Zitrone
1 Bund Dill, gehackt
2 Zweige Zitronenmelisse, gehackt
Salz und Pfeffer

KNOBLAUCH

Dem Teufel wird nachgesagt, er verbreite bei seinen Auftritten einen penetranten Gestank nach Schwefel - und heute wissen wir auch, woher dieser charakteristische Geruch rührt. Er wird ganz einfach ein überzeugter Knoblauchesser sein, der Teufel, enthält doch die weiße Knolle ein ätherisches Öl mit Namen Allicin, das auf einer Schwefelverbindung basiert. Als sicher gilt mittlerweile auch, daß der Teufel angesichts seines ausgiebigen Knoblauchkonsums ein überaus gesunder Mann sein muß. Erwiesenermaßen haben die Inhaltsstoffe der Knolle besonders gute Auswirkungen etwa auf den Blutdruck und den Cholesterinspiegel, sogar Erkältungskrankheiten lassen sich kurieren. Die heilende und vorbeugende Wirkung des Knoblauchs ist längst nicht mehr nur den Anhängern der Naturmedizin bekannt, auch die Pharmaindustrie hat erkannt, daß sich die Inhaltsstoffe des Knoblauchs sehr vielseitig nutzen lassen.
Daß der Knoblauch aus Indien und Asien und damit aus den Regionen stammt, die für die große Weisheit ihrer Alten bekannt sind, paßt zu seinem Ruf als Heilpflanze, und tatsächlich wurden die kraftvollen Zehen auf dem asiatischen Kontinent schon vor 7.000 Jahren verwendet. Auch die Römer und Griechen wußten um die schützende Wirkung des Knoblauchs; als Nahrungsmittel kam er, ähnlich wie die Zwiebel, lange Zeit nur für die Armen in Frage. Heute wird Knoblauch in großem Umfang angebaut - die jährliche Produktion ist so hoch, daß er unter den zwanzig bedeutendsten Gemüsen der Welt rangiert. Für den europäischen Markt sind vor allem die Anbaugebiete in Spanien, Italien und Frankreich von Bedeutung; Importe kommen aber sogar aus Kalifornien oder China. Knoblauch benötigt Sonne und ein trockenes Klima, um gedeihen zu können, so daß die inländische Ernte sehr gering ausfällt.
In den Handel kommt im Frühjahr der junge, frische Knoblauch, den man an seinen grünen Stielen und der noch saftigen und elastischen Haut erkennt. Er ist milder als sein getrockneter Nachfolger, läßt sich aber nicht lange aufheben. Der getrocknete Knoblauch hingegen läßt sich bis zu 6 Monate verwenden, wenn man ihn an einem kühlen und trockenen Ort lagert. Für den jungen wie den getrockneten Knoblauch gilt, daß die Knollen unversehrt und sauber, vor allem aber fest sein müssen - weiche Knoblauchzehen faulen schnell.
Um mit der eigentlichen Zubereitung eines Knoblauch-Rezeptes beginnen zu können, sind kaum Vorbereitungen nötig. Die einzelnen Zehen werden je nach Bedarf aus der Knolle herausgebrochen. Die dünnen, fast pergamentartigen äußeren Schichten lassen sich leicht abblättern, die darunterliegende Haut, die je nach Alter der Knolle noch elastisch und saftig, später aber recht fest wird, muß mit einem Messer abgeschält werden.

Eingelegter Knoblauch

Knoblauch in einzelne Zehen zerlegen, häuten. Bis auf das Olivenöl aus allen restlichen Zutaten eine Marinade bereiten. Knoblauchzehen etwa 24 Std. marinieren. Dann Knoblauch und Marinade 10 - 15 Min. kochen, in Gläser mit verschließbarem Deckel füllen, abkühlen lassen, mit Olivenöl abdecken, verschließen. 1 - 2 Monate an einem kühlen, dunklen Ort ruhen lassen. Der eingelegte Knoblauch ist mindestens 6 Monate haltbar und eignet sich gut für einen gemischten Vorspeisenteller oder etwa als Snack zum Wein.

1 kg frischer Knoblauch
350 ml Rotwein
350 ml Rotweinessig
350 ml Wasser
2 rote Chilischoten, fein gehackt
2 EL Zucker
8 Gewürznelken
1 Lorbeerblatt
8 Zweige Thymian
1/4 TL Salz
Olivenöl

Gebackener Knoblauch

Vorspeise

Knoblauchknollen leicht auseinanderdrükken, die Haut von den Spitzen der Zehen abschneiden. Knoblauchknollen dicht nebeneinander in eine Auflaufform setzen, Weißwein angießen, Olivenöl über die Zwiebeln träufeln, mit grobem Salz bestreuen. Thymian abzupfen und über den Knoblauch streuen. Mit Alufolie bedecken, bei 200 Grad etwa 30 Min. backen, dann ohne Folie 15 - 30 Min. bei 175 Grad. Von Zeit zu Zeit mit Sud beträufeln. Eventuell etwas Weißwein nachgießen. Knoblauchzehen mit etwas Sud servieren, dazu geröstetes Weißbrot. Die Zehen werden mit der Hand auf das Brot gedrückt.

4 große, frische Knoblauchknollen
6 EL trockener Weißwein
6 EL Olivenöl
3 - 4 Zweige Zitronenthymian
grobes Salz
geröstetes ital. Weißbrot

Knoblauchsuppe mit Kräutern

Knoblauch häuten, dann zusammen mit Thymian, Lorbeerblatt, Salz und frisch zerstoßenem Pfeffer in 1 1/2 l Wasser etwa 20 Min. kochen. Lorbeerblatt rausfischen und Knoblauch in der Brühe pürieren. Käse hineinkrümeln. Stärkemehl mit dem Joghurt glattrühren, 100 ml Suppe dazurühren, nach und nach die ganze Suppe in den Joghurt rühren. In den Topf zurückschütten, bei niedriger Hitze 10 Min. ständig rühren. Suppe nicht mehr kochen, weil der Joghurt sonst gerinnt. Topf vom Herd nehmen. Eier schaumig schlagen, vorsichtig 100 ml heiße Suppe zugießen. Mischung wieder in die Suppe einrühren. Abschmecken, Kräuter in die Suppe geben. Mit geröstetem Weißbrot servieren.

3 Knoblauchknollen
1 EL Zitronenthymian, gehackt
1 Lorbeerblatt
150 g Schafskäse
250 ml Joghurt
1 1/2 EL Stärkemehl
2 Eier
3 EL Rucola, gehackt
3 EL Brunnenkresse, gehackt
Salz und Pfeffer
Weißbrot

Knoblauch mit Fenchelkraut

Knoblauchzehen häuten, in 3/4 l Wasser geben, zum Kochen bringen, 3 Min. kochen, Wasser abgießen. Diesen Vorgang viermal wiederholen. Beim letzten Mal Wasser salzen. Knoblauch abtropfen lassen. Bei mitt-

zerstoßenen Pfeffer hinzufügen und kurz umrühren. Knoblauch herausfischen, warm halten. Kochsud einkochen, bis er dicklich wird. Sauce über den Knoblauch gießen, Fenchelkraut darüberstreuen. Zusammen

1 kg Knoblauch
4 Zweige Zitronenthymian
5 EL Butter
2 EL Pernod
3 EL gehacktes Fenchelkraut
Salz und Pfeffer

Knoblauchhuhn

1 Brathuhn 1 1/2 kg
2 Stengel Bleichsellerie
4 Knoblauchknollen, nach Geschmack auch mehr
Thymian
Basilikum
Petersilie
1 unbehandelte Zitrone
200 ml trockener Weißwein
50 ml trockener Sherry
8 EL Olivenöl
80 g Butter
Salz und Pfeffer

Huhn in 6 Teile zerlegen, Haut abziehen. Kräuter hacken, Zitrone abreiben, Saft auspressen. Zitronensaft und abgeriebene Schale, 4 EL Olivenöl, Wein, Sherry, Kräuter, Salz, Pfeffer verrühren und Hühnerteile darin 12 Std. marinieren, von Zeit zu Zeit wenden. Hühnerteile trockentupfen, salzen, in Butter rundherum goldgelb anbraten, aus dem Topf nehmen. Marinade aufheben. Sellerie in kleine Stücke schneiden, Knoblauch in Zehen zerteilen und häuten. Sellerie und Knoblauch in Öl kurz anbraten, rausfischen, überschüssiges Öl wegkippen. Hühnerteile, Knoblauch, Sellerie und Marinade in den Topf geben, eventuell nachsalzen. Im Backofen bei 140 Grad zugedeckt 1 - 2 Std. schmoren. Kurz vor dem Ende der Garzeit die Hitze erhöhen und noch 10 - 15 Min. bräunen. Sauce eventuell etwas einkochen, abgießen, zusammen mit Gemüse und Hühnerteilen servieren.

Provenzalische Knoblauchsuppe

12 große Knoblauchzehen
2 Lorbeerblätter
6 Salbeiblätter
3 Eigelb
3 EL Zitronensaft
150 ml kaltgepreßtes Olivenöl
60 g harter Schafskäse
40 g Butter
4 Scheiben Baguette
Salz und Pfeffer

Knoblauchzehen häuten, dann mit Salbei, Lorbeerblättern, Pfeffer, Salz in 1 1/2 l Wasser 20 Min. kochen. Eigelb mit Zitronensaft verrühren. Olivenöl unter ständigem Schlagen unter das Eigelb rühren, bis eine Mayonnaise entsteht. Kräuter aus der Suppe fischen, Knoblauch im Kochwasser pürieren. Baguettescheiben von beiden Seiten in Butter goldbraun rösten. Knoblauchbrühe wieder erhitzen, 100 ml löffelweise unter die Mayonnaise rühren, dabei mit dem Schneebesen kräftig schlagen. Nach und nach die ganze Brühe in die Mayonnaise rühren. Nochmals vorsichtig erhitzen, aber nicht kochen, dabei weiter schlagen, bis die Suppe gebunden ist. Mit Salz und Pfeffer abschmecken. Suppe in die Teller geben, Brotscheiben mit frisch geriebenem Käse bestreuen und in die Suppe legen.

Knoblauch-Zwiebelpüree

2 Knoblauchknollen
250 g Schalotten
6 EL Olivenöl
Schnittlauch
Zitronensaft
Salz

Schalotten häuten und vierteln, Knoblauchzehen häuten, zusammen mit Olivenöl in einen Topf geben. 30 - 40 Min. sanft köcheln, bis das Gemüse sehr weich ist, dann pürieren. Mit Salz und Zitronensaft abschmecken. Mit Schnittlauchröllchen bestreut warm servieren. Schmeckt gut zu Fisch und gebratenem Fleisch.

Knoblauchsauce mit saurer Sahne

6 frische Knoblauchzehen, nach Geschmack auch mehr
400 ml feste saure Sahne (Schmand)
200 ml Crème fraîche
1 großes Bund Schnittlauch
Zitronensaft
Honig
Salz

Saure Sahne und Crème fraîche verrühren. Knoblauchzehen häuten und durch die Knoblauchpresse in die Sahne geben. Mit Zitronensaft, Salz und einer Messerspitze Honig abschmecken. Schnittlauch in Röllchen schneiden und in die Sauce rühren. Schmeckt gut zu Lammbraten, kaltem Hühnerfleisch oder Roastbeef.

Mandel-Knoblauchsauce

1 Knoblauchknolle
4 Scheiben Weißbrot ohne Rinde
1 unbehandelte Zitrone
60 g gemahlene Mandeln
5 EL Olivenöl
grobes Salz und Pfeffer

Knoblauchknolle in Zehen zerteilen, häuten, grob hacken und zusammen mit Salz im Mörser zerstoßen. Zitronenschale abreiben, Saft auspressen, Brot zerrupfen. Brot, Mandeln und Zitronensaft zum Knoblauch in den Mörser geben, alles zu einer Paste verarbeiten. Mit Pfeffer und etwas Zitronenschale würzen, Öl tropfenweise unterschlagen, bis eine dickliche Sauce entstanden ist. Die Sauce paßt gut zu Fisch oder knapp gekochten Gemüsen.

Knoblauchmayonnaise (Aioli)

1 Knoblauchknolle
1/2 TL grobes Salz
40 g Weißbrot ohne Rinde
4 Eigelb
Saft von 1/2 Zitrone
600 ml Olivenöl
Salz und Pfeffer

Knoblauch in Zehen zerteilen, häuten, grob hacken, mit Salz im Mörser zu einer Paste verarbeiten. Brot dazugeben und unterarbeiten. Eigelb und Zitronensaft mit dem Schneebesen in die Knoblauchpaste schlagen. Olivenöl tröpfchenweise dazugeben, dabei ständig schlagen. Mit Pfeffer und Salz abschmecken.

Lauch

Auf die Familie der Zwiebel kann man sich durchweg verlassen. Wer sich erst einmal mit ihr angefreundet hat, wird Schnittlauch, Frühlingszwiebeln, Knoblauch, Schalotten oder rote und weiße Zwiebeln nicht mehr missen wollen. Auch der Lauch sollte seinen festen Platz in der täglichen Küche haben. Ein paar Stangen Porree, eine Handvoll Kartoffeln und etwas gute Brühe genügen, um im Handumdrehen eine herzhafte Suppe zu kochen. Übrigens ist die Lauchzwiebel nicht der jung geerntete Lauch oder etwa ein feiner Seitentrieb desselben, sondern eine sehr früh und mit ihrem grünen Laub geerntete Zwiebel.

Interessant ist der Lauch aber nicht nur wegen seines ehrlichen und unverwechselbaren Charakters, den er mit seinem Geschmack unter Beweis stellt - wie seine Vettern und Kusinen zeichnet er sich auch durch seinen ernährungsphysiologischen Nutzen aus. Neben nennenswerten Mengen an Mineralien und Vitaminen gibt es im Porree schwefelhaltige Stoffe, die wie ein natürliches Antibiotikum beispielsweise Infektionen entgegenwirken können. Lauch fördert überdies die entgiftende Arbeit der Nieren.

Lauch wird das ganze Jahr über angebaut und auch während der Wintermonate geerntet. Seine Unempfindlichkeit gegen Kälte macht ihn also zu einem Gemüse, das für unsere klimatischen Verhältnisse besonders gut geeignet ist. Seine Heimat vermutet man allerdings in den Mittelmeerregionen oder etwa im vorderasiatischen Raum. Wie groß die Lust nach Lauch sein kann, erfuhr schon Moses, als sein murrendes Volk der Wanderschaft wieder einmal müde war. In diesem Falle handelte es sich übrigens um ägyptischen Lauch, und die Textstelle findet sich im 4. Buch Mose, Kapitel 11, Vers 5. Trotzdem, eine botanische Wildform ist jedenfalls nicht zweifelsfrei bekannt.

Sei's drum. Wir reklamieren den Lauch kurzerhand für uns und machen uns an den Einkauf. Nur die erste Ernte im Mai, vielleicht auch noch im Juni kommt aus dem Gewächshaus; vom frühen Sommer an bis in den tiefsten Winter hinein wird aus dem Freiland geerntet. Die Porreestangen aus der ersten Ernte sind meist ein bißchen schlanker und milder als ihre robusten Kameraden unter freiem Himmel. Auch der weiße, feinere Teil der Stange fällt ein wenig länger aus, wenn der Lauch aus dem Gewächshaus kommt.

Am Wurzelansatz sollte sich keine ausgeprägte Verdickung gebildet haben. Vorsicht bei gebündeltem Lauch, denn die Stangen vertragen die enge Nähe nicht lange und faulen schnell. Wichtig ist, daß man auf die grünen, oben manchmal weit gefiederten Blätter achtet: sie müssen grün, fest und saftig sein, dann ist der Lauch rechtzeitig geerntet worden und schnell in den Handel gelangt. Auch der Lagerung zu Hause sind Grenzen gesetzt, mehr als zwei oder drei

Tage sollte man Lauch nicht aufbewahren - und schon gar nicht im Kühlschrank neben der Butter. Die schmeckt dann nämlich innerhalb kürzester Zeit ziemlich zwiebelig. Lauch muß man gut waschen, um die Erde, die sich bis weit in den weißen Schaft hinein zwischen den Blättern angesammelt hat, zu entfernen - im Gegensatz zum Feldsalat ist Zähneknirschen während des Essens beim Lauch nicht so leicht zu entschuldigen. Zum Putzen schneidet man die Stangen am besten (und vorausgesetzt, das Rezept verlangt es nicht anders) zunächst einmal in der Länge durch und zerteilt sie dann in fingerlange Streifen.

Kalte Kartoffel-Lauchsuppe (Vichyssoise)

600 g Lauch, in Ringe geschnitten
400 g Kartoffeln, gewürfelt
1 l Hühnerbrühe, Rezept Seite 230
250 ml Sahne
100 ml Milch
200 ml Crème fraîche
1 Bund Schnittlauch
Muskat
Zitronensaft
Salz und Pfeffer

Brühe aufkochen, Lauch und Kartoffeln darin bei milder Hitze 20 - 30 Min. garen. Mit dem Pürierstab pürieren, nochmals aufkochen, mit dem Schneebesen Sahne, Milch und Crème fraîche unterrühren. Mit Salz, Pfeffer, Zitronensaft und Muskat abschmekken. Einige Stunden im Kühlschrank abkühlen lassen. Mit Schnittlauchröllchen bestreut servieren.

Lauch-Kartoffelsuppe mit Hüttenkäse

900 g Lauch, in Ringe geschnitten
900 g Kartoffeln, gewürfelt
350 g Tomaten
1 Zwiebel, fein gewürfelt
40 g Butter
10 Knoblauchzehen, in Scheiben geschnitten
1 getrocknete rote Chilischote
1 Lorbeerblatt
2 Zweige Thymian
300 g Hüttenkäse, abgetropft
kaltgeschlagenes Olivenöl
frisches Basilikum
Salz und Pfeffer

Zwiebelwürfel, Lauchringe und Kartoffelwürfel in Butter anschwitzen, salzen. Chilischote zerstoßen und mit Lorbeerblatt, Thymian und Knoblauch zum Gemüse geben. Alles gut durchrühren, kurz weiterschmoren, mit Wasser aufgießen und kochen, bis das Gemüse gar ist. Tomaten häuten, Saft und Kerne ausdrücken, grob hacken und kurz vor dem Servieren in der Suppe erhitzen. Mit Salz abschmecken. Thymianzweige rausfischen. Bei Tisch gibt jeder nach Belieben Hüttenkäse, Olivenöl und Basilikum auf seinen Teller Suppe.

Lauch in Zitronensaft und Honig

VORSPEISE

1 kg Lauch
4 Knoblauchzehen, durchgepreßt
1 EL Honig
4 EL Distelöl
1 oder 2 unbehandelte Zitronen
1 EL Zitronenmelisse, gehackt
Salz und Pfeffer

Die dunkelgrünen Teile des Lauchs entfernen, die hellen Teile gründlich waschen und in etwa 4 cm lange Streifen schneiden. Öl erhitzen, Knoblauch und Honig einrühren, Lauch hinzufügen, alles verrühren, bis der Lauch mit einer Karamelschicht überzogen ist. Zitronensaft, abgeriebene Zitronenschale und etwas Salz zum Lauch geben, bei milder Hitze zugedeckt garen. Kochsud eventuell ohne den Lauch noch etwas einkochen, danach wieder zusammengeben. Nochmals mit Salz und Pfeffer abschmekken. Mit Zitronenmelisse bestreut servieren. Schmeckt warm und auch kalt zusammen mit Brot.

8 mittelgroße Lauchstangen
1 Avocado
1 Ei, hartgekocht
6 EL Olivenöl
1 EL Estragon- oder Zitronenessig
1 knapper TL Senf
1 EL frische Schnittlauchröllchen
Honig
Salz und Pfeffer

Lauch-Avocadovinaigrette

Vorspeise

Lauch gründlich waschen, in 4 cm lange Streifen schneiden und kochen, bis er eben gar ist. Essig, Senf, Honig, Salz und Pfeffer zu einer Vinaigrette verquirlen, Öl nach und nach dazugeben, alles gut durchschlagen, abschmecken. Lauch abgießen, gut abtropfen lassen, Vinaigrette über den noch warmen Lauch gießen. Avocado schälen, in Scheiben schneiden, sofort untermischen. Abkühlen lassen. Mit gehacktem Ei und Schnittlauchröllchen bestreut und zusammen mit Brot servieren.

600 g Lauch
400 g Kartoffeln
200 g Erbsen
4 Schalotten, fein gewürfelt
50 g Butter
1 EL frischen Estragon, geschnitten
250 ml Crème fraîche
Salz und Pfeffer

Lauch-Kartoffeltopf mit Erbsen

Die dunkelgrünen Teile des Lauchs wegschneiden, die hellen Teile gründlich waschen und in feine Streifen schneiden. Kartoffeln schälen, in kleine Würfel schneiden. Schalotten in der Butter glasig dünsten, Kartoffeln dazugeben, ein paar Minuten anschmoren, dann Lauch dazugeben und alles bei milder Hitze kurz dünsten. Etwas Wasser angießen, salzen, 10 Min. garen, von Zeit zu Zeit umrühren. Erbsen in den Topf geben, weitere 10 Min. ohne Deckel kochen, nur 3 Min. bei Tiefkühlerbsen. Crème fraîche einrühren, mit Salz und Pfeffer abschmecken. Frischen Estragon darüberstreuen.

1 kg Lauch
200 ml Sahne
2 Eier, 1 Eigelb
30 g Butter
1/2 Glas Weißwein
150 g Räucherlachs
Muskat
Zitronensaft
Salz und Pfeffer
Für Mürbeteig: 250 g Mehl
120 g Butter
1 Ei, 1/2 TL Salz

Lauchtorte mit Räucherlachs

Für das Vorbereiten und Vorbacken des Mürbeteigs siehe Rezept Kürbiskuchen auf Seite 33,hier aber eine 26-cm-Springform verwenden. Füllung: Lauchstangen gründlich waschen, in etwa 4 cm lange Streifen schneiden, in Butter und etwas Weißwein andünsten, bis der Lauch nach etwa 10 Min. fast gar ist. Abtropfen und abkühlen lassen. Eier, Eigelb und Sahne verquirlen. Räucherlachs in kleine Würfel schneiden und zusammen mit dem Lauch in die Sahnemischung rühren. Mit Salz, Pfeffer, Muskat und Zitronensaft abschmecken, in die Form gießen. Bei 180 Grad 30 - 40 Min. backen. Als Vorspeise oder als kleines Zwischengericht servieren.

Safranlauch mit Jacobsmuscheln

12 Jacobsmuscheln
600 g Lauch, geputzt und in dünne Ringe geschnitten
80 g Butter
6 Schalotten, fein gewürfelt
200 ml trockener Weißwein
400 ml Fischbrühe, Rezept Seite 230
20 g Mehl
1/2 TL Safranfäden
2 EL Zitronensaft
150 ml Crème fraîche
Salz und Pfeffer
Weißbrot

Jacobsmuscheln aus den Schalen lösen, schwarzen Teil des Magens und sehnige Teile entfernen, waschen, auf einem Tuch ausbreiten. 20 g Butter schmelzen, Lauch darin eben gar dünsten. Beiseite stellen. 30 g Butter erhitzen, Schalotten glasig werden lassen und 10 Min. dünsten. Wein und die Hälfte der Fischbrühe angießen, ohne Deckel kräftig einkochen, bis sich die Flüssigkeit auf etwa die Hälfte reduziert hat. In einem anderen Topf 30 g Butter erhitzen, Mehl einrühren und den Rest der erhitzten Fischbrühe nach und nach angießen, 20 Min. sanft köcheln. Safran in 1 EL kochendem Wasser auflösen. Schalottensauce, Mehlsauce, Safran, Zitronensaft und Crème fraîche zusammenrühren, mit Salz und Pfeffer abschmecken. Jacobsmuscheln und gut abgetropften Lauch in die Sauce geben, vorsichtig aufkochen, 2 - 3 Min. ziehen lassen. Mit Weißbrot servieren.

Lauch-Tomatenrisotto

750 g Lauch
6 getrocknete Tomaten
70 g Butter
1/2 TL Zucker
1/2 TL Zimtpulver
300 g Risottoreis
200 ml trockener Weißwein
600 ml Gemüsebrühe, Rezept Seite 230
1 Bund glatte Petersilie, gehackt
1 EL frische Minze, gehackt
Salz und Pfeffer

Die dunkelgrünen Teile des Lauchs wegschneiden, die hellen Teile gründlich waschen und in feine Streifen schneiden. Tomaten in kleine Stücke schneiden, mit kochendem Wasser übergießen, einweichen. Brühe erhitzen. 40 g Butter in einem großen Topf erhitzen, Reis darin glasig werden lassen, Lauch dazugeben, mit Zucker bestreuen, ein paar Minuten dünsten. Tomaten-Einweichwasser in den Topf gießen, Tomatenstücke im Mörser zu Brei zerstoßen und in den Topf geben. Mit Zimt, Salz und Pfeffer würzen. Weißwein angießen, rühren und schmoren bis der Wein eingekocht ist. Heiße Brühe in den Topf gießen, rühren und einkochen. Brühe auf diese Weise nach und nach aufbrauchen, bis der Reis nach ca. 15 Min. eben gar ist. Restliche Butter, Minze und Petersilie einrühren. Nochmals mit Salz und frisch im Mörser zerstoßenem Pfeffer abschmecken.

Geschmorter Lauch mit Joghurt

1 kg Lauch
1 TL Kreuzkümmel
1 getrocknete rote Chilischote
1 Stück frischer Ingwer, fein gehackt
3 Knoblauchzehen, fein gehackt
2 EL Butterschmalz
200 ml Joghurt
3 EL saure Sahne
1 Bund Schnittlauch
Salz und Pfeffer

Lauchstangen gründlich waschen, dunkelgrüne Teile entfernen, hellere Teile in etwa 4 cm lange Streifen schneiden. Pfeffer zusammen mit Chili und Kümmel im Mörser zerstoßen. Butterschmalz erhitzen, Gewürze, Ingwer und Knoblauch darin rösten, den noch feuchten Lauch dazugeben und wenden, bis der Lauch von Fett überzogen ist. Salzen. Saure Sahne dazugeben und verrühren. Alles bei milder Hitze ohne Deckel 10 Min. schmoren, öfter umrühren. Lauch mit einem Schaumlöffel aus dem Topf heben und warm halten. Joghurt in die Sauce rühren, aber nicht mehr kochen, da Joghurt sonst gerinnt. Nochmals abschmekken. Sauce über den Lauch gießen, mit Schnittlauch bestreut servieren. Der geschmorte Lauch paßt gut zu Geflügel oder Fisch.

ZWIEBEL

In unserem Gemüsealphabet taucht die Zwiebel an letzter Stelle auf - dabei müßte sie eigentlich ganz weit vorne rangieren. Schon lange, lange vor Christi Geburt kannten und schätzten die Völker Asiens und Indiens die Zwiebel. Für die alten Ägypter hatte sie kultische Bedeutung, und nebenbei ernährten sich deren Sklaven von dem kräftigen Gemüse. Die römischen Legionäre schließlich, zu deren täglicher Ernährung die Zwiebel ebenfalls gehörte, brachten sie ins nördliche Europa. Auch wenn es ein Weilchen dauerte, bis sie sich hier ihren sicheren Platz eroberte - an der fast weltweiten Verbreitung der Zwiebel hat sich seitdem nichts mehr geändert.
Gewiß gründet die Popularität der Zwiebel auch auf ihrem Nutzen als Heilpflanze. Seit dem Altertum wird sie gegen eine ganze Reihe von Krankheitssymptomen eingesetzt, aber erst in den fünfziger Jahren unseres Jahrhunderts fand man heraus, daß die Zwiebel tatsächlich eine antibiotische Wirkung besitzt, die insbesondere Entzündungen des Verdauungstraktes hemmt.
Die Zwiebel kommt recht unscheinbar daher, aber sie hat es in sich. Abgesehen davon, daß sie einen regelrecht zu Tränen rühren kann, sorgen ihre ätherischen Öle auch dafür, daß eine kräftige Vinaigrette den aromatischen Kick erhält, der den Salat erst zum Salat macht. Ohne die Zwiebel ist eine langsam dahinköchelnde, duftende Tomatensauce ebensowenig denkbar wie das berühmte halbe Brötchen mit Hackepeter. Aber das ist nur der Anfang. Wer auch heute noch (koch-)kultische Handlungen mit der Zwiebel vornimmt, der weiß, was sich mit ihr alles anfangen läßt. Die nachfolgenden Rezepte werden Ihnen Einblick gewähren.
Zwiebel ist nicht gleich Zwiebel - die zunehmende Verfeinerung unserer Eßgewohnheiten, aber auch das Zusammenrücken der europäischen Länder haben dafür gesorgt, daß mittlerweile eine ganze Reihe von Zwiebelsorten angeboten wird. So kommen aus Italien die weißen und roten Zwiebeln, milde und süßere Verwandte der recht scharfen Küchenzwiebel. Spanien ist Spezialist für die Gemüsezwiebel, die sehr viel größer als die Küchenzwiebel ausfällt und bis zu einem halben Pfund wiegen kann. Auch sie zeichnet sich durch eine mild-süße Note aus, so daß man sie gut roh essen kann; außerdem eignet sie sich bestens zum Füllen. Schalotten sind insbesondere in der feinen Küche beliebt, denn sie sind sehr aromatisch und in ihrer Schärfe doch nicht so bestimmend wie die Küchenzwiebel. Ganz jung geerntete, kleine Zwiebeln nennt man Frühlingszwiebeln. Sie werden zusammen mit ihrem grünen Laub verkauft, das eine schnittlauchähnliche Würze besitzt, die aus einem Salat oder einem Kräuterquark gleich mehr macht. Die verschiedenen Zwiebelsorten sind das ganze Jahr über erhältlich und kommen aus den unterschiedlichsten Ländern, darunter auch

aus der inländischen Ernte zwischen Juni und dem darauffolgenden Frühjahr. Küchenzwiebeln, die über eine trockene und unverletzte Außenhaut verfügen, sind lange haltbar. In geringerem Maße gilt das für die roten Zwiebeln und erst recht für die saftigen und durch keine Schale geschützten Frühlingszwiebeln. Sie sollte man innerhalb weniger Tage aufbrauchen.

Was uns beim Schälen und Schneiden der Zwiebel in Tränen ausbrechen läßt, sind die ätherischen Öle der Zwiebel. Es empfiehlt sich insofern, Zwiebeln beim Kochen erst dann zu verarbeiten, wenn man sie auch braucht; anderenfalls lösen sich die Öle und damit auch ein Teil der Geschmacksstoffe in Luft auf...

Zwiebelsuppe

1 kg rote oder weiße Zwiebeln
80 g Butter
3 EL Olivenöl
2 EL Mehl
11/2 l Rinderbrühe, Rezept Seite 230
100 ml Portwein
200 ml trockener Weißwein
2 EL Cognac
3 Lorbeerblätter
1 Bund Thymian
1 Möhre
8 Scheiben Baguette
100 g Gruyère, grob gerieben
4 Knoblauchzehen, zerquetscht
Salz und Pfeffer

Zwiebeln in feine Ringe schneiden. Butter und Öl in einem schweren Topf erhitzen, Zwiebeln und 3 zerquetschte Knoblauchzehen darin etwa 20 Min. dünsten, Mehl darüberstäuben, ein paar Min. weitergaren. Brühe erhitzen, mit Weißwein, Lorbeer, Möhre, Thymian, Salz und Pfeffer in den Topf geben. Aufkochen und etwa 45 Min. bei niedriger Hitze ohne Deckel köcheln. Abschmecken, Cognac und Portwein zugießen. Thymian, Lorbeer und Möhre herausfischen. Backofen auf 200 Grad vorheizen, Brotscheiben von beiden Seiten rösten. Eine Seite mit Öl bepinseln und mit einer Knoblauchzehe abreiben. Suppe in vorgewärmte feuerfeste Schalen schöpfen, Brotscheiben darauflegen und mit Käse bestreuen. Die Suppenschalen kurz unter den Grill schieben, bis der Käse geschmolzen ist.

Frühlingszwiebeln mit Rosinen und Thymian

800 g Frühlingszwiebeln
6 EL Olivenöl
4 EL Honig
3 EL Rosinen
80 ml Portwein
4 Zweige Thymian
100 ml Weißweinessig
2 Lorbeerblätter
2 EL Tomatenmark
Salz und Pfeffer

Frühlingszwiebeln in ca. 5 cm lange Stücke schneiden, in Öl kurz andünsten. Dann alle übrigen Zutaten hinzufügen und mit 300 ml heißem Wasser kurz aufkochen. Bei schwacher Hitze etwa 1 1/2 Std. ohne Deckel schmoren, bis die Sauce dicklich wird. Von Zeit zu Zeit umrühren. Thymian und Lorbeer herausfischen, Zwiebeln abkühlen lassen. Lauwarm als Vorspeise oder zu kaltem Bratenfleisch servieren.

Gebackene rote Zwiebeln

Vorspeise

12 rote Zwiebeln
125 ml Olivenöl
3 EL Pinienkerne
3 EL Rosinen
100 ml Marsala
Salz und Pfeffer

Backofen auf 180 Grad vorheizen. Rosinen in 100 ml Marsala einweichen. Zwiebeln schälen und dicht nebeneinander in eine geölte Gratinform setzen. Mit Olivenöl beträufeln, salzen und kräftig mit frisch im dann Pinienkerne und die noch nassen Rosinen zwischen die Zwiebeln streuen, weitere 30 Min. bei 180 Grad backen, dann Hitze auf 140 Grad reduzieren, 30 - 60 Min. weiterbacken. Mit knusprigem Weißbrot ser-

Zwiebeltorte mit schwarzen Oliven und Anchovis

Für 4 - 6 Personen

1 kg Zwiebeln
3 EL Olivenöl
2 EL Butter
4 Knoblauchzehen, fein gehackt
1 EL frischer Zitronenthymian, gehackt
3 Lorbeerblätter
1 Zweig Rosmarin
Saft von einer kl. Apfelsine
50 g schwarze Oliven, entkernt
50 g in Öl eingelegte Anchovisfilets
Salz und Pfeffer
Mürbeteig: 250 g Mehl
130 g kalte Butter
1 Ei
Salz, Eiswasser

Für das Vorbereiten und Vorbacken des Mürbeteigs siehe Rezept Kürbiskuchen auf Seite 33, aber mit einer 26-cm-Springform. Anchovis abtropfen lassen. Zwiebeln in feine Streifen schneiden. Butter und Öl in einem großen Topf erhitzen. Zwiebeln, Knoblauch, Thymian, Rosmarin, Lorbeer, Apfelsinensaft, Salz und Pfeffer dazugeben, kurz verrühren, Hitze reduzieren und zugedeckt 30 - 40 Min. sanft köcheln, bis die Zwiebeln sehr weich sind. Lorbeer und Rosmarin entfernen. Abschmecken. Zwiebeln in die Springform füllen. Anchovis und Oliven dekorativ auf den Zwiebeln verteilen, nochmals kräftig pfeffern. Im Backofen bei 200 Grad 20 - 30 Min. backen. Schmeckt gut heiß, warm und auch kalt als Vorspeise oder kleines Zwischengericht.

Zwiebelgemüse

1 kg Gemüsezwiebeln
3 EL Olivenöl
1 1/2 EL Zucker
2 EL Sherryessig
3 EL trockener Weißwein
1 Zweig Thymian, gehackt
1 Prise Safranfäden
1 TL Koriandersamen, zerstoßen
1/2 TL frischer Ingwer, gerieben
Salz und Pfeffer

Zwiebeln halbieren und in sehr dünne Scheiben schneiden. In einem weiten, schweren Topf Öl erhitzen und die Zwiebeln andünsten. Ingwer, Koriander, Thymian, Salz, Pfeffer und Zucker dazugeben, gut mit den Zwiebeln verrühren. Essig, Weißwein und etwas Wasser angießen. Zugedeckt ca. 1 Std. sanft köcheln. Sobald die Zwiebeln weich sind, Deckel abnehmen, Safran hinzufügen und verrühren. Flüssigkeit einkochen, bis die Zwiebeln mit eingedickter Sauce überzogen sind. Nochmals abschmecken. Eine deftige Beilage zu Steaks.

Zwiebeln in Sherry geschmort

Vorspeise

1 kg kleine Zwiebeln
3 EL Butter
1 1/2 EL Zucker
200 ml Sherry
1 EL Tomatenmark
250 ml Hühnerbrühe, Rezept Seite 230
3 Lorbeerblätter
2 EL Soyasauce
1 TL Speisestärke
Salz und Pfeffer

Backofen auf 150 Grad vorheizen. Butter in einem schweren Topf schmelzen, Zwiebeln kurz andünsten, Zucker und Sherry dazugeben und gut verrühren. Die Hitze erhöhen und die Flüssigkeit um die Hälfte einkochen. Tomatenmark und Hühnerbrühe zugießen, mit Lorbeer, Salz und Pfeffer aus dem Mörser würzen. Aufkochen, dann zugedeckt im Backofen bei 150 Grad 1 1/2 Std. garen. Zwiebeln aus dem Topf nehmen, sobald sie gar sind, und warm halten. Kochflüssigkeit einkochen, bis etwa 6 EL übrig sind. Sojasauce, etwas Wasser und Speisestärke mischen und in die Kochflüssigkeit einrühren. Kurz aufkochen. Lorbeerblätter entfernen, nochmals abschmecken, Sauce über die Zwiebeln gießen und sofort servieren. Dazu frisches Weißbrot.

Zwiebel-Kartoffelpuffer mit Lachssahne

Zwiebeln häuten und fein raspeln. Kartoffeln schälen, fein raspeln und Flüssigkeit herauspressen. Eier in einer Schüssel verquirlen und mit Zwiebeln und Kartoffeln vermischen. Mehl und Backpulver in die Schüssel sieben, Salz und Pfeffer dazugeben, gut verrühren. Öl in einer Pfanne erhitzen, mit einem Löffel den Teig ins heiße Fett geben, flach andrücken, so daß die Puffer 5 - 10 cm groß werden. Hitze reduzieren, auf jeder Seite etwa 2 Min. braten, dann warm stellen. Weitere Puffer backen, bis der ganze Teig verbraucht ist. Zutaten für die Sauce vermischen, mit etwas Salz, Pfeffer und Zitronensaft abschmecken und getrennt zu den Puffern servieren.

500 g Zwiebeln
500 g Kartoffeln
3 Eier, 1 TL Backpulver
6 EL Mehl, Öl zum Braten
Salz und Pfeffer, im Mörser zerstoßen
Sauce: 200 ml saure Sahne
200 ml Crème fraîche
200 g Räucherlachs, fein geschnitten
1 Bund Dill, gehackt
1 EL Kapern, abgespült
1 Bund Schnittlauch, in Röllchen geschn.
1 Knoblauchzehe, zerquetscht
Zitronensaft
Salz und Pfeffer

Lammhaxen mit Schalotten

Backofen auf 160 Grad vorheizen. Spitzen und Wurzelansatz der Schalotten wegschneiden, kochendes Wasser darübergießen, 1 Min. stehenlassen, dann Schalotten aus der Schale drücken. Ganze Haxen mit Mehl bestäuben und in einer großen Pfanne in Öl anbraten. Fleisch beiseite stellen. Schalotten, Fenchel und Knoblauch in der gleichen Pfanne im Fleischfett anbraten. Dann Fleisch, Schalotten, Fenchel und Knoblauch in einen schweren Topf geben. Überschüssiges Fett aus der Pfanne gießen, Bratsatz mit Wein und Essig ablöschen und vom Pfannenboden kratzen. Aufkochen und über Fleisch und Gemüse im Topf gießen. Apfelwürfel, Lorbeer, Zimt, Tomatenpüree, Salz und Pfeffer hinzufügen und Wasser angießen, so daß alles eben bedeckt ist. Aufkochen, dann bei 160 Grad 2 Std. im Backofen schmoren, anschließend ohne Deckel bei 200 Grad 30 Min. weitergaren. Fett abschöpfen, nochmals abschmecken, Zimtstange und Lorbeerblätter entfernen, sofort servieren.

1,5 kg ganze Lammhaxen
1 kg Schalotten
100 ml Olivenöl
5 Knoblauchzehen
1 Fenchelknolle
1 Apfel, gewürfelt
2 Lorbeerblätter
200 ml Rotwein
2 EL Rotweinessig
1 Zimtstange
2 EL Tomatenpüree
Mehl zum Bestäuben
Salz und im Mörser zerstoßener Pfeffer

Schalottenmarmelade

Schalotten häuten, ohne das Wurzelende abzuschneiden. Salz in Wasser auflösen, über die Schalotten gießen, 24 Std. durchziehen lassen. Kardamomsamen aus den Kapseln nehmen und im Mörser zerstoßen. Essig, Zucker, Zitronensaft, Kardamom, Zimt, Zitronenschale, Chilischoten, Nelken, Kümmel und gemahlenen Chili 10 Min. kochen. Schalotten abgießen, abtropfen lassen, in den Sirup geben und 15 Min. sanft kochen. Kochplatte ausschalten, Schalotten zugedeckt auf dem Herd marinieren lassen. Am nächsten Tag wieder 15 Min. sanft kochen und auf dem Herd abkühlen lassen. Am 3. Tag Marmeladengläser mit kochendem Wasser sterilisieren. Schalotten kochen, bis sie weich und goldbraun sind. Zimt, Zitronenschale und ganze Chilischoten rausfischen. Marmelade sehr heiß in die Gläser füllen. Kühl und dunkel aufbewahren.

1,5 kg Schalotten
200 g Salz
4 Kardamomkapseln
2 Zimtstangen
Saft und Schale von 1 Zitrone
3 getrocknete Chilischoten
2 l Weißweinessig
1 kg Zucker
15 g Nelken
15 g Kümmel
15 g gemahlener Chili

Rezepte für Gemüse- und Fleischbrühen

Gemüsebrühe

2 EL Olivenöl
2 Zwiebeln
2 Möhren
1 Stück Knollensellerie oder 4 Stangen Staudensellerie
2 Lauchstangen
2 Tomaten
1/2 Bund glatte Petersilie
2 Knoblauchzehen
2 Lorbeerblätter, 2 Thymianzweige
1 Rosmarinzweig, 1/2 EL Pfefferkörner

Die Gemüse sehr fein würfeln. Olivenöl in einem großen Topf erhitzen, alle Zutaten hineingeben, sorgfältig rühren, dann zugedeckt 15 Min. sanft dünsten, von Zeit zu Zeit umrühren. 1 1/2 l Wasser dazugeben, zum Kochen bringen und 30 Min. sanft kochen. Brühe durch ein Sieb abgießen, dabei das Gemüse ausdrücken. Brühe gleich verwenden oder portionsweise einfrieren. Zum Kochen der Brühe eignen sich ebensogut Spargel, Spinat, Fenchel, Pilze; es können auch andere Kräuter wie Salbei, Fenchel, Majoran oder Oregano verwendet werden. Kohlsorten sind nicht geeignet.

Rinderbrühe

1 1/2 kg Mark- und Fleischknochen
1 Zwiebel, geviertelt
2 Möhren, in Scheiben geschnitten
1 Stück Knollensellerie oder 4 Stangen Staudensellerie, gewürfelt
1 Lauchstange
1/2 Bund glatte Petersilie
2 Knoblauchzehen, 1 Zweig Thymian
3 Lorbeerblätter, 1 EL schwarze Pfefferkörner

Alle Zutaten in einen großen Topf geben und mit 2 1/2 l kaltem Wasser auffüllen. Zum Kochen bringen, Schaum abschöpfen, zugedeckt 2 Std. kochen. Durch ein sehr feines Sieb abgießen, abkühlen, Fett entfernen. Brühe gleich verwenden oder portionsweise einfrieren. Das gleiche Rezept eignet sich für Kalbs- und Lammknochen.

Fischbrühe

1 kg Fischköpfe und Abfälle von Fisch mit festem Fleisch z.B. Steinbutt, Seezunge, Heilbutt, Lachs, Seeteufel oder Rotbarsch
1 Zwiebel, gewürfelt
1 Stück Sellerie, gewürfelt
1/2 Bund Petersilie, 1 Zweig Thymian
1 Lorbeerblatt, 2 Möhren, gewürfelt
1 Fenchelknolle, grob zerteilt
100 g Champignons, grob zerteilt
1/2 EL Pfefferkörner, 1 Glas Weißwein

Alle Zutaten in einen großen Topf geben und mit 2 l kaltem Wasser auffüllen. Langsam aufkochen, Schaum abschöpfen, zugedeckt 20 Min. sanft kochen, keinesfalls länger. Dann durch ein feines Sieb abgießen. Brühe portionsweise einfrieren oder gleich verwenden. Fischabfälle von fetten Fischen wie Makrele oder Hering eignen sich nicht.

Hühnerbrühe

1 kg Hühnerklein, Knochen, Hals, Magen
2 Zwiebeln, geviertelt
2 Möhren, gewürfelt
1 Stück Knollensellerie oder 2 Stangen Staudensellerie, grob geschnitten
1/2 Bund glatte Petersilie
1 Petersilienwurzel
2 Knoblauchzehen, 3 Lorbeerblätter
2 Zweige Thymian
1 EL schwarze Pfefferkörner

Alle Zutaten in einen großen Topf geben und mit 2 1/2 l kaltem Wasser zum Kochen bringen. Schaum abschöpfen, zugedeckt 1 1/2 Std. kochen. Dann durch ein sehr feines Sieb abgießen, abkühlen, Fett entfernen. Brühe gleich verwenden oder portionsweise einfrieren.

Register aller Gemüse und Rezepte

Von Christel Rosenfeld:

DUMONT's neuer Küchenkalender

Christel Rosenfelds
wunderschön inszenierte
Fotos sind seit langem den
Liebhabern des jährlichen Bestsellers
»DUMONT's neuer Küchenkalender«
wohlbekannt.

Eindrucksvolle Farbfotografien von
wunderschönen Gemüse- und Früchte-
Arrangements machen diesen Kalender
zum ästhetischen Blickfang jeder Küche.

Verführerische Rezepte,
pfiffige Küchentips, kleine Gedichte
und Illustrationen erhöhen zusätzlich
die Freude an diesem nützlichen
Begleiter durchs Jahr.

Voller Tips und Tricks

Mehrfarbiges Deckblatt
und 12 farbige Reproduktionen nach
Fotografien von Christel Rosenfeld,
Format 29 x 42 cm, großzügiges Kalendarium
mit viel Raum für Notizen

»Der Küchenkalender
von DUMONT ist aus dem jährlichen Sortiment
der Monatskalender nicht mehr wegzudenken.
Der Stammplatz, den dieser Kalender sich in vielen
Küchen erobert hat, gebührt ihm zu Recht.«

Mittelbayerische Zeitung